OS FILHOS DE HITLER

Gerald Posner

OS FILHOS DE HITLER

A História dos Filhos e Filhas de Líderes do Alto Escalão do Terceiro Reich Após o Fim da Segunda Guerra Mundial

Tradução
Gilson César Cardoso de Sousa

Título do original: *Hitler's Children*.
Copyright © 1991 Gerald L. Posner.
Publicado mediante acordo com *Lorella Belli Literary Agency* em conjunto com a coagente Villas-Boas & Moss Agência Literária.
Copyright da edição brasileira © 2020 Editora Pensamento-Cultrix Ltda.
Texto de acordo com as novas regras ortográficas da língua portuguesa.
1ª edição 2020.

Todos os direitos reservados. Nenhuma parte desta obra pode ser reproduzida ou usada de qualquer forma ou por qualquer meio, eletrônico ou mecânico, inclusive fotocópias, gravações ou sistema de armazenamento em banco de dados, sem permissão por escrito, exceto nos casos de trechos curtos citados em resenhas críticas ou artigos de revistas.

A Editora Cultrix não se responsabiliza por eventuais mudanças ocorridas nos endereços convencionais ou eletrônicos citados neste livro.

Editor: Adilson Silva Ramachandra
Gerente editorial: Roseli de S. Ferraz
Gerente de produção editorial: Indiara Faria Kayo
Preparação de originais: Alessandra Miranda de Sá
Editoração eletrônica: Ponto Inicial Design Gráfico
Revisão: Ana Lúcia Gonçalves

Dados Internacionais de Catalogação na Publicação (CIP)
(Câmara Brasileira do Livro, SP, Brasil)

Posner, Gerald
   Os filhos de Hitler : a história dos filhos e filhas de líderes do alto escalão do Terceiro Reich após o fim da Segunda Guerra Mundial / Gerald Posner ; tradução Gilson César Cardoso de Sousa. --São Paulo : Editora Pensamento Cultrix, 2020.

   Título original: Hitler's children.
   Bibliografia.
   ISBN 978-65-5736-009-5

   1. Alemanha - História - 1933-1945 - Biografia 2. Crianças e política - História - Século 20 3. Nacional socialismo 4. Nazismo 5. Nazistas - Biografia I. Título.

20-36522   CDD-943.086

Índices para catálogo sistemático:
   1. Filhos de Hitler : Alemanha : Terceiro Reich : História 943.086

Cibele Maria Dias - Bibliotecária - CRB-8/9427

Direitos de tradução para o Brasil adquiridos com exclusividade pela
EDITORA PENSAMENTO-CULTRIX LTDA., que se reserva a propriedade literária desta tradução.
Rua Dr. Mário Vicente, 368 — 04270-000 — São Paulo, SP
Fone: (11) 2066-9000
http://www.editoracultrix.com.br
E-mail: atendimento@editoracultrix.com.br
Foi feito o depósito legal.

Sumário

Prefácio 7
Capítulo 1 – Cai a Barreira do Silêncio 15
Capítulo 2 – "Mil Anos de Culpa" 23
Capítulo 3 – "Justiça dos Vencedores" 59
Capítulo 4 – "Um Ditador Barulhento" 93
Capítulo 5 – O Velho Mago 121
Capítulo 6 – "Nenhuma Justiça, Apenas Vingadores" 141
Capítulo 7 – O Último Führer 169
Capítulo 8 – Operação Valquíria 197
Capítulo 9 – O Adepto Autêntico 221
Capítulo 10 – Princesinha 233
Capítulo 11 – Traição 251
Capítulo 12 – O Legado Nazista 265

Agradecimentos 271
Bibliografia 275
Notas 279
Índice Remissivo 283

Para todas as vítimas da agressão nazista.

Prefácio

Em 1991, *Os Filhos de Hitler* foi um dos primeiros livros a estudar a descendência dos assassinos nazistas.[1] Os autores de duas outras obras publicadas na mesma época garantiram o anonimato dos personagens. Achei isso uma falha gritante. Se não conhecermos a identidade do pai ou aquilo que ele fez durante a guerra, teremos dificuldade em entender plenamente o que o filho teve de suportar. Ser filha do chefe supremo da SS, Heinrich Himmler, é bem diferente de ser filho do coronel Claus von Stauffenberg, o oficial responsável pela explosão da bomba que quase matou Hitler. Acho importante também saber como o filho ou a filha conheceu seu pai. Por exemplo: o filho de Mengele, Rolf, nasceu em 1944; Mengele deixou a Alemanha quando o menino mal havia completado 5 anos. Rolf só foi informado de que ele estava vivo quando tinha 16 anos e, como adulto, o encontrou apenas uma vez. A filha do grande almirante Karl Dönitz, por outro lado, estava na quadra dos trinta anos durante a guerra e era muito próxima do pai, a quem visitava regularmente. Um filho que nunca conheceu de fato o pai acharia mais fácil condená-lo do que uma filha que conheceu o seu já adulta?

Os Filhos de Hitler foi o primeiro livro a insistir com os filhos entrevistados para que o fizessem com seus próprios nomes e identificassem claramente seus pais.

Desde sua publicação, ele gerou mais livros, artigos, entrevistas de televisão e mesmo um documentário cinematográfico – indo de estudos eruditos a tabloides sensacionalistas. O que eles têm em comum é o enfoque invariável nos descendentes de nazistas que recriminaram os pais, condenaram seus crimes e se desculparam pelo que estes haviam feito no Holocausto.

Em *Os Filhos de Hitler*, preferi incluir filhos que não apenas deploraram a atuação de seus pais no Terceiro Reich, mas também os defenderam. Em um caso – o de dois irmãos que cresceram com seu pai criminoso de guerra quando este era o governador-geral nazista da Polônia ocupada –, as opiniões se dividiram. Um deles fez o que pôde para proteger a reputação do pai, enquanto o outro não hesitou em denunciá-lo. Raciocinei assim: apenas uma investigação da ampla diversidade de opiniões, na segunda geração dos criminosos, poderá haver uma ideia clara dos motivos que levaram homens comuns a perpetrarem tamanhas atrocidades.

Quando iniciei o trabalho, pensava-se geralmente que alguns nazistas – como o doutor Josef Mengele, o "Anjo da Morte" de Auschwitz; Hans Frank, o brutal governador-geral da Polônia; Herman Göring, o capanga número um de Hitler; e Rudolf Hess, o vice-Führer – eram sádicos patológicos. Isso me parecia simples demais. Justificar nazistas da cúpula ou os subalternos pessoalmente envolvidos no genocídio classificando-os de monstros dementes minimizava a complexidade e tornava difícil entender por que foram capazes de desempenhar um papel duplo como nazistas fanáticos e pais carinhosos. Como pôde Mengele despachar, no outono de 1944, centenas de milhares de judeus húngaros para as câmaras de gás e, ao mesmo tempo, gozar uma segunda lua de mel em Auschwitz com a esposa? O que permitiu a Hans Frank[2] supervisionar, de dia, a burocracia da matança incessante na Polônia e, à noite, assumir o papel de pai afetuoso, que ficava horas e horas tirando acordes com o filho mais velho no piano da família?

Minha esperança era que um olhar diferente à dinâmica familiar de alguns nazistas de destaque pudesse fornecer pistas capazes de ajudar historiadores e acadêmicos a entender melhor homens que, em alguns casos, se tornaram símbolos de crimes contra a humanidade.

No outono de 1991, poucos meses após a publicação do livro, dois dos filhos que eu havia entrevistado me ligaram. O motivo dos telefonemas foi o encontro amplamente divulgado do papa João Paulo II com um grupo de judeus húngaros em Budapeste. O papa se valeu da ocasião para classificar o antissemitismo como pecado. Pela primeira vez, um pontífice denunciava, sem meias-palavras, o ódio aos judeus – ódio que, durante séculos, fora um postulado básico da doutrina e da liturgia da Igreja Católica Romana. A Hungria pareceu um lugar particularmente adequado para essa proclamação histórica. Seus bispos e clérigos haviam permanecido, pela maioria, silenciosos quando os nazistas mandaram cerca de 800 mil judeus húngaros para a morte nas câmaras de gás de Auschwitz, em 1944. Alguns foram ativos na política fascista nacional; outros incentivaram o massacre civil rezando missas para que as cidades húngaras ficassem "livres de judeus".

Uma das pessoas que me telefonaram, Norman, era o filho mais velho de Hans Frank. Esforçava-se há tempos para reconciliar o fervoroso catolicismo do pai com as palestras que ele dera a seus oficiais da SS e aos familiares destes, instando-os a "destruir os judeus onde quer que se encontrem e sempre que para isso houver oportunidade". Talvez, ponderava Norman, se o papa da época da guerra, Pio XII, tivesse proferido uma condenação igualmente inequívoca do antissemitismo, taxando-o de pecado, homens como seu pai hesitassem em sua zelosa e firme determinação de exterminar todos os judeus da Europa.

"O papa era o representante de Cristo na Terra", assegurou-me Norman. "Meu pai foi criado para ver nele uma autoridade inquestionável."

Sem dúvida, nos anos 1940, a maioria dos católicos europeus ainda obedecia cegamente às diretrizes papais. Norman tocou num ponto importante, muitas vezes subestimado: vários nazistas da elite eram católicos, à semelhança de uma significativa porcentagem dos milhares de guardas e membros da SS que levaram a cabo os horrendos assassinatos nos campos de concentração. Esses nazistas, de um modo ou de outro, reconciliaram sua fé inabalável na Igreja com seu papel sinistro no genocídio. Um decreto explícito de Pio XII, declarando pecado mortal o extermínio de judeus, teria anulado a falácia adotada por muitos desses assassinos, segundo a qual era possível ser um bom católico e, ao mesmo tempo, implementar a Solução Final. Dissuadir milhares e milhares de católicos da noção de que poderiam fazer as duas coisas talvez vibrasse um golpe contundente nos planos de Hitler de eliminar os judeus da Europa.

"Essa declaração do papa já devia ter sido feita há muito tempo", assegurou-me Ingeborg Scheer-Mochar, alguns dias depois de minha conversa com Norman. O pai de Ingeborg foi um dos primeiros membros do Partido Nazista, que deixou a Igreja por achar hipócrita ser leal tanto ao papa quanto a Hitler. "A declaração de João Paulo é sinal de que a mais antiga das instituições está mudando. Os nacional-socialistas perderam sua guerra contra os judeus. O papa demonstra que o sentimento contra o antissemitismo vingou, implantando-se de vez na consciência europeia. Talvez tenhamos, todos nós, aprendido alguma coisa das duras lições do passado."

Em 1991, havia motivos para partilhar o otimismo de Ingeborg, de que o velho ódio contra os judeus na Europa estava finalmente se extinguindo. Dois anos antes, o Muro de Berlim fora posto abaixo, aliviando décadas de inquietação social latente na Europa Oriental comunista. Um ano antes da declaração do papa, de que o antissemitismo é pecado, governos autocráticos na Hungria, Polônia, Alemanha Oriental, Tchecoslováquia, Romênia e Bulgária foram substituídos por regimes ainda frágeis, democraticamente eleitos pela primeira vez desde a Segunda Guerra Mundial. Eram os mesmos países que os nazistas haviam escolhido como "ponto zero" para executar a Solução Final.

Apenas seis meses depois de João Paulo II condenar veementemente o antissemitismo, a União Soviética veio abaixo, com Mikhail Gorbachev renunciando ao cargo de presidente e declarando-o extinto. Essa dissolução resultou em quinze novos países. Estônia, Bielorrússia, Geórgia, Letônia, Lituânia, Moldávia e Ucrânia foram os lugares em que os *Einsatzgruppen* – esquadrões móveis de extermínio organizados pelos nazistas – massacraram mais de 1 milhão de judeus.

A democratização firmemente em curso em todos esses países recém-independentes promoveu uma vigorosa liberalização nas atitudes sociais pelo resto da década de 1990. Os judeus começaram a sair das sombras. Devido à Solução Final, seu número era chocantemente diminuto. Antes da Segunda Guerra Mundial, quase 10 milhões de judeus viviam na Europa (cerca de 60% dos 16,6 milhões de judeus do mundo).[3] No fim da guerra, sobraram apenas 3,8 milhões, cerca de 35% dos 11 milhões que ainda restavam no mundo inteiro. Comunidades instaladas há tempos naqueles que viriam a ser os campos de extermínio da Europa Oriental tinham sido dizimadas. A Polônia foi o lar de uma das maiores e mais prósperas comunidades judaicas de antes da guerra, com cerca de 3,5 milhões de pessoas. Também foi o local onde se estabeleceram os maiores campos de extermínio (Auschwitz-Birkenau, Sobibor, Belzec, Treblinka e Chelmno). Depois da guerra, somente 45 mil judeus restavam na Polônia. Daqueles que viviam na Tchecoslováquia, 95% desapareceram e os da Hungria ficaram reduzidos a dois terços.

Embora seu número não passasse de uma fração do que tinha sido uma geração antes, os judeus da Europa Oriental e da Rússia prosperaram com a reforma do antigo bloco totalitário. Fundaram centenas de escolas e dezenas de periódicos, enquanto destacadas organizações internacionais sionistas e "Amigos de Israel" se estabeleciam em cada país.[4] O fato parece extremamente notável quando se considera que essas nações tinham uma longa e desapiedada história do mais arraigado antissemitismo. Não admira, pois, que até alguns filhos e filhas de nazistas que entrevistei acreditassem numa histórica e permanente mudança no continente, com respeito ao antissemitismo.

Mas, obviamente, a maioria de nós não percebeu que as próprias forças da liberalização social e econômica inicialmente favoráveis ao ressurgimento das comunidades judaicas também deram rédea solta a correntes subterrâneas que por fim reacenderiam o sentimento nacionalista de direita até então adormecido. Isso era algo que exigia, como combustível, o ódio aos judeus. Como tem sido o caso ao longo da história, o novo antissemitismo simplesmente usou os judeus como bodes expiatórios: a novidade foi apenas o motivo pelo qual passaram a ser vilipendiados. O capitalismo, por exemplo, criou vencedores e perdedores. Nos países em que a economia estatal havia banido a empresa privada por quarenta e cinco anos, a desigualdade financeira logo se tornou uma queixa insidiosa e generalizada. Em 2000, circulavam boatos de que os judeus encabeçavam a lista do pequeno número de milionários surgidos após a queda do comunismo. Eram boatos tão disseminados que pouco importava sua falsidade óbvia. Acreditava-se que fossem verdadeiros e isso ajudava a alimentar, a reviver o preconceito profundamente enraizado de que os judeus controlavam as finanças internacionais (não bastasse, para isso, uma falsificação czarista do século XIX, *Os Protocolos dos Sábios de Sião*, que passava por ser um manual surrupiado de como a cabala sionista dominava o mundo).

O problema não era apenas a divulgação de teorias conspiratórias sobre os judeus. O ressurgimento do catolicismo nos países da antiga Cortina de Ferro se chocava cada vez mais com os judeus na questão de reabilitar líderes fascistas do tempo da guerra que haviam se oposto ao comunismo. A Igreja Ortodoxa Russa renascente voltava a inserir um obsoleto antissemitismo em seus ensinamentos, inclusive o conceito equivocado de que, em segredo, todos os judeus queriam se converter ao cristianismo. O conflito se agravou quando grupos internacionais, como o Congresso Mundial Judaico, começaram a pressionar governos e a recorrer a tribunais para reaver propriedades, dinheiro e obras de arte que tinham sido roubados pelos nazistas e depois nacionalizados pelas autoridades comunistas.

Os novos democratas se mostraram lamentavelmente ineptos – e, às vezes, indiferentes – no combate ao antissemitismo em ascensão. No mínimo, demoravam a reagir. Observava-se um desejo compreensível de evitar a censura de pensamento e expressão que fora a marca do totalitarismo, mas isso permitia que prosperassem virulentos jornais, revistas e *websites* antissemitas.[5]

Desde os primeiros e empolgantes dias da queda da Cortina de Ferro e da União Soviética, muitos desses países mostraram que o antissemitismo podia florescer mesmo com suas comunidades judaicas desaparecendo. Após o fim do comunismo em 1990, os 45 mil judeus poloneses ficaram reduzidos a menos de 4 mil.[6] A população judaica nos países bálticos, Croácia, Bulgária, Sérvia e República Tcheca diminuiu em 80%. Isso foi, em grande parte, resultado da emigração maciça para Israel e países ocidentais, além da assimilação por casamento. Mas os boatos sem base que alimentam o antissemitismo continuaram a criar raízes e a propagar-se, a despeito do tamanho cada vez menor das comunidades judaicas.

No início dos anos 2000, vários países da Europa Oriental se empenharam em sanear suas tenebrosas histórias comunistas. Haveria culpa mais oportuna do que a historicamente mais confiável: os judeus vistos como diabolicamente espertos e exercendo, nas sombras, um enorme poder sobre os acontecimentos do mundo?[7] Inúmeros comentaristas de direita promoveram a visão segundo a qual seu passado comunista lhes fora imposto por um conluio secreto entre os judeus e os soviéticos (vermelhos). Enquanto isso, uma crescente minoria saudosa da ordem de seus antigos governos, bem diferente da incerteza e caos ocasional da democracia e do capitalismo, acusava os judeus de terem, secretamente, orquestrado a queda do comunismo. Foi uma trama brilhante dos judeus, alegavam esses descontentes, para ganhar bilhões com a privatização das indústrias estatais à custa dos cidadãos comuns.

Desde 2010, o antissemitismo redivivo se misturou, numa aliança volátil tanto na Europa quanto em todo o Ocidente, com um nacionalismo e populismo emergentes, de tendência política direitista. Boa parte dele se liga também, estreitamente, ao preconceito contra os imigrantes. Os antissemitas se aproveitaram ainda, com astúcia, do sentimento anti-Israel que se espalhou pela Europa nos últimos anos devido às constantes crises e tumultos do conflito palestino-israelense.

Resultado?

"A pior época desde a era nazista", segundo Dieter Graumann, presidente do Conselho Central dos Judeus na Alemanha.[8] Mas a revivescência do antissemitismo europeu já não se confina aos governos de direita da Europa Oriental. Espalhou-se pelos países ocidentais que sempre gabaram sua tolerância. Houve atentados a bomba contra sinagogas e centros culturais judaicos na França e na Alemanha, agressões a pedestres, vandalismo e grafites antissemitas em restaurantes, escolas, cemitérios e mesmo em alguns dos campos de extermínio dos nazistas. Cenas impressionantes ocorreram durante eventos esportivos e manifestações, em que grandes massas entoavam palavras de ódio como "Morte aos judeus", "Degolem os judeus" e "Judeus à câmara de gás".[9]

A declaração do primeiro-ministro francês em 2014, de que "atacar um judeu porque ele é judeu é atacar a França; depredar uma sinagoga ou um mercado kosher é puro antissemitismo e racismo" pouco fez para estancar o surto de violência contra o meio milhão de judeus do país.[10] Essa hostilidade crescente se reflete nas medonhas estatísticas: sete vezes mais atos antissemitas que nos anos 1990 – e, embora os judeus constituam menos de 1% da população, 51% de todos os crimes motivados pelo ódio foram cometidos contra eles.[11] Esses números explicam a emigração recorde dos judeus da França.

França e Alemanha não são os únicos países em que o novo antissemitismo deitou raízes. Na Áustria, registrou-se um aumento considerável no número de crimes de antissemitismo e uma partida de futebol profissional teve de ser cancelada quando um bando, gritando "Gás neles!", agrediu os jogadores judeus. Os atos criminosos de ódio contra os judeus se multiplicaram em 500% na Bélgica e na Dinamarca. Na Itália e na Espanha, triplicaram os incêndios em sinagogas e lojas das comunidades judaicas. Em uma pesquisa de âmbito nacional, 70% dos gregos revelaram opiniões antissemitas. Os países escandinavos relataram o maior número de incidentes contra judeus desde que começaram a manter registros oficiais. No Reino Unido, os ataques antissemitas dobraram a cada ano, nos últimos três. Não é de admirar então que, em uma pesquisa de 2014, dois terços dos judeus britânicos questionassem seu futuro no país.[12] Para agravar a crise em todo o continente, temos a incapacidade da polícia e dos governos de estancar a enxurrada de ódio que se infiltra na internet e nas mídias sociais.

Os judeus se sentem acossados, é claro. Em 2012 e 2013, a Agência dos Direitos Fundamentais da União Europeia entrevistou alguns deles em oito países europeus que abrigam 90% da população judaica do continente. Três quartos sentiam que o antissemitismo estava se intensificando em seus próprios países e na Europa inteira. Fato impressionante, 50% foram verbalmente agredidos em público pelo simples fato de serem judeus.

Há pouco, viajando pela Alemanha, li que cerca de 14 mil cartas, faxes e e-mails odiosos haviam sido enviados à embaixada israelense em Berlim. Fiquei surpreso ao constatar que poucos eram anônimos e que os remetentes pareciam orgulhosos em revelar seus nomes e endereços. Os novos semeadores de ódio representavam várias camadas da sociedade alemã, de médicos e advogados a professores universitários e mesmo sacerdotes.

"Acho que voltamos ao passado", confessou-me um jornalista alemão. "Hoje, ninguém se envergonha de ser antissemita. Sim, voltamos aos velhos e maus tempos."

A situação deteriorada dos judeus da Europa explica por que *Os Filhos de Hitler* é um livro tão importante hoje quanto na época em que o escrevi, há 26 anos. Durante a Segunda Guerra Mundial, os nazistas perfilharam com entusiasmo o antissemitismo mais mortalmente lógico e sem barreiras. Seu ressurgimento na Europa ocorreu, em parte, porque as lições do Holocausto foram esquecidas e as novas gerações estão ansiosas para se livrar da culpa. As histórias neste livro, pelos olhos de filhos de nazistas, são uma tentativa de mostrar as tristes consequências de se permitir que o antissemitismo floresça impunemente. Estamos aceitando isso por nossa própria conta e risco.

– Gerald Posner
Miami, abril de 2017.

CAPÍTULO 1

Cai a Barreira do Silêncio

Numa tarde sufocante de junho de 1985, dezenas de jornalistas se acotovelavam em um pequeno cemitério poeirento na cidade de Embu, Brasil. Foram atraídos por persistentes boatos, durante a manhã, de que a Polícia Federal havia descoberto o túmulo do ardiloso fugitivo nazista, o doutor Josef Mengele, de Auschwitz. O delegado Romeu Tuma, um cinquentão robusto, se agitava em meio aos jazigos. Trajando um terno preto elegante, gritava ordens em português e passava nervosamente as mãos pelos cabelos oleosos, enquanto tentava orientar os policiais e os médicos legistas confusos. De repente, um dos três coveiros bateu na tampa de um caixão de madeira com sua enxada. Tuma correu para a borda do túmulo. A multidão se aproximou, atenta. O delegado ordenou que a tampa fosse removida; jornalistas e curiosos se comprimiam em volta num círculo apertado. Viram então, lá dentro, ossos e frangalhos de roupa cor de lama. Um patologista forense inclinou para a cova e tirou do caixão um crânio arruinado. Quando o ergueu para que os jornalistas o fotografassem, Tuma parecia confiante. "É o 'Anjo da Morte'", murmurou, olhando para as câmeras que seguiam o movimento da caveira.

Dias depois, a 8 mil quilômetros dali, em Munique, um homem alto e de boa aparência, há pouco entrado na quadra dos quarenta, dirigiu-se ao moderno prédio de escritórios da *Bunte*, uma revista semanal de moda e celebridades. O homem vestia um terno cinza-escuro trespassado e carregava uma maleta preta grossa. Dentro dela, estavam cerca de 5 mil páginas de diários e cartas particulares escritas pelo nazista mais procurado do mundo, Josef Mengele. O homem que carregava esses papéis não tinha a menor dúvida quanto à sua autenticidade e nenhum receio de confiá-los à *Bunte* para publicação. Era o único filho de Mengele, Rolf, disposto a encerrar de vez o caso de seu pai desaparecido. Chegara a hora de informar o público.

A *Bunte* sabia que, se os documentos de Mengele fossem autênticos, ela daria um grande furo. No entanto, dois anos antes, sua concorrente *Stern* havia perdido milhões ao ser enganada por pretensos diários de guerra de Hitler. A *Bunte* não iria correr riscos. Seus editores montaram uma equipe de seis membros para avaliar a autenticidade histórica dos escritos de Mengele. O FBI e o serviço de inteligência da Alemanha Ocidental testaram cientificamente o papel, a tinta e a caligrafia. A *Bunte* enviou um representante ao Brasil, onde eu era consultor no caso Mengele para a ABC News, e pediu que me juntasse ao grupo. Interrompi minha investigação na América do Sul e voei para Munique. Quatro historiadores do Terceiro Reich, de prestígio internacional, também estavam lá. Embora eu fosse o único não Ph.D. do grupo, compensei a falha levando o maior arquivo privado, então conhecido, de documentos de Mengele: cerca de 25 mil páginas! Durante duas semanas, examinamos a fundo cada trecho dos escritos do fugitivo. Mais importante ainda, tivemos acesso a um membro da família Mengele: seu filho Rolf. Ele, sentado à mesa diante de nós, respondia pacientemente a centenas de perguntas sobre seu pai. Foi meu primeiro contato com o filho de um assassino nazista.

A princípio, certo de que "seus sentimentos eram os mesmos de qualquer filho pelo pai", Rolf pensou que não tinha nada a dizer sobre o dele. Mas logo ficou claro que subestimara a profundidade de suas emoções por aquele que o havia abandonado ao 4 anos de idade e o recriminou depois, por muito tempo, de seus esconderijos sul-americanos. Ao longo de inúmeras discussões bem francas, os complexos sentimentos de Rolf Mengele passaram da crítica e condenação a uma firme lealdade familiar, que acabou por impeli-lo a proteger o pai dos caçadores de nazistas.

Fiquei surpreso ao descobrir um jovem profissional que vivia atormentado pelo passado do pai. As tentativas de Rolf de se acomodar a uma herança que não escolhera bem como seus esforços para entender o que levara o pai a tamanha selvageria e crueldade consumiram boa parte de sua vida. Uma vez, em meio a uma série de perguntas, ele parou e disse, cansado: "Saibam que eu teria preferido outro pai". Depois de avaliar a extensão do conflito de Rolf Mengele, percebi que não era fácil ser condenado pelo resto da vida como filho de um criminoso de guerra nazista. Na Alemanha Ocidental do pós-guerra, com seu milagre econômico dos anos 1950 e 1960, os nazistas eram um passado tenebroso que seria melhor esquecer. Filhos como Rolf Mengele tinham de se haver sozinhos com as ações de seus pais, sem a ajuda da sociedade alemã.

As conversas naquele mês de junho despertaram minha curiosidade sobre se outros filhos de nazistas proeminentes tinham os mesmos sentimentos que o de Mengele. A postura de Rolf fora afetada pelo fato de seu pai tê-lo abandonado e ser um fugitivo? Alguns dos filhos repeliriam as críticas e, em vez disso, adotariam as crenças odiosas de seus pais? Eu sabia que vários livros haviam estudado filhos de sobreviventes de campos de concentração, mas, na época, ignorava qualquer tentativa de estudar filhos de carrascos. Como esses filhos viam o papel de seus pais em crimes contra a humanidade? Sem dúvida, as respostas só poderiam ser encontradas caso eu localizasse um grupo de filhos sobreviventes de nazistas de destaque e os persuadisse a falar com franqueza.

Minha primeira tarefa era, pois, encontrar os filhos. Informações pedidas aos arquivos do governo alemão e a promotorias foram negadas por causa de suas rigorosas leis de privacidade. O governo americano e a Interpol não ajudaram. Caçadores de nazistas, como Simon Wiesenthal, sabiam muita coisa sobre os criminosos, em especial sobre os fugitivos ainda à solta, mas praticamente nada sobre seus filhos. Fui ao Centro de Documentação de Berlim, o maior acervo de arquivos nazistas do mundo, que preserva mais de 50 milhões de páginas, incluindo os papéis pessoais originais de todos os membros do Partido Nazista e da SS. Esses arquivos revelavam apenas se alguém tinha filhos na época em que se juntou ao partido, não se eles ainda estavam vivos e muito menos onde podiam estar e sob quais nomes. Quase todos os pedidos a repórteres ou revistas, jornais e emissoras de televisão ficaram sem resposta ou foram polidamente respondidos com as palavras "sentimos muito, mas não podemos ajudá-lo" numa carta formal.

Mais frustrante ainda, pessoas que poderiam ter informações úteis não queriam de modo algum ajudar. Wolfgang Löhde, o aventureiro que descobriu no lago Toplitz, Áustria, os milhões de libras inglesas falsificadas pelo Terceiro Reich, viajara pelo mundo conversando com antigos nazistas. Jamais respondeu às minhas cartas. Jochen von Lang, famoso repórter da *Stern* que escrevera livros sobre nazistas proeminentes e liderara em 1965, em Berlim, a busca dos restos mortais de Martin Bormann, a princípio ignorou meus pedidos, mas estes se tornaram tão insistentes que ele por fim respondeu, alegando não saber nada e recusando toda e qualquer assistência. Tentei até conseguir a ajuda de Gerd Heidemann, o ex-repórter da *Stern* preso por cumplicidade na fraude dos diários de Hitler. Embora ele estivesse desacreditado como jornalista sério, não havia dúvida de que, fascinado pelos nazistas, mantivera contato com um seleto grupo de ex-oficiais e seus filhos. Chegara a comprar o iate do comandante da Luftwaffe, Herman Göring, o *Carin II*; e, antes de ser desmascarado na farsa dos diários, deu nesse iate festas esplêndidas para antigos nazistas. Finalmente respondeu, por intermédio de seu filho, que "não queria mais saber daquela droga de nazismo" e também se recusou a ajudar.

Por fim, iniciei uma demorada pesquisa nos Arquivos Nacionais americanos. Muitas viúvas de criminosos de guerra ficaram detidas em campos aliados por vários meses após o conflito. Uma vez libertadas, precisaram registrar suas residências junto às forças de ocupação. Os arquivos não estavam bem organizados, mas continham pistas do paradeiro dos filhos que eu queria localizar. O único problema era que a informação datava de quase quarenta e cinco anos atrás. Entretanto, quando voltei à Alemanha Ocidental, os dados dos arquivos se revelaram inestimáveis. Em alguns casos, os filhos continuavam morando na mesma cidade e eu os encontrei discando todos os números correspondentes aos nomes de família que constavam da lista telefônica. Às vezes, um vizinho se lembrava das pessoas e sabia para onde tinham se mudado. Indo para lá, eu ficava um passo mais perto. Quase sempre, a informação não levava a lugar nenhum; mas uma pesquisa metódica me proporcionou por fim uma lista de endereços de mais ou menos trinta filhos de nazistas proeminentes vivendo, a maioria na Alemanha, alguns na Áustria e um no Brasil. Nem é preciso dizer, guardei essa lista como se fosse ouro.

Agora, eu precisava convencer alguns desses trinta filhos a falar francamente sobre seus pais. Receava que muitos houvessem adotado um "não" padronizado a pedidos de entrevistas; nesse caso, eu precisaria, de algum modo, persuadi-los de que meu projeto era diferente dos que eles haviam rejeitado e mais merecedor de atenção.

O primeiro obstáculo que encontrei foi cultural. Nos Estados Unidos, programas e livros de depoimentos são comuns. Não é raro ligar a televisão, no período da tarde, e ver filhos de assassinos em série ou de alcoólicos contando tudo sobre sua infância e seus pais. Essa franqueza, porém, é malvista na maioria dos países europeus. Mais de quarenta anos haviam se passado desde o fim da guerra. Todos os filhos tinham vidas novas e, alguns, nomes diferentes; muitos preferiam esquecer o que acontecera. Agora um americano, compatriota dos responsáveis por julgar e, em alguns casos, executar seus pais, procurava-os para lhes pedir que revelassem detalhes pessoais íntimos sobre os sentenciados – com a intenção de publicá-los. Essas circunstâncias garantiam que algumas portas me seriam batidas na cara.

O segundo obstáculo que reduziu o número de filhos dispostos a dar entrevista foi minha condição de que ninguém permanecesse anônimo. Como insisti em nomes reais, muitos dos contatados não quiseram cooperar. O comportamento da filha de Heinrich Himmler foi típico de um pequeno grupo que ignorou por completo minhas cartas e chamadas telefônicas. Envolvida, ao que se dizia, em atividades neonazistas, essa mulher sequer deu ouvidos aos esforços de um professor alemão amigo de seu marido. "Temo que ela leve suas lembranças para o túmulo", disse-me o professor quando seu último apelo fracassou. Alguns me rechaçaram com uma linguagem taxativa. Outros não quiseram ser entrevistados, mas acenaram com breves lampejos de seus sentimentos em relação aos pais.

A filha de Artur Seyss-Inquart, comissário do Reich para os Países Baixos e executado em Nuremberg, escreveu uma série de cartas reveladoras sobre "Nosso amado pai... um idealista muitas vezes incompreendido. Era um patriota alemão que só queria o melhor para seu país... Nós amávamos nosso pai e seu idealismo... Para nós, sua vida passada é sacrossanta. A vida dele é nossa e não interessa a mais ninguém".

Klaus Barbie, o "Açougueiro de Lyon", atualmente preso na França, tem uma filha, Ute.[13] Educada pelo pai em seu esconderijo boliviano, nada sabia de seu passado na SS até o início dos anos 1970, quando ele foi desmascarado como fugitivo. Ute não gostou de ouvir que eu estava procurando filhos de nazistas da alta cúpula como Göring, Hess e Dönitz. "Meu pai era um oficial de patente inferior, sem autoridade para tomar decisões", objetou ela. "Se eu permitir que você o ponha num livro junto com esses oficiais importantes, as pessoas concluirão que ele tinha a mesma autoridade. Não posso fazer isso." Depois de afirmar que seu relacionamento com o pai era "normal", acrescentou: "Meu pai, devido a circunstâncias adversas, foi escolhido entre milhares de SS-Obersturmführer [primeiros-tenentes] para ser usado como símbolo do Terceiro Reich e do nacional-socialismo. Ficou, como escreveu corretamente o *Der Spiegel* certa vez, com a pior parte. Mas sou sensata o bastante para ver além da hipocrisia desse teatro absurdo, camuflado de procedimento legal".

Do mesmo modo, Irmgard, uma das filhas de Martin Bormann, recusou-se a ser entrevistada, mas descreveu seu relacionamento com o pai como "bastante normal, nem um pouco diferente do de nenhuma outra família". Em uma declaração pública anterior, insistiu em que Bormann era "bom e muito dedicado" e que ela procurou em vão um marido parecido com seu pai. Este, ela está convencida, "simplesmente tentou pôr em prática o que pensava ser o desejo de Hitler. Não o julgo porque todo julgamento é relativo".

De maneira bastante compreensível, os interessados no projeto pediram para falar comigo antes de tomar a decisão final. Procurei abordar os filhos com muito tato – perguntando, por exemplo, como foi para eles crescer numa família nazista. Mas mesmo nessa etapa tardia alguns resolveram não participar. Um deles era o doutor Karl Adolph Brandt, o único filho do médico particular de Hitler, executado no "julgamento dos doutores" após a guerra.[14] O doutor Brandt permitiu que eu ficasse dois dias em sua casa, com sua esposa e dois de seus três filhos adultos. Mostrou-me cartas e diários inéditos do pai, escritos na prisão, bem como fotografias particulares do tempo da guerra onde ele aparecia ao lado de Hitler. Embora o doutor Brandt seja coerente e orgulhoso do pai, no fim se esquivou da entrevista por um motivo que não me havia ocorrido. "Não quero entrar num livro onde minha única conexão com as outras pessoas entrevistadas é o fato de nossos pais terem tido um relacionamento mais ou menos próximo com Hitler", explicou ele quando nos despedimos.

Houve quem cooperasse, mas com relutância. Assim, a informação de Edda, a única filha de Herman Göring, é limitada. Na primeira carta ela garantiu que só tinha "boas lembranças" do pai e, por isso, daria a entrevista. Contudo, desejava saber mais detalhes, inclusive quanto ganharia. Quando eu lhe disse que jamais pagava por informações, ela respondeu dizendo que um acidente não lhe permitiria se encontrar comigo em minha próxima viagem a Munique. Insisti num encontro. Ela, de má vontade, marcou uma data. Apesar de sua hesitação inicial, finalmente conversamos por várias horas, com Edda discorrendo sobre seus sentimentos pelo pai. Depois, explicou que, para obter mais dados, eu teria de pagar-lhe a entrevista e conceder-lhe o direito de rejeitar o texto. Não aceitei a proposta e ela não quis mais me ver nem me apresentar conhecidos que pudessem ser úteis.

Wolf Hess, o único filho do vice-Führer Rudolf Hess, que voou para a Escócia em 1941 apenas para passar os próximos quarenta e seis anos de sua vida atrás das grades, encontrou-se comigo três vezes antes de resolver participar. Uma de suas primeiras objeções era o oposto da levantada pela filha de Klaus Barbie. Ela não queria que seu pai, no livro, parecesse importante demais ao lado de oficiais como Hess, Göring e Frank; Wolf Hess, ao contrário, temia que o seu ficasse diminuído caso o livro o associasse a gente como Mengele e Eichmann. "Você deve escrever apenas sobre os oficiais de alta patente", recomendou. Fiquei surpreso: uma geração após a guerra, os filhos e filhas ainda tentavam preservar distinções baseadas em posição e conduta! Apesar dessas objeções, ele concordou por fim em se encontrar comigo em Munique para uma entrevista ampla e exaustiva.

A filha de Hjalmar Schacht (ex-presidente do Reichsbank e um dos três acusados que saíram livres do principal julgamento de Nuremberg) relutou em falar sobre o pai até o último momento. Ignorara todos os pedidos anteriores de entrevista e ainda hesitava mesmo depois de se encontrar comigo. Só nos últimos dias de minha viagem final de pesquisa à Alemanha é que ela concordou em discorrer abertamente sobre o pai.

Além de Hess, Mengele, Schacht e Göring, os outros que por fim concordaram em falar foram dois filhos do governador-geral da Polônia, Hans Frank; a filha do grande almirante Karl Dönitz; o filho de Karl Saur, primeiro assistente de Albert Speer e diretor técnico do Ministério dos Armamentos; e o filho do coronel Claus von Stauffenberg, o jovem oficial responsável pela explosão da maleta-bomba que quase matou Hitler em 20 de julho de 1944. Além desses filhos de figuras notórias do tempo da guerra, há dois casos em que os pais são praticamente desconhecidos, mas cujas histórias, contadas pelas filhas, me pareceram muito convincentes.

Essas pessoas, é claro, não foram selecionadas, são apenas aquelas que decidiram gravar suas declarações. Mas, ainda assim, continuam sendo um grupo representativo do Terceiro Reich dos mais interessantes. Entre seus pais contam-se cinco grandes arquitetos do nazismo, todos réus no principal julgamento de Nuremberg. Dois deles (Göring e Frank) foram sentenciados à forca; um (Hess) teve o veredicto de prisão perpétua e morreu em 1987 na penitenciária de Spandau; outro (Dönitz) foi condenado a dez anos e libertado em 1956; e o último (Schacht) saiu livre. Quanto aos pais dos outros filhos, um (Stauffenberg) foi executado por ordem de Hitler durante a guerra; um (Mengele) permaneceu fugitivo até sua morte em 1979 no Brasil; um

(Drexel) foi acusado em 1975 de assassinato; e dois (Saur e Mochar), embora nazistas fanáticos, jamais se viram acusados de quaisquer crimes.

As lembranças do tempo da guerra que muitas vezes assombram os filhos e filhas de nazistas da alta cúpula são indicadores eloquentes de que os crimes de Hitler fizeram inúmeras vítimas. Juntas, suas histórias fornecem um panorama de como os filhos de membros da SS e soldados alemães não criminosos reagem à Solução Final e ao papel de seus pais no Reich de Mil Anos.

CAPÍTULO 2

"Mil Anos de Culpa"

Hans Frank não estava mais nervoso. O ex-governador-geral da Polônia, que se agitava o tempo todo durante o julgamento de Nuremberg, parecia tranquilo na noite de sua execução. Rezava ajoelhado na cela quando os guardas chegaram para levá-lo ao patíbulo. Minutos depois da 1 hora da manhã de 16 de outubro de 1945, dois guardas americanos e um padre acompanharam-no pela ala da prisão e um corredor escuro até o ginásio aberto. Suas mãos foram algemadas atrás das costas. Quando entrou no ginásio, a luz forte obrigou-o a piscar, mas ele forçou um sorriso – o único dos condenados que fez isso.

Seu olhar imediatamente pousou nas três forcas negras dispostas em fileira. Alfred Rosenberg e Ernst Kaltenbrunner ainda balançavam, agonizantes. Frank olhou para três mesas apinhadas de testemunhas, repórteres e oficiais aliados. Respirou fundo o ar denso, saturado de fumaça de cigarro e cheiro de café. Em seguida, subiu rapidamente os treze degraus. Um tenente-coronel perguntou-lhe seu nome, enquanto ele era levado para a forca do meio, onde o aguardavam o carrasco oficial do exército americano e dois voluntários. Eles substituíram as algemas por cordões de sapato pretos e pediram a Frank que pronunciasse suas últimas palavras. Frank seguiu a orientação do padre: "Peço a Deus que acolha minha alma. Possa o Senhor me receber misericordiosamente. Sou grato pelo tratamento que me foi dispensado na prisão".

O sargento John Woods, um texano corpulento e de rosto vermelho que já havia enforcado 347 homens em sua carreira de quinze anos, deu um passo à frente e colocou o laço no pescoço de Frank. Ao mesmo tempo, um assistente amarrou seus calcanhares com um cinto de uniforme. Um grande capuz preto foi enfiado em sua cabeça. Um coronel americano fez um rápido sinal com a mão, imitando o ato de cortar, e Woods puxou a alavanca. Por baixo do capuz, Frank gritou "Jesus, tenha piedade de mim!" e desapareceu de vista, como que sugado pelo inferno.

Hans Frank tinha 46 anos quando foi executado. Era um advogado de sólida educação, muito culto e inteligente, mas toda essa formação não o impediu de cometer crimes contra a humanidade. Suas declarações sobre o extermínio de judeus e a erradicação da sociedade polonesa estão entre as mais brutais registradas durante a guerra. O fato de uma pessoa tão instruída acabar no cadafalso por seus desmandos tem fascinado historiadores e angustiado sua família.

Frank teve cinco filhos. Sigrid, a mais velha, vive com o nome de casada na África do Sul. Brigitte, a terceira, morreu em 1981 aos 46 anos de idade. Sofria de câncer, mas a família suspeita de suicídio. Sempre afirmou não pretender viver mais que o pai. Michael, o irmão do meio, é o que mais defende o pai, achando que muitos dos crimes nazistas são um exagero.

Entrevistei os dois irmãos sobreviventes em separado. Nossas conversas foram demoradas e de longo alcance. Niklas Frank, o mais novo, nasceu a 9 de março de 1939. Embora sociável e cordial, tem uma opinião muito severa do pai. "Eu o odeio", afirma. "Você não imagina quanto." Em 1987, Niklas publicou um livro sobre Frank, *Der Vater: Eine Abrechnung* [Meu Pai, Um Acerto de Contas]. Despertou uma torrente de críticas na Alemanha por causa da incontrolável antipatia que mostrou ter pelo pai. Entre outros adjetivos, chamou-o de "sujeitinho fraco, vaidoso e sem caráter", "um fantoche covarde", "um hipócrita e louco nojento", um "assassino". Além de aventar que Frank talvez fosse um "homossexual enrustido", Niklas o descreveu como "puxa-saco patético", "desmiolado" e "imbecil". O livro era sem dúvida altamente emocional e o estilo implacável de Niklas aumentou o tom da crítica. Ele fantasiou seu pai em cenas de sexo com Hitler, relatou sonhos onanistas sobre a execução de Frank e descreveu vividamente imagens horrendas de seus pais no inferno. Detesta a mãe tanto quanto o pai, exceto pelo fato de ela "não ser tão efeminada quanto ele". De todos os filhos que entrevistei, Niklas é o único que verdadeiramente despreza os pais. É o único que, sem hesitar, respondeu "sim" à pergunta sobre se denunciaria o pai caso este fugisse.

O filho mais velho de Frank, Norman, nasceu a 3 de junho de 1928 e era o favorito do pai. É calmo e introspectivo, física e emocionalmente bem diferente do jovial Niklas, e bem menor que seu irmão mais novo de 1,80 m. Levemente corcunda, quase sempre sofrendo de uma úlcera e outros problemas de saúde, esse homenzinho magro de 62 anos de idade passa a maior parte do tempo dentro de um escritório escuro, em sua casa da Baviera, pois tem os olhos muito sensíveis à luz. Norman amava profundamente o pai. Ainda o ama, mas sentiu-se traído quando, após a guerra, descobriu a verdadeira natureza de seu trabalho. "Tudo mudou quando vi as primeiras fotografias de Auschwitz; quando entendi o que de fato acontecera", lembra-se Norman. Hoje, sente-se perplexo com as contradições da vida de seu pai. Quando nos encontramos pela primeira vez, ele me mostrou duas fotos de Frank: uma idílica, da família toda, e outra do prisioneiro em Nuremberg, escoltado por um guarda americano de capacete branco. Essas duas fotos representam o conflito básico de Norman – o contraste entre um pai amoroso e respeitado, e um criminoso de guerra. Norman vive atormentado por sua herança.

"Ele muitas vezes chora pelo pai", diz a esposa, Elizabeth. "Hans Frank arruinou sua vida. Norman acha que não tem o direito de ser feliz depois do que ele fez."

"Penso nele todos os dias", confessa Norman. "Mas jamais conseguiria escrever um livro como o de Niklas. Fico feliz por ele tê-lo feito. Eu, porém, julgo meu pai de maneira diferente."

Esses irmãos díspares partilham a mesma herança. O pai, Hans Frank, segundo de três filhos, nasceu em uma família católica de classe média a 23 de maio de 1900, em Karlsruhe. O pai dele era um advogado expulso da Ordem, "fracote e mulherengo", conta Norman; "enganador", corrige Niklas. Sua mãe abandonou a família para viver com um professor alemão em Praga, e, na adolescência, Hans Frank morava ora com o pai, ora com a mãe. Muito novo, serviu na Primeira Guerra Mundial apenas por um ano, embora não na linha de frente. Em 1919, estudante universitário em Munique, juntou-se ao Deutsche Arbeitpartie (Partido Alemão dos Trabalhadores), de direita, e, quando o grupo se fundiu com o Partido Nazista em 1923, tornou-se automaticamente um soldado das tropas de assalto. Seu diário da época mostra-o obcecado pela cultura alemã, certo de que a ciência, a literatura e a música de seu país eram superiores a todas as outras. Nacionalista raivoso, vivia discutindo sobre a decadência da civilização ocidental e a necessidade de uma Alemanha forte.

Por essa época, Frank conheceu sua esposa, Brigitte, uma datilógrafa no Parlamento do Estado Bávaro cinco anos mais velha que ele. Depois de um namoro de oito meses, casaram-se. Niklas vê a mãe como "um demônio astuto que sabia o que queria e conseguiu seu objetivo". Brigitte chegou a levar o amante para sua lua de mel (relacionamento que Frank ignorava). Ele era filho de um armador muito rico de Hamburgo. Há fotografias de Brigitte com o amante durante a lua de mel, tiradas por Frank, "um babaca covarde", segundo Niklas. Norman, ao contrário do irmão, não acha que ela fosse uma mãe manipuladora. "Com o passar do tempo, amo-a cada vez mais", afirma. "Ela podia saber o que queria, mas se esforçou para consegui-lo. Era muito forte, de longe a personalidade mais forte do casal. Meu pai a temia, mas ela não tinha medo algum dele." Frank, que enfrentou um amargo processo de divórcio durante a guerra, escreveu uma carta sobre a esposa quando estava preso em Nuremberg. Na carta, endereçada à sua mãe, afirmou que só se casara com Brigitte por causa de uma "intoxicação erótica" e que, desde aquele momento, vivera em "escravidão mental". A carta, por engano, foi enviada a Brigitte. Niklas se lembra de que ela ficou furiosa e queria "derrubar as muralhas de Nuremberg para esganá-lo". Sixtus O'Connor, o padre católico da prisão, contou mais tarde a Niklas: "Mesmo na prisão, ele ainda temia sua mãe".

Mas, no final dos anos 1920, a crise do casamento ainda não era evidente. Frank vivia para a carreira. Em 1927, um ano depois de começar a trabalhar nos tribunais alemães, viu um anúncio num jornal nazista que procurava um advogado para defender membros do partido. Aceitou o caso e conseguiu para os réus sentenças brandas. Isso lhe garantiu mais trabalho como defensor de nazistas, "um tagarela nojento", no dizer de Niklas. Frank defendeu centenas de nazistas, pela maioria acusados de espancar rivais comunistas. Em um caso, convocou Hitler como testemunha. O futuro Führer ficou impressionado com a oratória persuasiva de Frank, apenas comprometida em parte por sua voz um tanto esganiçada. Hitler contratou-o como seu advogado particular e ele o defendeu em mais de 150 processos. Frank se encarregou até da investigação altamente melindrosa para desmentir o rumor, espalhado por adversários, de que Hitler tinha ancestrais judeus. Niklas diz: "Meu pai se mostrou até o fim ridiculamente orgulhoso dessas realizações jurídicas".

Frank foi recompensado por seu trabalho leal nos tribunais com rápidas promoções. Em 1930, era Reichsleiter (líder) do Partido Nazista. Em três anos, depois que Hitler se tornou chanceler, obteve vários cargos importantes, inclusive os de presidente da Academia de Justiça Alemã (que ele fundou) e da Câmara Internacional de Direito, além de ser designado ministro da Justiça da Baviera. Durante esse período de crescente progresso profissional, os Frank iniciaram uma família. Em 1927, nasceu sua primeira filha, Sigrid. Norman chegou no ano seguinte. Suas primeiras lembranças são de 1932, quando ele tinha 4 anos e os nazistas se tornaram o maior partido no parlamento alemão. "Minha recordação mais antiga da família é a de ter tido apenas mãe", conta ele. "Meu pai vivia ocupado e, mais tarde, aprendi que aquela foi uma época de muita disputa política. Nossa casa era, sem dúvida, de classe média alta, bem grande, com cômodos espaçosos e belamente decorados. Tanto minha irmã quanto eu tínhamos babás, mas não me lembro delas. Só me lembro de minha mãe."

Norman foi para a escola, em Munique, em 1934, com 6 anos de idade. Esse ano se revelou crucial para seu pai. Em junho, Hitler decidiu expurgar a liderança da SA, uma organização de 2,5 milhões de paramilitares. Mandou prender Ernst Rohm, seu velho amigo e colaborador, e centenas de outros oficiais da SA. A 30 de junho, Hitler voou de Bonn para Munique a fim de supervisionar a captura de Rohm. Todos os líderes da SA foram mandados para a prisão Stadelheim, em Munique, na jurisdição de Frank. Norman, com 6 anos de idade, lembra-se do dia: "Eu estava no Mercedes com meu pai e o motorista por ocasião da Noite das Facas Longas [nome dado ao expurgo da SA], numa estrada perto de Munique. Hitler se aproximou do carro, pôs a cabeça para dentro da janela e conversou com meu pai".

As coisas esquentaram dois dias depois, quando Hitler enviou soldados da SS à prisão de Stadelheim para executar sumariamente alguns líderes da SA, embora eles não houvessem sido acusados de nada. Inquieto, Frank ligou para Hitler e depois para Hess. Como ministro da Justiça em sua jurisdição, Frank não concordava com algumas sentenças proferidas sem julgamento. Hitler não quis ouvir nenhuma queixa. Gritou para Frank que os prisioneiros só estavam em Stadelheim porque "não há outro lugar seguro para colocá-los. Considere-os apenas como seus hóspedes. Eu e o Reich temos pleno poder sobre eles, não a Baviera". Frank recuou. Mandou dezenove homens para ajudar os carrascos da SS. Rohm foi morto em sua cela no dia seguinte. O que Norman vira no carro dois dias antes fora o começo da cumplicidade de seu pai com assassinatos.

"Então, ele se vendeu", disse Norman. "Então, ele se corrompeu inteiramente e se ajoelhou aos pés de Hitler. A partir daí, tudo se resumiu a dinheiro e poder; ele não era mais advogado. Sei que lamentou semelhante decisão. Sei disso como só um filho pode saber. Meu pai sofreu por ser tão fraco. Mas não podia ser forte diante de Hitler." Nesse ponto, Niklas concorda inteiramente com o irmão, embora, como sempre, se mostre mais duro. "Ele conhecia as leis e passou por cima delas. Uma desgraça. Desse momento em diante foi cooptado, teve sangue na garganta, nas mãos, na alma, na consciência."

Frank concordou com o expurgo da SA, mas sua hesitação inicial desapontou Hitler. Em janeiro seguinte, o Führer nomeou Frank ministro do Reich sem portfólio. Era um posto de enorme prestígio, mas, praticamente, sem nenhum poder. Exigia, contudo, que ele se mudasse para Berlim. Norman, então com 7 anos, tem vívidas lembranças dos quatro anos seguintes na capital do Terceiro Reich. "Meu pai subia cada vez mais de posto. Eu sabia que ele era importante. Tinha de saber. Tínhamos três grandes limusines com motoristas, ajudantes, essas coisas. Mesmo por causa das placas dos carros eu percebia que ele era especial. Morávamos numa vila enorme, com um grande jardim. Mas não havia quase ninguém por ali. Eu tinha de brincar com os motoristas. Nas horas livres, eles me ensinavam a lutar boxe e a fumar cigarros. Eu também jogava tênis sozinho, contra uma parede. Meu pai estava sempre fora e minha mãe parecia sempre grávida ou no hospital. Mesmo quando se achava em casa, devido ao fato de ser esposa de ministro e precisar desempenhar diversas funções sociais, nunca estava por perto. Eu não tinha amigos da escola porque nossa vila era tão distante que ninguém ia lá. Sentia-me bem próximo de minha irmã mais velha; mas, como ela era mais sociável que eu e tinha inúmeros amigos, quase não ficava em casa. Tudo era muito bom em Berlim, muito tranquilo, e também muito solitário."

Norman encontrou refúgio na leitura. Seu pai também era um leitor ávido de uma ampla gama de livros, inclusive história, filosofia e literatura. "Na ocasião, as obras mais importantes que li foram *Tom Sawyer* e *Huckleberry Finn*, juntas num mesmo volume", lembra-se Norman. "Isso acabou comigo pelo resto do Terceiro Reich. Minha cabeça estava sempre com Jim e o Rio Mississippi. Era algo muito especial, de bastante impacto para mim. Um mundo diferente daquele que eu conhecia, cheio de índios e tudo o mais. Parecia estranho, mas maravilhoso. Li essas obras com 9 anos e ainda me lembro delas claramente. Eu tinha muita imaginação e conseguia ver as cenas muito bem. Gostaria mais de estar lá do que em Berlim."

Embora Norman achasse maravilhoso o mundo de Mark Twain, mal percebia que sua própria infância não era nada comum. Devido à sua elevada posição social, seus pais recebiam com frequência nazistas importantes. Norman conheceu Goebbels no Ministério da Propaganda, Göring no carnaval de Munique e Himmler em Munique. Mussolini, amigo íntimo de Frank, visitou sua casa em Berlim. "Mussolini foi o único de quem não gostei. Todos os outros se mostraram afetuosos para comigo. Göring me pareceu muito inteligente, muito esperto. Mas aquelas reuniões me aborreciam. Na verdade, eu as detestava. Corria o risco de derrubar meu chocolate quente ou fazer alguma tolice semelhante. Mandavam que eu ficasse quieto, empertigado, cheio de boas maneiras. E eu sempre temia cometer algum deslize. Naquelas noitadas, com sessenta ou mais convidados, eu devia ficar em posição de sentido e dar as boas-vindas a todos. Situação terrível. Meu desejo era fugir para a cozinha e esconder-me junto aos empregados. Eu era uma pessoa muito privada numa casa muito pública."

Norman ainda lamenta a ocasião em que foi escolhido para oferecer um buquê de flores a Mussolini em sua chegada à estação ferroviária. Centenas de dignitários do partido esperavam o Duce e Norman se sentia aterrorizado à ideia de cometer algum engano que desgraçasse tanto a ele quanto ao pai. "Eu disse à minha mãe que preferia comer pêssegos podres a dar flores a Mussolini", lembra Norman. A mãe então o isentou daquela honra duvidosa.

No pouco tempo em que conviveu com os pais, Norman formou opiniões firmes sobre eles. Ambos eram temperamentais, mas se controlavam e raramente brigavam na sua frente. Havia pouco afeto ou religião na casa. "Meu pai era muito inteligente, muito espirituoso e mais culto que minha mãe. Ela, porém, era bem mais esperta que ele no cotidiano e nos contatos sociais", diz Norman. "Pessoas diferentes. Ele, advogado, pianista, escritor, entendido em arte. Tocava música clássica no piano ou órgão durante horas, todos os dias. Se ouvia uma música uma vez, reproduzia-a depois.

Meu pai não era um sonhador. Era muito pragmático e lembro-me de que, desde o começo, falava sobre política na mesa de jantar. Irrequieto, dizia coisas que deveria guardar para si mesmo. Sempre achei que ele nunca se convenceu de que os alemães pudessem ganhar a guerra. Já no início, tinha suas dúvidas. Fez o que podia, o que era seu dever; mas não creio que acreditasse na vitória final."

Entretanto, Norman é o único membro da família que percebeu alguma dúvida inicial em seu pai. Colegas de Frank em Berlim afirmam que ele trabalhava com afinco e era muito dedicado ao nacional-socialismo. Mostrava-se um adepto submisso de Hitler.

Durante os Jogos Olímpicos de 1936, Hans Frank e Norman compareceram às cerimônias de abertura. Mas Frank vivia ocupado e um ajudante é que levou o garoto de 8 anos ao jogos restantes. "Meu atleta favorito era Jesse Owens, que ganhou três medalhas de ouro. Na época, eu não percebia o ressentimento da hierarquia nazista contra Owens, por ele ser negro. Entre o povo alemão, porém, era diferente. Todos gostavam de Owens. Ele é minha única lembrança daqueles jogos. Esqueci-me das cerimônias de abertura, que parece terem sido espetaculares."

Na escola, conta Norman, a posição de seu pai não lhe garantia tratamento especial. "O menino que se sentava ao meu lado era judeu. Eu sabia disso. Não podíamos ter as mesmas aulas de religião porque eu era católico e ele judeu. Dávamos longas caminhadas juntos. Gostávamos um do outro. Em 1938, ele desapareceu, sem que eu soubesse o motivo. Ninguém perguntou nada nem disse uma palavra. Eu, porém, não achei aquilo anormal, pois a escola tinha muitos alunos filhos de diplomatas que entravam e saíam o tempo todo."

O ano de 1938 foi também o da Kristallnacht ("Noite dos Cristais"), o novembro de terror em que bandos de nazistas destruíram milhares de lojas e sinagogas judaicas. Norman lembra novamente o acontecimento e a reação de seu pai. "Ele voara de Munique e eu fui buscá-lo de carro com minha mãe. Quando se aproximou de nós, a primeira coisa que mamãe lhe disse foi: 'Hans, você tem alguma coisa a ver com isso?' Ele respondeu sem pestanejar: 'Não, juro que não'. Pessoas como minha mãe, como qualquer alemão decente, ficaram chocadas. Ninguém gosta desse tipo de baderna. Mas Hitler foi esperto, pois na ocasião nenhum de nós sabia que ele estava por trás de tudo; pensávamos que era coisa de Goebbels. Dali por diante, o Terceiro Reich real deixou de existir. Transformou-se em uma guerra contra vários grupos e pessoas."

Norman e Niklas discordam totalmente sobre se seus pais gostavam do estilo de vida exuberante do círculo interno nazista em Berlim. Norman baseia sua opinião nas observações que ele próprio fez quando viveu ali. Niklas leu os escritos dos pais, entrevistou inúmeras testemunhas e estudou centenas de documentos do período. Norman acredita que seus pais tinham "o dever de ser pessoas públicas. Entretanto, teriam preferido a privacidade. Meu pai gostava mais de ler do que de receber convidados. E, para minha mãe, o melhor seria que seu marido continuasse advogado, num escritório modesto de uma cidade pequena. Era o que ela desejava, era o que a teria deixado feliz. Naturalmente, toda mulher se orgulha de um marido que faz carreira; mas essa não era a vontade de minha mãe. Eu via e ouvia o que se passava em casa. Sei que aquele era o caso." Só depois de 1940 Norman observou uma mudança no pai. "Na Polônia, ele achou importante acumular poder e fortuna. Antes, não."

Já Niklas pensa que seus pais eram ambiciosos de poder e fortuna desde o início. "Minha mãe amava o poder, a posição, o dinheiro e o *status*", diz ele. "Gostava de mandar em meu pai, nos empregados, nos judeus do gueto." Condena a ambos por "uma carreira monumental de saqueadores" em seus papéis de governador-geral e primeira-dama da Polônia conquistada. "Lá, ela montou um verdadeiro armazém de casacos de pele", diz Niklas. "Exigia ser chamada de 'Senhora Ministra'. Mas mesmo de 1933 a 1939 posso imaginá-la cheia de ganância, comprando vestidos, tomando chá no Carlton e passeando em seu imenso Mercedes com as amigas." Quanto ao pai, Niklas não tem dúvida de que seu amor ao prestígio e ao poder acabou por corrompê-lo: "Vendeu a alma para se tornar importante de novo. Era politicamente um homem morto antes de ser nomeado governador-geral. Queria a todo custo uma posição como essa quando estava em Berlim".

O ápice da carreira do pai ocorreu a 26 de setembro de 1939, apenas sete meses após o nascimento de Niklas. Hitler nomeou-o governador-geral da Polônia ocupada. Em Berlim, Frank pôs um joelho em terra diante da esposa e comunicou-lhe: "Brigitte, você será rainha da Polônia". Enquanto a esposa e a família voltavam para sua casa no sul da Baviera, perto do maravilhoso lago e da aldeia montanhosa de Schliersee, Frank se dirigia a Cracóvia. Lá, o governador-geral de 39 anos estabeleceu seu quartel-general num castelo às margens do Rio Vístula. O castelo, repleto de antiguidades e obras de arte raras, passava por um lugar sagrado, onde os reis poloneses eram coroados nos velhos tempos e tinham suas tumbas zelosamente preservadas. Instalando-se nessa nova casa, que abria para Cracóvia e o campo polonês, Frank moldou seu reino pelo Estado nazista. Mal havia chegado e deu o tom da futura administração: "Este país será tratado como colônia. Os poloneses se tornarão escravos do Grande Império Germânico". Em quase seis anos de governo, Hans Frank destruiu a Polônia como entidade nacional e explorou ao máximo seus recursos tanto materiais quanto humanos. Impôs o alemão como língua oficial, emparedou os judeus em guetos, confiscou propriedades de judeus e poloneses, expropriou tesouros artísticos nacionais e mandou enormes quantidades de comida e iguarias para sua casa em Schliersee, numa época em que boa parte da Europa passava fome. Os trabalhadores poloneses eram enviados à força para a Alemanha a fim de colaborar no esforço de guerra. Os nazistas transferiam quase toda a produção agrícola do país para a Alemanha, enquanto o polonês médio subsistia com seiscentas calorias diárias. Frank tentou transformar a Igreja Católica num instrumento dos nazistas, avisando: "Os padres pregarão o que quisermos e, se algum deles agir de modo diferente, nós o eliminaremos. A tarefa dos sacerdotes se limita a manter os poloneses quietos, ignorantes e estúpidos". Milhares de padres poloneses foram presos e 850 morreram em Dachau.

O tom rude de Frank encantava os elementos mais agressivos da SS e da polícia. Ele declarou: "Depois da guerra, vocês poderão fazer picadinho dos poloneses, dos ucranianos e de quaisquer outros que andarem por aí. Por mim, tudo bem". Com um jornalista de Berlim, brincou: "Se eu tivesse de fazer um cartaz de cada sete poloneses que vou fuzilar, nem todas as árvores da Polônia bastariam para fornecer papel suficiente".

A implementação das políticas de Hitler em relação aos judeus foi particularmente brutal. Na primavera de 1940, Frank explicou num encontro de chefes de divisão que "nossos generais não podem mais tolerar viver em casas onde os outros únicos moradores são vermes humanos – judeus". Prometeu limpar Cracóvia de judeus, desinfetar o gueto e construir casas alemãs rodeadas de "bom ar germânico". Nos anos seguintes, Frank defendeu as mais cruéis medidas nazistas contra os judeus.

No primeiro aniversário de sua ascensão ao poder na Polônia, disse a seus oficiais que as famílias destes, na Alemanha, não deviam se preocupar com o que pudesse acontecer-lhes. As condições haviam melhorado muito desde que tantos "piolhos e judeus" haviam sido eliminados. Seu maior discurso foi proferido numa reunião de membros do governo no castelo. Empolgado, afirmou: "Quanto aos judeus, e digo-o com franqueza, é preciso eliminá-los de uma maneira ou de outra. No caso deles, tomarei doravante como princípio básico o pressuposto de que devem desaparecer de uma vez por todas.... Temos de destruí-los onde quer que se encontrem e sempre que houver oportunidade.... Não será possível fuzilar nem envenenar 3,5 milhões de judeus; mas poderemos dar os passos necessários que, seja lá como for, conduzam a seu extermínio". Em dezembro de 1942, 85% dos judeus poloneses tinham sido despachados para os campos de concentração, que se situavam, pela maioria, na jurisdição de Frank.

Para Niklas, as declarações do pai são o mais difícil de aceitar. "Não creio sequer que ele fosse antissemita", diz. "Esperava-se que agisse como tal e como tal ele agiu. Foi oportunista e fraco durante todo esse tempo. Queria parecer durão a Hitler e aos outros. Sinto raiva e vergonha quando leio suas declarações; no entanto, não consigo deixar de lê-las. É incrível que uma pessoa apaixonada por Chopin e Beethoven, que foi amiga de Richard Strauss, que chorava ao ler histórias de Natal tenha dito tais palavras. Para mim, elas são tão perversas quanto os assassinatos cometidos pela SS."

Para Norman, é como se as declarações do pai viessem de outra pessoa. "Ele jamais falou assim diante da família. Não fui educado no antissemitismo, nem por meus pais nem por ninguém. Não se falava em judeus na minha casa, embora se falasse muito na imprensa oficial. De qualquer modo, enquanto jovens, não tínhamos interesse algum nesses assuntos. Os sentimentos antissemíticos e a glorificação do extermínio dos judeus, que meu pai alardeou repetidas vezes (mas não diante de muita gente), não vinham de seu coração. Faziam parte de seu compromisso com as políticas oficiais, eram um meio de identificação com o nacional-socialismo. Esse ódio aos judeus funcionava como substituto de um programa político.

Quando li as palavras de meu pai depois da guerra, fiquei envergonhado. Aquele não era o pai que eu tinha amado. Havia muita contradição nele e não consigo entender isso. Como um homem extremamente culto, que me tratava com tamanha bondade, podia dizer coisas tão estúpidas e odiosas?" Norman balança a cabeça, quase em lágrimas.

Alguns colegas de Hans Frank tentaram mais tarde defendê-lo atribuindo os crimes a Himmler e à SS. Disseram que Frank apenas dizia palavras "duras" quando a SS estava presente, para não parecer frouxo na aplicação das políticas de extermínio. Alegaram que ele não tinha controle direto sobre os campos de concentração, geridos pela SS. Apressam-se a ressaltar que o maior dos campos, Auschwitz, estava fora da jurisdição do governador-geral.[15] Há pouca dúvida de que Frank não gostava de Himmler e de seu capataz na Polônia, Friedrich Kruger. Várias vezes tentou resistir às ordens da SS, criticando suas prisões arbitrárias e "não judiciais". Todavia, Frank não entrava em conflito com a SS por causa de objeções morais e sim para controlar a administração geral. Além disso, tentou desacreditar uma investigação da SS sobre atos de corrupção dele e de sua esposa.

O casal era suspeito de negociar no gueto, forçando os judeus a vender objetos a baixo preço ou a dar-lhes presentes. "Minha mãe costumava dizer que os judeus do gueto confeccionavam as camisolas mais bonitas", lembra-se Niklas. Os Frank surrupiavam comida, objetos de arte, joias russas, casacos de pele, ouro, mármore, antiguidades e tapetes raros. Boa parte do saque ia para sua casa de Schliersee, na Baviera. Frank se valia do mesmo agente de arte ("agente de roubo de arte", segundo Niklas) que o insaciável Göring. Ao saber do inquérito da SS, Frank falsificou recibos para despistá-la, mas a SS concluiu que toda a administração de Cracóvia estava contaminada de corrupção.

No entanto, a investigação só veio à tona em 1942. Até então, Frank esteve empenhado na tumultuosa tarefa de administrar a maior zona ocupada pelos nazistas. No princípio viveu sozinho, pois a família continuava na Alemanha. Norman havia voltado para a Baviera quando o pai foi para a Polônia, em 1939. Embora Frank visitasse a família nas férias, os dois só se viram esporadicamente em 1939-1940. "Na Baviera, conheci minha futura esposa, mas só nos casamos vinte anos depois", conta Norman.

Em março de 1940, Norman foi transferido para um colégio interno. O menino introvertido encontrou dificuldades para fazer amigos na nova escola. "Agora, minha irmã estava separada de mim. Mas isso não me tornou mais solitário, eu já era solitário quando vivia com ela."

Enquanto seu pai decretava que a Polônia seria um Estado escravo da Alemanha, Norman ouviu falar da guerra na escola. "Contaram-nos sobre o conflito, enfatizando principalmente as vitórias da Alemanha. Lembro-me de que a queda da França foi um grande acontecimento. Mas as façanhas militares nunca me entusiasmaram. Muitos de meus colegas sonhavam entrar para o exército e lutar. Eu não. Não gostava daqueles jogos. Para mim, um belo gol no *hockey* ou um de meus livros eram bem mais excitantes. Em vez de ir para a guerra, eu teria preferido descer o Mississippi com Huckleberry Finn."

Em março de 1941, os nazistas inauguraram uma escola em Cracóvia e Hans Frank chamou para lá seu filho de 13 anos. "Eu gostaria mais de ficar na Baviera, mas pelo menos iria para junto de meu pai. A meu ver, sua posição de governador-geral não passava de mais um cargo militar." Mas Cracóvia não era nada daquilo que Norman esperava. "Uma cidade bem mais quente do que eu tinha imaginado. Pensava que ninguém, na Polônia, saísse sem seu casaco de pele. Achei Cracóvia bem melhor e mais bonita do que esperava, mas a vida no castelo decorria aborrecida e desanimadora por causa da guerra. Berlim me parecia mais excitante, pois havia morado ali em tempo de paz. Não havia castelo, mas a vida lá era muito mais animada."

Embora a Polônia surpreendesse Norman, a surpresa maior foi seu pai. "Fazia seis meses que eu não o via, nosso período mais longo de separação. Ao vê-lo, percebi que estava sob forte pressão. Gozava de boa saúde, mas parecia mais sério, menos jovial. Para meu pai, tudo havia mudado. Estava morto... mas ainda não sabia disso."

Brigitte aparecia ocasionalmente com Niklas e os outros filhos, mas Norman passava a maior parte do tempo sozinho com o pai. "Mamãe não gostava de viajar com os filhos pequenos e por isso só nos visitava de vez em quando. Assim, éramos só eu, meu pai e os criados; eles raramente apareciam. Meu pai queria que eu ficasse ali para sentir que estava em família. Minha irmã mais velha também nos visitava às vezes, mas vivia saindo com algum namorado e nós raramente a víamos."

Norman frequentou um colégio para alemães e *Volksdeutsche* (poloneses de ascendência alemã). Tirava notas ruins: passou logo de bom aluno para "péssimo estudante. Só me interessava por esportes". Ia diariamente à escola de bicicleta. "Conhecia bem a cidade inteira e até me mostraram o gueto, que para mim era apenas parte dela. Não me lembro de nenhum muro ou cerca em volta do local, como acontecia em Varsóvia. Acho que esses muros não eram coisa nova, pois soube que existiam antes da chegada de meu pai e que os poloneses queriam assim. Não havia nenhuma placa ou sinal indicando que ali era o gueto."[16]

Norman chegou a ver também o gueto de Varsóvia. Lembra-se dos "incríveis socos e empurrões. Os judeus, encarregados da supervisão, usavam seus próprios uniformes. Havia duas classes claramente diferenciadas. Uma possuía alguma coisa, a outra estava na linha da miséria".

Niklas, onze anos mais novo que Norman, também tem duas lembranças distintas e angustiantes de suas visitas ao gueto. "Eu estava no banco de trás do Mercedes, acompanhando mamãe em uma de suas incursões de compras. Iam conosco sua assistente, o motorista e minha babá. De nariz colado ao vidro, eu observava tudo; os adultos me pareciam assustados e as crianças olhavam curiosos para o carro. Perguntei à minha mãe por que todos eles estavam tristes e usavam estrelas [Estrelas de Davi] nas roupas, e quem eram os homens armados de chicotes. 'Ora, não se preocupe com isso, você não entenderia. Aproveite o passeio', foi só o que ela disse. Quando o carro parou, olhei pela janela e um garoto mais velho estava ali de pé, me observando. Devia ter 10 anos ou mais, pois usava a estrela no braço direito e mais tarde eu soube que todas as crianças com mais de 10 anos tinham de usá-la. Fiz caretas para ele; e ele, aborrecido, se afastou. Lembro-me de ter gozado minha vitória sobre aquele garoto mais velho e maior. Só mais tarde compreendi a desgraça de sua situação e que o menino, provavelmente, não sobreviveu. Então, senti vergonha.

De outra vez, eu estava com minha babá. Lembro-me de uma casa, de um corredor na penumbra e de um dos criados me erguendo para eu olhar por um olho mágico. Vi uma moça perto de um muro, de cabeça baixa. 'Lá está a bruxa malvada', disse o criado. Comecei a chorar. 'Ela não lhe fará mal', garantiu-me o homem. 'De qualquer forma, vai morrer logo'. Anos depois, descobri que a moça era um famoso membro da resistência que havia escapado de um campo de concentração. Mataram-na. Essas são as imagens que carrego comigo."

Norman também é assombrado por lembranças terríveis. Recorda-se vividamente de um acontecimento que presenciou logo depois de chegar a Cracóvia. Estava jogando futebol quando, de súbito, ouviu homens cantando alto o hino nacional polonês, então proibido, e em seguida o som de disparos nas imediações. Perguntou a um supervisor o que era aquilo. "Poloneses sendo fuzilados", foi a resposta. Em casa, Norman consultou o pai sobre o assunto, mas Hans Frank ficou furioso e interrompeu a conversa. "Disse que era a guerra e eu devia ficar calado", lembra-se Norman com tristeza.

Mas nem todas as recordações deixam os irmãos deprimidos. Em Cracóvia, como em Berlim, Hans Frank recebia alguns dos oficiais mais proeminentes do Terceiro Reich. Os dois se lembram bem de festas no castelo. Os convidados incluíam o ministro da Propaganda, Josef Goebbels, e o ideólogo do partido, Alfred Rosenberg. "Vinham também astros de cinema, músicos, cantores de ópera e artistas da Alemanha, Noruega, Suécia... Todos os tipos, de todos os lugares", conta Norman. "Cracóvia ficava longe da guerra e era mais seguro apresentar-se ali. Para meu pai, que amava a cultura, isso era o máximo. Eu também achava aquilo interessante."

Norman também viajou com o pai pela Polônia. Muitas vezes, seu sedã particular passava por campos de concentração que pontilhavam o interior do país. "Sempre avistávamos Auschwitz quando vínhamos de Viena", lembra-se Norman. "Eu não sabia na época que era Auschwitz, mas fiquei sabendo depois, pois ficava a uma hora de Cracóvia e era muito grande. Nunca pensei a respeito dos campos, eles não me diziam coisa alguma. Achava que era coisa normal na guerra. Sabia, é claro, que se tratava de KZs [sigla para *Konzentrationslager*, campo de concentração], com cercas de arame farpado e tudo o mais, mas pensava que fossem campos de prisioneiros. Só depois do fim da guerra descobri o que acontecia nesses lugares."

A única pista que Norman teve de que algo mais sinistro andava ocorrendo lhe foi dada na escola. Um colega fez o desenho de um judeu entrando numa fábrica e saindo sob a forma de barras de sabão. O professor achou o desenho tão bom que o fez circular pela classe. Já repelido pelo pai quando lhe perguntara sobre o fuzilamento dos poloneses, Norman não falou do desenho com ele. "Mas pressenti que alguma coisa de terrível estava acontecendo", confessa.

Niklas só se lembra de uma única passagem por um recinto rodeado de cercas de arame farpado, que agora sabe ter sido o perímetro de um campo de concentração. "Aqueles homens esqueléticos tinham de montar um burro, que os jogava no chão. Achei engraçado. Os guardas foram bonzinhos comigo e deram-me chocolate quente. É tudo de que me lembro."

Mas Hans Frank não levava seus filhos, nem mesmo Norman, quando saía em viagem de Cracóvia. Registros oficiais mostram que, no prazo de doze meses (meados de 1942 a meados de 1943), ele esteve ausente por 170 dias. "Durante boa parte desse tempo meu pai me deixava no castelo, em companhia dos criados. Era como em Berlim: continuava solitário, só que agora mais velho [tinha 15 anos]. Vivia recolhido. Tudo me constrangia. Eu não dizia nada, ficava calado."

Sem Norman saber, seu pai, muito mulherengo, havia reatado o romance com uma namorada de infância na Alemanha. Dava qualquer desculpa para visitar sua "amada Lilly". Embora Norman tivesse consciência de que o relacionamento entre seus pais "esfriara", ignorava que ele quisesse pôr fim ao casamento. Em 1942, Frank escreveu a Brigitte uma carta na qual falava vagamente em "sangue e montanhas de cadáveres". Foi sua maneira de confessar que sabia do extermínio dos judeus. A fim de poupá-la das consequências, dispôs-se ao "maior sacrifício que um marido pode fazer, o divórcio". Ela farejou a armadilha e não concordou. Enquanto os filhos eram mantidos na ignorância, os pais travavam uma odiosa guerra de divórcio. Brigitte acusou o marido de ser "esquizofrênico" e "psicótico", resultado de seus desmandos sexuais. Escreveu cartas aos assessores de Hitler queixando-se de Hans e insinuando que ele fazia pouco de Himmler. Frank, por sua vez, espalhou rumores de que sua esposa estava envolvida em contrabando de peles com o amante, um amigo íntimo de Frank e governador de Radom, doutor Karl Lasch.[17] Deu a entender também que Niklas era na verdade filho de Lasch. Niklas reconhece que sua mãe de fato montou um autêntico depósito de casacos de pele, que era amante de Lasch e que ele próprio muitas vezes se perguntou se não seria filho daquele homem. Embora a guerra do divórcio divertisse os inimigos de Frank, Brigitte apelou para Hitler, que ordenou o fim da disputa. O casamento continuou, apesar do quase total alheamento dos dois. Em retrospecto, Norman acha que a vítima foi seu pai. "As poucas mulheres que teve não foram nada boas para ele", explica. "Só sua mãe o tratava com doçura. Até a namorada que reencontrou durante a guerra o tratou mal."

O filho que mais sentiu o estranhamento dos pais, na época, foi Niklas, embora só tivesse 5 anos. Lembra-se de viajar para a Polônia de trem, "no vagão especial de meu pai. Recordo-me de estar no carro que nos levou ao castelo. E ainda, em Kressendorf [o castelo de fim de semana dos Frank nas imediações de Cracóvia], de ver meu pai no alto da escada, esperando que eu e minha mãe nos aproximássemos. Parecia um rei e percebi que minha mãe ficou furiosa por ele não descer ao seu encontro para saudá-la. Ao mesmo tempo, senti medo de meu pai".

No castelo principal, em Cracóvia, Niklas e seu irmão Michael brincavam de esconde-esconde "em volta dos túmulos dos reis da Polônia. Lembro-me disso claramente. Hoje, acho inacreditável que nos permitissem fazer tal coisa. Sinto vergonha". Outra das brincadeiras de Niklas era arremessar seu carrinho de pedal contra os criados poloneses. "Esperava a um canto e, quando os ouvia andando por perto, pedalava com o máximo de força e velocidade para bater em suas pernas. Ficavam furiosos, mas tinham de baixar os olhos e sorrir para o filho do governador-geral. Eu era muito agressivo. Hoje, acredito que fosse uma reação ao clima ruim criado pelo casamento problemático de meus pais. Não me lembro de vê-los discutir, mas sei que não me pareciam normais. Não consigo descrever a situação; contudo, nunca me senti feliz ou algo assim. Muitas vezes tentei evocar lembranças e sentimentos dessa época. Nada me ocorre, mas sei que ali as coisas não iam bem."

Enquanto Niklas descarregava as frustrações de um lar infeliz em brincadeiras agressivas, Norman ficava cada vez mais introvertido. "Nunca brincávamos com Norman", conta Niklas. "Para nós, ele já era quase adulto. Lembro-me de vê-lo fazendo o papel de um velho, encurvado sobre a bengala e se arrastando como um ancião. Às vezes, ficava sozinho no campo durante horas. Acho que fez isso durante e após a guerra. Era seu jeito de brincar."

Niklas não se lembra de ver o pai dando qualquer sinal de carinho por ele ou pelo resto da família, na época. "Nada, nada. Nem abraços nem 'eu te amo'." Mas se lembra de que Frank certa vez o provocou: "Disse: 'Quem é você, seu pirralho estranho? O que está fazendo aqui?'" Uma das poucas vezes em que Niklas presenciou um arroubo de emoção no pai foi quando este lhe deu uma leve bofetada no rosto, depois que ele acidentalmente quebrou seus óculos. Ao contrário, embora não se lembre de grandes expansões do pai, Norman achava-o bastante afetuoso. Não recorda nenhum castigo corporal. "Ele se sentia culpado por ficar tanto tempo longe de mim. Então, quando estava no castelo, tentava compensar sua ausência. Nunca me bateu. Nunca vi esse tipo de raiva nele. Em 1942, não se preocupava mais com intrigas de família, dedicava-se a seu trabalho. Omitira-se totalmente, distanciara-se."

O ano de 1942 foi bastante significativo para a família Frank. Norman estava com quase 14 anos e o alistamento na Juventude Hitlerista era obrigatório. "Felizmente, eu me achava ora em Cracóvia, ora em Berlim, ora em Schliersee, ora em outro lugar qualquer e eles nunca sabiam do meu paradeiro. Não prestei o serviço", conta Norman. "Andava de uniforme e só. Não havia nada a que eu pudesse comparar aquela situação e, na época, achei que era apenas parte da existência normal em tempo de guerra." Mas os problemas de Norman com a Juventude Hitlerista não eram nada diante do que seu pai tinha de enfrentar. Em 5 de março de 1942, Frank foi convocado ao vagão especial de Himmler, que viajara para a Polônia. Com Himmler estavam um odiado inimigo de Frank, o *Obergruppenführer* [tenente-general] Hans Lammers, e o secretário de Hitler, Martin Bormann. Himmler registrou por escrito a reunião. Os três oficiais nazistas apresentaram a Frank evidências de sua corrupção. Para que houvesse o encerramento das investigações, Frank concedeu à SS controle sobre toda a polícia, dando-lhe, em troca, total liberdade na administração geral. Assim, Frank abdicou de boa parte de seu poder na Polônia em favor de Himmler.

Segundo Norman, o pai reagia aos problemas políticos refugiando-se na música e na leitura. "Voltou a compor e tocava piano quase todas as noites, às vezes durante horas. Eu ficava sentado, observando-o. Só nós dois."

Mas Frank nutria forte ressentimento pela SS e suas táticas truculentas. Em junho e julho de 1942, na Alemanha, deu quatro palestras notáveis em que preceituava a volta às normas constitucionais e à atuação firme e independente do judiciário, bem como o fim das perseguições e prisões arbitrárias da SS.[18] Norman compareceu a uma dessas palestras universitárias, que foram recebidas com entusiasmo pelos estudantes alemães, mas despertaram a fúria da hierarquia nazista. Hitler demitiu Frank de seus cargos no partido e limitou quaisquer palestras futuras à Polônia. A tentativa de Frank de abalar o apoio popular a Himmler dentro do partido saiu pela culatra. Quis demitir-se das funções de governador-geral, já que Hitler não confiava mais nele, mas o Führer manteve-o no cargo. "Isso deixou meu pai muito feliz", conta Niklas, "conforme confessou à minha mãe."

Norman acredita que o pai fez aquelas palestras "corajosas" porque "condenava o terror da SS e, como advogado, sabia que um Estado não subsiste sem leis". Não considera as palestras como o auge da luta com Himmler pelo poder. Mesmo Niklas admite que elas exigiram muita audácia, mas não perdoa o pai por ele ter "a frieza de sair de um país violentado, falar de justiça na Alemanha e voltar à Polônia para pôr de novo em movimento a máquina assassina. Deveria ter se demitido, ainda que contra a vontade de Hitler". Segundo Niklas, as quatro palestras de seu pai em defesa da justiça não foram nada em comparação com a que proferiu alguns dias depois, a 1º de agosto de 1942, na Polônia. Lá, ele falou a militares e a delegações ucranianas e polonesas. Agradeceu a Hitler por ter lhe dado o controle "deste velho ninho de judeus", que ele, armado de enxadas e inseticidas, transformara num lugar "onde um alemão pode viver com conforto. Sim, ainda há alguns deles por aí, mas vamos cuidar disso". Brincou dizendo que a cidade na qual se achava abrigara milhares "de judeus inacreditavelmente nojentos... espantosamente repulsivos". Agora, porém, ele não conseguia encontrar mais nenhum. "Vocês estão me dizendo que os trataram mal?" As notas estenográficas dão conta de que a audiência "riu muito". Niklas acha esse discursos inacreditável, sobretudo porque teria ocorrido poucos dias depois do apelo de Frank por um retorno da Alemanha à lei e à ordem.

A palestra de agosto não foi um acontecimento isolado. Frank continuou acionando a máquina da morte. No final de 1942, garantiu à polícia: "Daqui a alguns anos, não haverá mais poloneses". Na primavera seguinte, chamou os judeus de "o perigo maior", ameaçando chacinar cem poloneses por cada alemão morto. Ao mesmo tempo, queixava-se da insuficiência do pessoal fornecido para completar sua tarefa mortífera: "Quando os bolchevistas planejam aniquilar pessoas, mandam pelo menos 2 mil soldados do Exército Vermelho a cada aldeia onde haja gente a ser exterminada. Mas enviar-nos apenas 10 mil policiais para toda a administração da Polônia e ordenar-nos que acabemos com 15 milhões de habitantes... isso não pode ser feito". No Castelo Belvedere, em Varsóvia, confidenciou a alguns oficiais nazistas de seu círculo: "Não há motivo de alarme quando ouvimos que 17 mil pessoas foram fuziladas. Deixe-me lembrar-lhes que o nome de cada um de nós aqui reunidos já consta da lista de criminosos de guerra de Roosevelt. Tenho a honra de encabeçar essa lista. Todos somos, por assim dizer, cúmplices do ponto de vista da história mundial".

"Frases como essa é que o levaram à morte", diz Niklas. "E eu preciso viver com elas."

Na época em que Hans Frank fomentava os crimes nazistas na Polônia, Norman ignorava o lado sombrio do pai. "Pelo que eu entendia, ele apenas ocupava uma importante posição militar, trabalhava a maior parte do tempo e sempre parecia envolvido com algum tipo de atividade oficial. Continuava o mesmo pai afetuoso para mim. Exceto pela circunspecção, eu não percebia nada de anormal em seu comportamento." Segundo Niklas, havia um motivo para a reserva do pai: "A Alemanha estava perdendo a guerra. Muitos nazistas, tão valentes quando marchavam pela Europa ocupada, começaram a sentir medo quando a maré se voltou contra eles".

A 6 de junho de 1944, os Aliados desembarcaram na Normandia. Os russos avançavam rapidamente para oeste. Norman estava no segundo castelo de Frank, em Kressendorf, quando os Aliados atacaram a costa francesa. Hans Frank se encontrava na Cracóvia. "Todos nós, na verdade, esperávamos essa notícia, mais cedo ou mais tarde. Só não sabíamos quando nem onde aconteceria." Durante o outono de 1944, Norman foi mandado para uma escola alemã na Tchecoslováquia, bem longe da frente de combate que se aproximava cada vez mais. "Naquele ano, porém, meu pai me chamou de volta a Cracóvia para as festas de Natal. Quando o vi, notei que estava resignado com a derrota. Quem não percebesse, meses depois dos desembarques dos Aliados, que aquilo era o fim devia ser um perfeito idiota. Para meu pai, a guerra estava perdida há tempos: o que agora acontecia apenas confirmava a inevitabilidade da derrota."

Frank podia não esconder seu pessimismo de Norman; mas, em público, mostrava-se confiante e agressivo. Quando a Itália caiu em agosto, observou: "As linhas decisivas de combate foram claramente traçadas. De um lado, a suástica; de outro, os judeus". Algumas de suas declarações mais abomináveis foram feitas nos meses finais de 1944. Prometeu que o Partido Nazista sobreviveria aos judeus. "Quando começamos aqui, havia 3,5 milhões deles. Agora, restam apenas alguns grupos de trabalhadores forçados. Os demais 'emigraram', digamos assim." Em outro discurso, afirmou que seu consolo, em caso de derrota militar, seria "poder dizer com orgulho que matei 2 milhões de polacos". Frank passou o resto de seu último ano como governador-geral tentando, inutilmente, organizar um congresso antijudaico em Cracóvia, cidade chamada por ele de "Antissemitrópolis".

Contudo, Frank jamais revelou esse lado de sua personalidade a Norman. Sentia-se mais à vontade com o primogênito e aproximou-se mais dele quando seu governo começou a se desintegrar. "Deixei Cracóvia no dia 6 de janeiro", lembra-se Norman. "Meu pai escapou onze dias depois, quando a cidade caiu nas mãos dos russos."

A 17 de janeiro de 1945, depois de passar várias semanas destruindo arquivos, Hans Frank partiu para Schliersee. Seu carro particular foi num trem que também levava obras de arte roubadas de museus nacionais da Polônia e de famílias aristocráticas. No acervo, estavam o quadro *Dama com Arminho*, de Leonardo da Vinci; *Retrato de um Jovem*, autorretrato do mestre italiano Rafael, óleo sobre madeira; e o sombrio *Paisagem com um Bom Samaritano*, de Rembrandt. Niklas lembra-se de ter visto o quadro de Leonardo pendurado na parede do escritório de seu pai, no castelo. "Achei a pintura muito feia", diz ele. "Pensei que a moça estava segurando um rato.

Só depois fiquei sabendo que se tratava de um Leonardo." Frank declarou mais tarde a seus interrogadores americanos que pegara os quadros para que eles não fossem roubados em sua ausência. O exército dos Estados Unidos recuperou o Leonardo e o Rembrandt, devolvendo-os à Polônia. O Rafael nunca mais foi encontrado, o que faz dele a obra de arte mais valiosa que os nazistas roubaram durante a guerra. "Provavelmente está na parede de uma casa de fazenda da Baviera", diz Niklas com sarcasmo. "Ou talvez minha mãe o tenha trocado por manteiga e ovos após a guerra. Ela entendia tanto de arte quanto meu pai sobre a verdade."

Durante sua fuga para o oeste, Frank ofereceu uma festa, regada à muita comida, de três dias num castelo da Silésia, acontecimento que enfureceu a hierarquia nazista em Berlim quando a notícia chegou a seus ouvidos. Não era o tipo de comportamento que instilasse confiança em soldados famintos, quase sem munição.

Norman viu o pai no dia 25 de janeiro, na casa de família em Schliersee. "Comportou-se do mesmo modo para comigo", recorda-se. "Minha mãe simplesmente aguardava a chegada dos americanos. Estava convencida de que a paz viria e eles não haviam feito nada de errado. Achava mesmo que logo voltariam a ter uma vida normal."

Segundo Norman, Hans Frank passava as noites com a família, mas montara uma central provisória de administração num antigo café da vizinha Neuhaus. Niklas só se lembra nitidamente de uma coisa do período anterior à prisão do pai: ele e a família, inclusive Frank, ao lado da casa observando as centenas de aviões Aliados a caminho para bombardear Munique. "Apenas olhávamos em silêncio o céu coberto por incontáveis máquinas de prata. Seu número parecia não ter fim."

Norman, então com 17 anos, recorda bem o dia da prisão do pai. "Eu o via todas as noites. No dia 4 de maio, visitei-o em companhia de minha irmã, apenas uma hora antes de sua detenção. Fomos de bicicleta e tomamos café juntos. Os americanos estavam bem perto. Ele parecia calmo. Acompanhavam-no três assessores. Tinha seus diários à mão e achava que esses papéis provariam sua inocência. Enquanto estávamos à mesa, ele disse: 'Acho que sou o último ministro ainda livre, sentado confortavelmente e bebendo café'".

"Sabia que logo seria preso", conta Niklas. "Mais cedo naquele dia, deu à minha mãe um grande pacote de dinheiro [50 mil Reichsmarks]. Não houve beijo nem carinho. Foi como se pagasse uma puta."

Uma hora após a visita de Norman, um americano, o tenente Stein, chegou e deu voz de prisão ao governador-geral. Norman achou aquilo normal. "Não fiquei surpreso. Muitos alemães estavam sendo detidos e meu pai fora um oficial de alto nível. Portanto, eu já esperava aquilo. Não ficamos sabendo onde ele estava até setembro, quase cinco meses depois. Nessa ocasião, transferiram-no para Nuremberg, onde, conforme ouvimos pelo rádio, haveria um julgamento."

Quando foi preso, Frank entregou voluntariamente os 42 volumes de diários oficiais que mantivera enquanto governador-geral.[19] Incluíam transcrições de suas palestras, registros de viagens, recepções, reuniões de governo e conferências. Sem querer, forneceu aos acusadores de Nuremberg o grosso das provas contra ele próprio. Pensava, ingenuamente, que os volumes deixariam clara sua oposição a Himmler e o inocentariam. Até ele ficou surpreso quando, no julgamento, algumas de suas mais infames palestras foram apresentadas como evidência. "Certas palavras são terríveis", disse ao tribunal. "Fiquei chocado, admito-o, com muitas expressões que usei. Era uma época selvagem e tempestuosa, movida a paixões assustadoras e, quando um país inteiro está em chamas, enfrentando uma luta de vida ou morte, tais expressões podem facilmente nos escapar." Niklas se diz "profundamente grato" por seu pai ter entregue os diários. "Eles me refrescam a memória sempre que minha raiva começa a esmorecer. Tudo de que preciso, então, é folheá-los por algum tempo."

Depois de detido, Frank foi para a prisão de Miesbach. Os soldados americanos acabavam de ver filmes dos campos de concentração e ansiavam por vingança. Frank era o símbolo dos esqueletos retorcidos que enchiam a tela. Os guardas formaram um corredor de vinte metros de comprimento e o espancaram enquanto ele se arrastava para a prisão. Naquela noite, ele tentou o suicídio cortando a garganta com uma lâmina cega deixada dentro da cela. Levaram-no para Berchtesgaden alguns dias depois: parecia, segundo testemunhas, uma "polpa sangrenta". Mais tarde, tentou de novo suicidar-se, dilacerando o braço esquerdo.

Por essa época, a família Frank vira nos jornais fotografias dos campos de concentração. "Tudo mudou de repente", conta Norman. "A partir daí, a guerra estava perdida, meu pai estava perdido. Até então, ninguém pensara que tivéssemos feito algo de errado. Reconheci que as imagens na imprensa eram reais. Nunca pensei que fossem propaganda russa, como muita gente imaginou. Era tudo verdade e eu o sabia. Soldados americanos passaram a vigiar nossa casa depois que algumas pessoas desalojadas a saquearam. Era justo, dado o que ocorrera em Auschwitz. Aquilo não fora guerra. Fora pior. Esses crimes mudaram tudo."

Também em Niklas as fotos daquelas montanhas de cadáveres causaram uma impressão indelével. "Uma de minhas impressões e lembranças mais nítidas foram as imagens, nos jornais, de milhares de corpos nus nos campos de concentração. Eu ainda não tinha 7 anos. Aquilo ficou comigo para sempre. Imagens de morte, cadáveres, corpinhos de meninos, corpinhos de meninas, todos sem roupa. Eu sabia que meu pai fora muito importante na Polônia e que aqueles campos estavam no Leste. Desde o começo, achei que ele tinha alguma coisa a ver com as imagens. Isso foi muito antes de ouvir as palavras 'Açougueiro da Polônia'."

Logo depois de ver as fotos dos campos, Norman recebeu a notícia da primeira tentativa de suicídio do pai. "Apareceu na imprensa três dias depois. Alguém veio correndo para mim e gaguejou: 'Seu pai morreu!' Foi aí que eu soube. Não senti nada. Milhões haviam morrido, pois meu pai me falara a respeito disso. Era como se eu já estivesse esperando aquela notícia. Logo em seguida me disseram que ele continuava vivo e tentara de novo o suicídio. Podia imaginar com que ânsia desejava morrer."

A 19 de outubro de 1945, os Aliados apresentaram os réus de Nuremberg com os indiciamentos de crimes de guerra. Frank, alvo das quatro acusações, rompeu em lágrimas. A família acompanhava as notícias pelo rádio. Quando o julgamento começou, a 20 de novembro, ela se reuniu para ouvir o resumo das notícias. "Eu sabia que era realmente sério porque todos os adultos à minha volta estavam muito tristes e de vez em quando choravam", lembra-se Niklas. "Escutei as notícias sobre o julgamento regularmente pelo rádio. Era uma atmosfera pesada. Minha mãe nos reunia à volta do aparelho: queria que estivéssemos em casa pontualmente para não perder as transmissões. Só começaram a falar de meu pai na primavera de 1946, mas ela estava muito interessada porque conhecia muitos dos outros réus."

Frank ofereceu uma defesa agressiva. Acusou Himmler e a SS, minimizando sua própria autoridade. Também tentou mistificar o tribunal criticando o nacional-socialismo e Hitler. Alegou que os depoimentos o tinham "abalado" e que resolvera se batizar na Igreja Católica. Alardeando um novo fervor religioso, aceitou a "terrível responsabilidade" pelos campos de concentração, embora "nunca houvesse instalado um". Contou aos juízes que Hitler "representava o espírito do mal na terra" e elogiou o tribunal considerando-o "uma corte reunida por Deus com o objetivo de examinar e dar fim à horrenda era de sofrimento sob Adolf Hitler". Rematando um monólogo diante dos juízes, dramatizou: "Mil anos se passarão e a culpa da Alemanha não terá sido apagada". Francis Biddle, advogado-geral de Roosevelt e principal juiz americano em Nuremberg, classificou as declarações de Frank como "confissão teatral barata". Os outros magistrados concordaram e foram unânimes em condená-lo em duas das quatro acusações.

"Achei impressionante ele ter se declarado culpado em abril de 1946", diz Norman. "Penso que assumiu a responsabilidade pelos crimes em benefício do povo alemão. Nas circunstâncias, quase impossíveis, aquele era um tribunal dos vencedores contra os vencidos, mas necessário e justo. Nunca se tinham visto crimes tão hediondos e quem os cometeu precisava ser julgado. Infelizmente, os processos de Nuremberg não impediram que novas atrocidades fossem cometidas neste mundo."

Antes do veredicto, em setembro de 1946, os Frank foram vê-lo em Nuremberg, num dia reservado para que todas as famílias dos réus os visitassem. As crianças menores acompanharam a mãe. Era a primeira vez que Norman via seu pai desde maio de 1945, quando ele fora preso. "Lembro-me de Edda Göring e das outras crianças. Ali, na prisão, tudo era estranho. Meu pai parecia diferente, muito magro. Mas tentou ficar calmo, especialmente diante de meus irmãos e irmãs. Pediu-me que fosse forte e que nunca abrisse a boca antes de pensar cuidadosamente no que iria dizer. Não devia falar com muita liberdade. Isso o prejudicara e ele queria chamar minha atenção para o problema. Foi o último conselho que me deu."

Ao contrário de Norman, que gostou de seu último encontro com o pai, Niklas odiou a visita. "Lembro-me com a maior clareza", diz ele. "Estava sentado no colo de minha mãe e ele de costas para uma janela, perto de um soldado de capacete branco. Pareceu-me cordial e risonho. Foi a impressão mais forte que tive dele, pois foi também a última. Eu sabia que não mais o veria. Disse-me: 'Ah, Niki, daqui a três meses teremos um maravilhoso Natal em nossa casa'. Continuei sentado, pensando: 'É mentira'. Meu pai sabia que ia ser executado. Por que estava mentindo para mim? Hoje, reconheço que foi para me confortar e parecer alegre: assim, mais tarde, eu me lembraria dele como um homem melhor ou coisa que o valha. Eu preferiria que me desse algum conselho, que dissesse 'Vou morrer e sou culpado, você nunca mais me verá. Mas eis uma recomendação para você seguir no futuro'. Isso é o que realmente me assombra, me persegue." Durante muitos anos, Niklas se irritou também por causa de um livro de preces da prisão que seu pai lhe deu, com uma dedicatória desejando-lhe a proteção de Deus. "Escreveu Nicki errado, com c. Não se lembrava, nem na hora da morte, de como se grafava corretamente meu nome. Ninguém deve se permitir coisas como essa. Já não sinto raiva. Apenas decepção."

A 30 de setembro, o tribunal proferiu a sentença de Frank. Ele ficou desorientado, olhando a parede dos fundos; um guarda precisou virá-lo para que encarasse o juiz. Suas mãos tremiam ligeiramente e ele se atrapalhou com os fones de ouvido. Quando escutou a sentença de morte, murmurou: "Obrigado", o único réu a emitir um som. Norman se lembra nitidamente desse dia. "Ouvimos a sentença de morte ao vivo, pelo rádio. Estávamos todos sentados juntos. Minha mãe não chorou, ficou firme diante de nós. Éramos fortes. Meu pai estava pronto para morrer." Norman não gostaria que ele tivesse sido condenado à prisão perpétua. "A meu ver, a execução foi melhor. Ficar encarcerado como Hess seria terrível para ele. Eu enfrentaria muitos problemas se precisasse viver com isso. Se, a vida inteira, ao pegar uma xícara de café ou dar um passeio soubesse que meu pai estava preso, desistiria. Nesse sentido, sou grato por ele ter sido condenado à morte. A prisão perpétua para meu pai representaria a prisão perpétua para a família inteira."

Para Niklas, de 7 anos, a lembrança da sentença do pai é menos clara: "Não me recordo de tê-la ouvido no rádio. Mas sabia de tudo, sabia que ele tinha sido condenado à morte. Ignoro quem me deu a notícia. Entendia, porém, o que aquilo significava. Ele seria enforcado. Imaginem só: eu estava nos primeiros anos da escola e a cidade inteira falava sobre o assunto. Na escola, falavam há muito tempo. A cidade era muito pequena e todos me conheciam. Todos sabiam que meu pai fora condenado à morte".

A notícia da forma de execução traumatizou a família. "O pior para nós foi saber que ele seria enforcado", lembra-se Norman. "Uma verdadeira surpresa. Pensávamos que seria fuzilado como um soldado. Ele também. Pareceu-me indigno de um povo decente como o americano dar àqueles homens uma morte indigna. Isso foi o que mais o abalou."

Niklas não concorda com o irmão. Acha que o enforcamento foi justo. "Bem, não é fácil morrer com 46 anos. Já passei dessa idade e sei que nela as pessoas se sentem jovens. Sim, é difícil. Mas desejei essa morte e esse medo da morte a meu pai porque ele e todos os outros alemães fizeram a mesma coisa com milhões de pessoas em seus pretensos anos dourados."

Niklas se lembra da mãe dando-lhe a notícia da morte do pai. "Meu irmão Michael, minha irmã Brigitte e eu fomos para um jardim da infância. Cerca de dois dias depois da execução, ela nos buscou e disse: 'Vamos andar um pouco'. Caminhamos a seu lado. Ela vestia roupas coloridas, não pretas. Falou: 'Tenho de lhes dizer que seu pai morreu. Isso é ruim, mas, como podem ver pelo que estou vestindo, não me comporto como uma viúva porque, para ele, foi melhor ter morrido'.

Minha irmã e meu irmão começaram a chorar alto, mas eu me contive. Minha mãe disse: 'Vocês dois olhem para Niki. Ele não está chorando. Façam o mesmo'. Entretanto, tive a impressão de que ficou furiosa por eu não chorar. Agiu como na ocasião em que direcionou sua raiva a meu pai, postado no alto da escadaria do castelo e esperando que ela subisse. Mas agora a raiva se voltava contra mim."

Niklas nunca a viu chorar por seu pai. "Chorava às vezes, depois da guerra; mas por causa de nossa má situação, não por causa dele", diz Niklas. "Durante muitos anos, após o conflito, não sabíamos o que iria ser de nós."

Niklas também não derramou uma lágrima pelo pai. "Mas, embora eu nunca chorasse, senti-me bem próximo dele no aniversário de sua morte. Isso começou por volta de 1947 ou 1948. Sim, senti-me bem próximo de sua morte. Via meu pai percorrendo um longo corredor até o patíbulo e desenvolvi um medo real de morrer. Identifiquei-me com meu pai. Coloquei-me na situação dele. Via-o nessas imagens, mas era eu que estava prestes a ser enforcado."

Se Niklas encontrou dificuldade em aceitar a execução do pai, para Norman aquilo foi ainda pior. Niklas se lembra nitidamente do irmão na época. "Andava muito triste. Brigava muito com minha mãe. Eu e Michael achávamos difícil voltar para casa depois de nossas brincadeiras na rua porque a atmosfera ali era pesada. Muitas vezes eu ouvia minha mãe gritar e chorar sem controle e, como a cidade fosse pequena, quando a janela estava aberta, podia-se ouvi-la de longe. Aquilo era penoso e difícil para todos nós, mas acho que afetava principalmente Norman. Ele era bom para Michael e para mim; tentava parecer alegre para nos alegrar, mas vivia triste."

Norman se mostra sombrio ao falar da execução do pai. "Não chorei na época e isso é, em parte, o motivo de minha úlcera", lamenta ele. A esposa,

Elizabeth, interrompe-o: "Oh, Norman, você chorou, sim! E ainda chora!" Norman a desmente e não acrescenta mais nada.

No verão de 1947, Brigitte Frank ficou presa por mais de três meses. Foi colocada num campo de detenção americano em Augsburgo, juntamente com várias esposas de outros nazistas de destaque. Niklas e Michael acompanharam-na à estação ferroviária. "Chorei muito quando a levaram", lembra-se Niklas. "Mas foi excitante visitá-la depois no campo. Ilse Koch estava lá e não parava de cantar velhos hinos nazistas.[20] Minha mãe achava aquilo muito engraçado. Bem-humorada, sua aparência era melhor do que quando a prenderam. Lembro-me bem disso. Gabou-se: 'Olhem para mim, olhem como estou bronzeada'". Mais tarde, brincou dizendo que aquelas foram suas últimas férias dignas desse nome.

"O tempo que minha mãe permaneceu no campo não foi ruim para nós. De modo algum. Estávamos contentes porque a tia Else cuidava de nós e era muito alegre. Michael e eu ríamos de seus esforços para nos educar."

Niklas pode ter achado a situação "divertida" e sua mãe bem-humorada, mas a lembrança de Norman é diferente. "Visitei-a todas as semanas, durante o tempo que ela permaneceu no campo. Achei-a muito doente. Eu tinha 18 anos e precisava cuidar da família. Comida era coisa difícil de arranjar."

Certa vez um soldado americano, bêbado após esvaziar várias garrafas de vinho da adega de Frank, encostou os membros da família numa parede e apontou-lhes o fuzil, ameaçando matá-los. Brigitte Frank pediu-lhe corajosamente que não atirasse nas crianças. Michael soluçava. Mas a reação de Niklas foi outra. "Nunca me esquecerei. Naquele momento, eu estava ao lado do soldado americano. Achei realmente que ele não era o criminoso; criminosos éramos nós, nossa família. E daí por diante sempre pensei assim."

Nem toda dificuldade enfrentada pela família Frank foi tão grave quanto a do soldado apontando-lhes uma arma. Tiveram de se mudar para um apartamento minúsculo e obter comida não era fácil. Quase todas as suas propriedades foram confiscadas. Niklas se lembra da mãe pedindo-lhe que saísse à rua a fim de mendigar, com um bilhete explicando que a família passava fome. Voltou com metade de um pão e essa lembrança ainda o envergonha. Brigitte Frank vendeu joias que escondera dos soldados americanos e dos saqueadores. Isso lhes garantiu dinheiro suficiente para sobreviver. Norman se sentia inútil, pois não podia voltar à escola nem arranjava emprego. "O pior de tudo era que não me permitiam frequentar a escola. Quando eu tentava, o diretor alemão dizia que nenhum filho de criminoso de guerra poria os pés lá. O mesmo acontecia com minha irmã mais velha, mas ela não se importava porque já havia se casado. Minhas irmãs e irmãos mais novos voltaram a estudar. Eu fiquei de fora. Não conseguia arranjar emprego pela mesma razão. Como filho mais velho, todos os sentimentos negativos se voltavam contra mim."

Na tentativa de ajudar seus cinco filhos, Brigitte Frank recorreu a uma fonte de renda das mais improváveis. Hans Frank havia escrito um livro na prisão, reminiscências da vida no Terceiro Reich ("Jamais consegui ler mais de cinco páginas por vez devido à insuportável vaidade do autor", afirma Niklas). Mas Brigitte comercializou-o com o título *Face with the Gallows* [Diante do Cadafalso] e vendeu-o pelo correio a milhares de interessados, inclusive muitos ex-colegas de Frank e ex-nazistas. Segundo Niklas, as vendas renderam mais de 200 mil marcos alemães, livres de impostos; além de centenas de cartas repassadas de "entusiasmo piegas pelo lixo nostálgico produzido por meu pai". Depois que as vendas do livro diminuíram, Brigitte comercializou cópias das cartas escritas por Frank na prisão, endereçadas a seus familiares, e também um texto que descrevia a situação econômica precária da família. Ao constatar que isso não rendia muito, Brigitte vendeu *The Cabin Boy of Columbus* [O Grumete de Colombo], um romance curto que Frank escrevera enquanto governador-geral.

Por essa época, Niklas quis saber mais a respeito do pai. Leu jornais e, no cinema, assistia aos documentários semanais sobre a guerra. Ao pegar um livro, procurava o nome de Frank no índice e imediatamente lia as páginas que falavam dele. "Assim, obtive muita informação sobre meu pai", conta Niklas. "Desde o começo, constatei que ninguém dizia nada de bom a seu respeito. Só coisas negativas. Mas eu acreditava no que lia e nunca tive nenhum desejo de defendê-lo. Ao contrário. Sempre afirmarei que meu pai era um criminoso, embora os outros contemporizem: "Ah, não, coitado! Apenas vítima das circunstâncias".

"Um de meus maiores erros, porém, foi nunca ter perguntado nada à minha mãe, nem a outros membros da família. Guardava tudo para mim mesmo. Jamais quis conversar com ninguém sobre o assunto."

Mas Niklas está convencido de que, mesmo se perguntasse, a família nada lhe diria. A única forma de comunicação que tentaram foram sessões espíritas para fazer contato com o pai morto. Ainda novo e estimulado pela crença de sua tia na reencarnação, Niklas achou certa vez que ele reencarnara como o cão da raça *Dachshund* de um vizinho. Após duas semanas tentando conversar inutilmente com o animal, Niklas atou cinquenta tubos de fogos de artifício em volta de seu corpo e acendeu-os. "Devia ser assim que eu estava me sentindo com relação a meu pai", confessa.

Niklas colhia informações sobre a guerra e as atividades de seu pai; Norman, não. Suas lembranças lhe bastavam. "Pouco fiz durante essa época, apenas alguns estudos em casa. Nunca me formei. Nada me parecia importante. Ainda não tinha lido os diários de meu pai, o que só fiz depois. Também não li as transcrições do julgamento."

Em 1951, Norman, com 23 anos, sentiu-se tão frustrado com a Alemanha do pós-guerra que se mudou para a Argentina. "Minha irmã tinha uma amiga lá, de modo que resolvi tentar a sorte. Morei em Buenos Aires e nos Andes por cinco anos. Foi um bom tempo. Trabalhei em vários empregos bizarros. Na verdade, fiz de tudo, em minas, fábricas, o que você pensar. Mas em 1955 precisei voltar à Alemanha porque minha mãe estava muito doente. Não via minha família havia cinco anos e, quando cheguei, tive vontade de voltar para a Argentina imediatamente. Não gostei do que vi. A maneira como a Alemanha se desenvolvera... muitas, muitas mudanças. Um país novo e próspero enterrara o antigo. Eu não podia suportar isso. Mas fiquei e nunca regressei à Argentina. No começo, pulei de emprego em emprego, um diferente do outro. Depois, trabalhei na televisão até me aposentar. Casei-me com Elizabeth, que conhecia desde garoto. Ela me ajudou a ficar."

Quando Norman voltou à Alemanha, em 1955, Niklas estava numa ilha do mar do Norte terminando o colegial. Trabalhavam na mesma empresa durante as férias e passavam muito tempo juntos. "Eu, realmente, sempre gostei de Norman", diz Niklas. "E fiquei muito feliz por ele ter voltado. Tínhamos pouquíssimo dinheiro, mas nos divertíamos. Eu sabia, porém, que ele estava triste e meio receoso por se encontrar de novo na Alemanha."

Norman se casou em 1959 e Niklas deu início a nove anos de estudos universitários desordenados: "Fiz vários cursos e não concluí nenhum". Foi por essa época que começou a escrever. Depois de estudar Direito, História e Sociologia, quase obtendo um doutorado em Literatura Alemã, tornou-se finalmente jornalista. Ocupou diversas posições, inclusive a de editor cultural da *Playboy* alemã, mas agora é correspondente-sênior da revista *Stern*.

Os irmãos são bem diferentes. Norman decidiu não ter filhos, "pois, pelo que concluí, a família Frank não deve ir adiante". Niklas tem uma filha de seu casamento de vinte e quatro anos. "Norman ficou meio perdido depois da guerra", explica. "Nunca encontrou seu lugar de novo. Foi muito difícil para ele."

Ser filho do governador-geral da Polônia: vantagem ou desvantagem? Também aí os irmãos não concordam. "Como cresci na Alemanha, foi vantajoso para mim ser filho desse assassino", garante Niklas. "Era relativamente honroso ter um pai sentenciado no primeiro grande julgamento e não nos que ocorreram depois. Na Alemanha, considerava-se uma distinção ser filho de um criminoso tão célebre. Por isso, eu me julgava um pouco célebre também. Não tanto quanto o seria um filho de Goebbels ou de Göring, para não falar de um de Hitler; mas, dada a posição de meu pai, foi bom ser seu filho. As pessoas me achavam mais interessante quando descobriam isso."

Norman discorda veementemente. "Durante toda a minha vida, achei desvantajoso ser filho do governador-geral. Agradeço por ter tido um bom pai e uma boa criação, mas me incomoda bastante descender de uma pessoa sobre quem se fala tanto. Como eu era o filho mais velho e, na família, conhecia melhor meu pai, a situação me afetou mais e de maneira mais negativa do que a qualquer um de meus irmãos e irmãs."

Norman e Niklas discordam quanto às vantagens ou desvantagens de semelhante legado na Alemanha do pós-guerra, mas nenhum dos dois nega que essa herança os persegue. Para Niklas, o pai "sempre fez parte de minha vida, quando eu só queria uma vida própria"; e Norman diz: "Penso em meu pai diariamente".

Os dois tentaram entender o que levou seu pai a tornar-se um criminoso. Niklas estudou tudo o que foi publicado sobre ele e entrevistou vários de seus colegas sobreviventes durante seis anos, como preparação para seu livro. "Ainda não o entendo", confessa. "Tentei. Ele não era um ideólogo. Encarava aquilo como uma carreira, movido pela ambição e a fraqueza. Entretanto, se estivesse vivo, eu teria muitas coisas a lhe perguntar. Muitas. Gostaria que me dissesse a verdade e se confessasse culpado. Sei que ele amava os palacetes, os belos uniformes, o luxo; mas não sei por que agiu daquela maneira. Odeio-o por isso. Sua fraqueza me irrita. Quando eu dizia a seus colegas que, a meu ver, ele era um criminoso, pensavam que eu estava louco. Não viam as coisas por esse prisma. Para mim tudo é muito claro, só sua motivação continua um mistério."

Norman se sente tão perplexo quanto o irmão mais novo. "Não entendo absolutamente meu pai. Tentei entender, mas não consigo descobrir o motivo que o levou a se tornar tão corrupto. Trata-se de uma enorme contradição num homem que amo. De um lado, vejo a imagem de um bom pai; de outro, a do acusado de crimes num tribunal. Em minha mente, as duas imagens se confundem. Quando o visitei em Nuremberg, tive de aceitar esse conflito, essa contradição. Percebi que uma grande inteligência pode beirar o excesso quando misturada com a ambição. Ser culto não significa ficar imune a crimes horríveis."

Norman não gostaria de ter tido outro pai, apenas um pai "mais forte". E, embora saiba o que Frank fez durante a guerra, admite que jamais o entregaria às autoridades caso ele fugisse após a derrota. "Não, eu não poderia traí-lo. Isso seria horrível para ele, talvez pior do que ficar na prisão pelo resto da vida."

Quando mencionei as respostas de Norman para Niklas, ele não ficou surpreso. "Norman critica meu pai, mas ama-o profundamente. Em minha opinião, meu pai arruinou a vida de Norman. Nunca lhe disse isso, mas é o que sinto. Disse-o para minha mulher várias vezes. Quando meu livro foi publicado em série na *Stern*, eu soube que Norman ficava envergonhado no trabalho, pois sabia que todos os seus colegas estavam lendo os artigos, mas não lhe falavam sobre o assunto. Ninguém faz ideia de como isso o perturba. Eu o conheço bem, uma vez que depois do internato passei a morar com ele. Norman foi um pai para mim. Devo-lhe muito; quando começamos a conversar sobre nosso pai, ele me contou a verdade. Nunca me pregou uma mentira ou alegou que alguma coisa fosse exagerada. Sempre me encorajou a buscar a verdade; mas eu nunca deixei de perceber que ele continua amando nosso pai.

Todavia, devo agradecer-lhe por me permitir chegar aos fatos. Não me impediu de constatar os crimes da Alemanha e o que meu pai havia feito. Partilhamos esses pensamentos, os pensamentos de todas as pessoas que ele matou. São quadros em nossas mentes e vamos viver com esses quadros até o fim."

◆ Reunião, em 1942, da família Frank (falta uma filha). Norman está à esquerda do pai, Niklas na frente. Na época em que essa foto foi tirada, Frank havia encaminhado 85% dos judeus poloneses para os campos de concentração nazistas, o que lhe valeu o apelido de "Açougueiro da Polônia".

◆ Em abril de 1942, Norman Frank, com 13 anos de idade e trajando o uniforme da Juventude Hitlerista, recebe das mãos de seu pai uma gravura cerimonial de Adolf Hitler. Hans Frank se sentia orgulhoso da doutrinação nazista do filho, mas Norman se lembra de seu serviço na corporação com constrangimento.

◆ Ainda adolescente (16 anos), mas já bem maduro, Norman Frank aparece aqui ao lado do pai, em 1944. Norman era o filho favorito de Hans Frank e passava mais tempo com ele do que com qualquer outro membro da família.

◆ Brigitte Frank com Niklas, de 7 anos, e a irmã mais velha deste, Brigitte, entrando na prisão de Nuremberg em setembro de 1946. Niklas ainda se lembra com irritação e desapontamento desse último encontro com o pai. Menos de três semanas depois, Frank foi enforcado.

CAPÍTULO 3

"Justiça dos Vencedores"

Wolf Hess é o único filho de Rudolf Hess, que até seu voo solitário para a Inglaterra em 10 de maio de 1941 era o vice-Führer do Partido Nazista e um dos confidentes mais íntimos de Hitler. Passou os últimos quarenta e seis anos de sua vida na prisão, a pena de encarceramento mais longa cumprida por qualquer oficial nazista, e esse fato afetou profundamente a visão de Wolf Hess do pai, do Partido Nazista, da Segunda Guerra Mundial e da justiça dos Aliados. De todos os filhos que entrevistei, Wolf Hess é, de longe, o mais amargo e revoltado. Considera seu pai "um homem de paz" que era totalmente inocente, mas acabou sujeito à "justiça inadequada e injusta dos vencedores". A visão que tem do período nazista e do papel de seu pai foi descartada como revisionista. Mas o homem atarracado de 53 anos não se dá o trabalho de defender suas opiniões.

Durante nossas conversas, ouvi que, se revisionismo significa "desmascarar as falsidades daquilo que ensinaram a nós, alemães, sobre nossa história", então Wolf Hess não contesta esse rótulo. Ele tenta defender não apenas os fundamentos da convicção de seu pai, mas também as verdades subjacentes às duas guerras mundiais – concentrando-se nos aspectos mais desumanos da prisão a que seu pai foi submetido por décadas. A morte de Rudolf Hess, em 1987, considerada suicídio pelos funcionários da penitenciária, deu vida nova à longa luta de Wolf para ajudar o pai: ele agora lidera uma cruzada para provar que o prisioneiro foi assassinado por seus guardas. Dedica-se a essa causa com o mesmo zelo com que, durante vinte anos, tentou obter a liberdade do pai alegando razões humanitárias. Para

Wolf, ser filho de um nazista proeminente significou que sua vida se consumiu em virtude do conhecimento do passado do pai e de uma singular frustração causada por seu encarceramento "ilegal". "Ele teve um destino único", segundo Wolf, "e isso redundou em que minha vida diferisse muito da de outras pessoas. Sua coragem na prisão de Spandau atribuiu-me uma obrigação extra – a mim, seu filho. Durante todos esses anos, o vínculo espiritual entre nós dois nunca se rompeu." O pai de Wolf, Rudolf Walter Richard Hess, nasceu a 26 de abril de 1894 em Alexandria, Egito, onde sua família possuía uma bem-sucedida empresa de importação-exportação, a Hess & Co. Era, pois, uma família próspera, com vila egípcia luxuosa e residência de verão alemã. Rudolf Hess recebeu uma rígida educação teutônica. Com 15 anos, entrou para um internato alemão e, três anos depois, para uma escola de comércio suíça. Quando começou a Primeira Guerra Mundial, Hess, como milhões de outros jovens alemães, agarrou a oportunidade de alistar-se. Lutou nas frentes ocidental e oriental, sendo gravemente ferido em 1916 e 1917.

Liberado do exército, com 24 anos matriculou-se na Universidade de Munique, mas logo perdeu o entusiasmo. A Alemanha estava em ruínas e paralisada pelos termos do Tratado de Versalhes. Wolf Hess entende a frustração do pai e afirma que ele ansiava por "justiça". Os britânicos expropriaram a empresa de importação-exportação dos Hesses, mas, nas palavras de Wolf, seu pai se preocupava mais com "a pátria do que com a miséria da família. Versalhes foi uma reviravolta na vida dele. Era a paz da aniquilação com seus termos coercitivos e destrutivos. Desde o início, tal qual a maioria dos alemães, meu pai ficou chocado com esses termos e decidiu combatê-los. Também, desde o início, um homem e uma agremiação demonstraram que os alemães não se sujeitariam à chantagem dos vencedores. Esse homem era Adolf Hitler; a agremiação, o Partido Nacional-Socialista dos Trabalhadores Alemães [NSDAP]."

Hess ouviu Hitler falar pela primeira vez numa noite de abril de 1920. Correu para casa gritando sem parar: "Eis o homem! Eis o homem!" Esse único encontro transformou Hess num seguidor devoto. A 1º de julho de 1920, tornou-se o décimo sexto membro do novo Partido Nazista. Wolf refletiu bem sobre os motivos do pai para ser um dos primeiros afiliados e justifica-os. "Estava inquieto com a visível sujeição da Alemanha. Encontrou em Hitler a única pessoa que, a seu ver, poderia restaurar nossa posição de direito. O verdadeiro objetivo das potências ocidentais era destruir nosso país na Primeira Guerra Mundial e, mais tarde, voltaram a fazer o mesmo. Mas Hitler construía o que seus vizinhos mais receavam: uma Alemanha unificada, tão forte quanto eles. Nesse sentido, meu pai foi como milhões de alemães, apenas seguindo Hitler com mais dedicação que o resto. Era mais dedicado a Hitler do que ao nacional-socialismo."

Embora seja verdade que, por fim, mais de 10 milhões de alemães se tornaram membros do NSDAP, na época em que Hess entrou para o partido este era considerado um grupo radical, marginal, com umas poucas centenas de entusiastas. A dedicação de Hess foi muito além do que se esperaria de um membro comum. Em poucos meses os dois homens já estavam estreitamente ligados. Em 1924, quando ambos foram condenados após o fiasco do *Putsch* da Cervejaria contra o governo e enviados para a prisão de Landsberg, Hess se tornou o amigo mais íntimo de Hitler. Redigiu, sob ditado, o *Mein Kampf* e, depois da libertação dos dois, passou a ser o secretário particular de seu ídolo. Atuou cada vez mais como o *alter ego* do Führer nas questões do partido e, em resultado, reuniu um círculo pessoal de seguidores. De 1925 a 1932, Hess esteve o tempo todo ao lado de Hitler em eventos que iam de reuniões com industriais alemães para levantamento de fundos até manifestações de massa. Em centenas de fotografias oficiais do período, quem está perto de Hitler é quase sempre Hess; o vice-Führer, com suas sobrancelhas cerradas e face angulosa, chega a parecer duro, quase ameaçador.

Quando Hitler assumiu o poder em 1933, Hess foi nomeado ministro do Reich. Segundo Wolf, "Meu pai ainda era um dos amigos mais íntimos de Hitler, que confiava nele sem reservas". Wolf ressalta também que, embora ocupasse um cargo de muito poder, ele nunca o usou para enriquecer-se ou à família, permanecendo um cidadão de expectativas modestas, ao contrário de outros líderes nazistas. Esse retrato pode ser considerado fiel: Hess era o oposto de Göring, que não enriquecia rápido o bastante para saciar sua cobiça.

O principal compromisso de Hess era com o partido e esse papel ele desempenhou bem durante os primeiros anos do governo nacional-socialista. Os nazistas revolucionaram diversos aspectos da administração alemã, tanto quanto da esfera judiciária e social. A filosofia nazista estava codificada em leis que tinham por base e inspiração a teoria racial da superioridade ariana, além de uma boa dose de antissemitismo. Em 1935, Hess foi um dos principais signatários das Leis de Nuremberg, que dividiram a população em "Cidadãos do Reich", com plenos direitos, e "Súditos do Estado", sobretudo judeus, que não mais tiveram acesso a certas medidas de proteção legais. Casamentos entre arianos e judeus, bem como relações sexuais entre eles fora do matrimônio, foram proibidos. Os judeus não podiam hastear a bandeira alemã. As Leis de Nuremberg deixaram claro que eles não eram mais considerados iguais no direito alemão. O *Times* de Londres chamou essas leis de "a mais completa medida de segregação e espoliação de cidadãos judeus... desde a Idade Média".

Contudo, mesmo aqui, Wolf Hess evita criticar e racionaliza o papel de seu pai nessa famigerada legislação. Alega ser "interessante considerar o que a famosa filósofa e escritora judia, Hannah Arendt, diz em seu livro sobre o julgamento de Eichmann...: 'Cidadãos israelenses, religiosos ou não, parecem concordar quanto à utilidade de uma lei que proíba os casamentos mistos.... Foi espantosa a ingenuidade com a qual a acusação denunciou as famosas Leis de Nuremberg, de 1935, que vedavam os casamentos e as relações sexuais entre judeus e alemães. Os correspondentes mais bem informados perceberam a ironia...."[21] Wolf acha que essas leis apenas oficializam a segregação constantemente preconizada pelos judeus ortodoxos. Mostra-se honesto em sua racionalização, pois acha que as leis não eram más em si, somente na maneira com que alguns nazistas as aplicaram.

Wolf Hess admite que "as Leis de Nuremberg endureceram sob a influência de muitos líderes nacional-socialistas", mas insiste em que seu pai "defendeu, em muitas ocasiões, um tratamento mais justo dos judeus". Acredita que o pai apoiou a "Solução Madagascar", um plano para a expulsão de todos os judeus da Europa e sua instalação em uma nova pátria, a ilha de Madagascar, no oceano Índico, próximo à costa da África. Não consegue imaginar o pai favorecendo ou estimulando extermínios em massa. Para reforçar sua alegação de que o pai recomendou um "tratamento justo dos judeus", cita o exemplo de Albrecht Haushofer. Haushofer era filho de um dos melhores amigos de Rudolf Hess, o professor Karl Haushofer, que tinha um quarto de sangue judeu herdado do avô materno. Segundo as Leis de Nuremberg, Haushofer teria de arcar com todas as consequências brutais de ser judeu na Alemanha nazista. Hess "arianizou" seu amigo e concedeu um "salvo-conduto" à família.[22] O mesmo ocorreu com a família de Thomas Mann, cujo sogro, um professor de matemática em Munique, era judeu. "Meu pai lhes garantiu proteção", diz Wolf, "e por fim conseguiu que a família deixasse a Alemanha levando quase todos os seus bens." Mas

Wolf não sabe de nenhum outro caso em que seu pai protegeu judeus prejudicados pelas leis que ele ajudara a promulgar.

Embora Hess fosse verbalmente tão antissemita quanto outros nazistas de relevo, não tinha estômago para brutalidades físicas, o que provocava o desdém de alguns de seus colegas mais violentos. Tornou-se conhecido como "a consciência do partido". Não queria a guerra, mas iludia-se pensando que Hitler era um homem de paz e que os Aliados foram responsáveis pelo conflito. Hoje, Wolf ecoa as crenças que o pai alimentava na geração anterior: "Hitler, corretamente, achava a inclusão da Áustria, do Sarre, do território dos Sudetos e de Dantzig no Terceiro Reich um assunto puramente alemão. Esses territórios haviam sido injustamente tomados da Alemanha em 1919". Wolf sustenta que Churchill e Roosevelt fizeram de tudo para provocar a guerra com a Alemanha. Explica que o compromisso ocidental com a Polônia forçou Hitler a se preparar para a luta, pois "corria o risco de ser cercado, um perigo mortal para o Reich alemão. A paz já não dependia só dele". Na visão de Wolf, os Aliados teriam podido fazer um acordo com Hitler, mas deliberadamente montaram o cenário para o conflito, "esperando que uma revolução liderada pela resistência depusesse o Führer". Diz ser "absurdo" afirmar que os Aliados desejavam seriamente proteger a Polônia de um ataque, pois a Grã-Bretanha e a França jamais declararam guerra à Rússia, que também atacou a Polônia como parte do Pacto Molotov-Ribbentrop. Ele vê a invasão da Polônia como uma simples desculpa para uma declaração de guerra dos Aliados. Também corrobora a justificativa alemã para invadir aquele país: "O objetivo era salvar nossos concidadãos que os poloneses estavam assassinando aos milhares nos meses anteriores a setembro de 1939. Há centenas de exemplos de alemães mortos pelos poloneses apenas por serem alemães".

Em 1937, quando Hitler preparava a guerra futura, Rudolf Hess se afastou por um curto período. Sua esposa estava grávida e, a 18 de novembro, achando-se ele no Berghof, o imponente retiro nas montanhas de Hitler, soube que tinha um filho. Deu-lhe o nome de Wolf Rüdiger ("Wolf" [Lobo] era o apelido de Hitler nos primeiros tempos da luta política). Hess ficou muito orgulhoso de seu novo filho. Convidou Hitler para padrinho do bebê ("Não guardo nenhuma lembrança de Hitler", diz Wolf) e o Führer compareceu à "cerimônia de imposição de nome" pagã do NSDAP. Isso ocorreu apenas seis dias depois de Göring escandalizar os chefes do partido ao batizar sua filha numa igreja.

Há sobre Hess, no período entre o nascimento de Wolf e seu voo para a Escócia, dois relatos muito conhecidos que seu filho desmente com veemência. Segundo um deles, parte da motivação desse voo foi que a corrida para a guerra havia provocado o eclipse pessoal de Hess no Partido Nazista e o consequente afastamento de seu velho amigo. Alguns historiadores concluíram que a aventura de Hess teve por objetivo restaurar sua posição perdida. "Isso está completamente errado", garante Wolf. "Hitler, de fato, passou a se ocupar mais de assuntos estrangeiros, mas a relação pessoal entre o Führer e meu pai permaneceu inabalável. Os dois apenas não se viam tanto quanto antes, o que não significa que sua amizade tenha-se deteriorado."

Outro relato que Wolf contesta sem hesitar liga Hess a uma crença fervorosa na astrologia, no ocultismo, na medicina homeopática e nas filosofias heterodoxas. A fonte dessas histórias é conhecida. Em seus diários, Felix Kersten, massagista-psicanalista de Himmler, afirma que Hess era "um vegetariano sempre cercado de clarividentes e astrólogos, pronto a negar as posturas médicas oficiais". Segundo um relato amplamente disseminado de Albert Speer, o ministro nazista do Armamento, Hess era tão meticuloso com sua alimentação que, quando se sentava à mesa com Hitler na chancelaria, consumia sua própria comida "biologicamente dinâmica". Relatórios de seus captores ingleses pintam-no como um hipocondríaco paranoico; e o doutor Douglas Kelley, um dos psiquiatras da prisão de Nuremberg, ouviu de Hess a seguinte história: no final de 1940, um de seus astrólogos previu que ele estava destinado a promover a paz. Gustav Gilbert, psicólogo de Nuremberg, reforçou os relatórios publicados afirmando que Hess acreditava em videntes.

"Essas são mentiras e invencionices ridículas", insiste Wolf. "Boatos absurdos e sem sentido que já foram desmentidos. A história contada por Speer tem sido repetida inúmeras vezes, mas isso não a torna verdadeira. Várias testemunhas afirmaram que é falsa. Quem divulgou esses rumores nunca se deu o trabalho de ler as 4 mil cartas, aproximadamente, que meu pai escreveu entre 1908 e 1987. Elas são provas incontestáveis de que as histórias inventadas pelos inimigos de meu pai não passam de embustes idiotas. Sei, por minha mãe e pelas conversas que tive com ele, que não há nada de verdadeiro nesses boatos. Há dois fatos importantes a considerar. Quando a missão de paz que levou meu pai à Inglaterra fracassou e Hitler teve de condenar o voo perante o povo alemão, alguns oficiais tentaram envergonhá-lo espalhando histórias de consultas a astrólogos e por aí além.

Eram exageradas, urdidas por mentirosos. Por exemplo, Kersten escreveu também que meu pai colocava ímãs sob sua cama. Mas Kersten nunca foi à nossa casa em Munique e não se sabe de onde tirou esse 'conhecimento'. Minha mãe apenas ri à ideia dos tais ímãs sob a cama."

"Quanto à atitude dos britânicos e ao julgamento de Nuremberg, não há absolutamente nenhuma dúvida. Eram parte de um esforço coordenado para desacreditar meu pai após a guerra. Procuraram mostrar que ele era tolo ou maluco. Assim, distorceram a história a fim de encobrir seus próprios erros e malícia. Tinham motivos para fazê-lo parecer louco. Apresentando-o assim ao mundo, poderiam dizer pura e simplesmente: 'Vejam, quem aceitaria os termos de um lunático?' Condeno a propaganda dos britânicos, cujo objetivo na época era mostrar que eles eram brilhantes e os alemães, estúpidos. O curso da história provou o contrário. A Grã-Bretanha é hoje um país de terceira classe, incapaz de compreender que foi um dos perdedores da Segunda Guerra Mundial. Não é possível enfatizar o suficiente que essas histórias sobre ímãs, poderes sobrenaturais, hipocondria e vegetarianismo fanático são pura falsidade."

O que não se discute sobre Hess no período anterior ao voo é sua visão geopolítica do mundo. "Ele dizia, como muitas outras pessoas na própria Grã-Bretanha, que as atitudes de Churchill iriam provocar a perda do Império Britânico e espalhar o bolchevismo pelo coração da Europa", diz Wolf. "Os acontecimentos provaram que ele estava certo!" Hess não entendia por que a Grã-Bretanha evitava se aliar à Alemanha. Segundo Wolf, a visão política de seu pai, de uma aliança britânico-alemã, estava no cerne de sua motivação para empreender aquele voo. "O motivo principal era restaurar a paz e pôr fim à Segunda Guerra Mundial. Fiz a ele uma pergunta histórica, por meio de canais não oficiais, em Spandau. Essa pergunta era: 'Pode-se presumir que não haveria ataque à Rússia se sua missão de paz à Grã-Bretanha tivesse êxito?' E a resposta foi: 'Sim, é claro!' Eu anotei essas palavras!" A resposta de Hess ao filho contradiz diretamente a interpretação britânica e soviética do voo, segundo a qual Hess pretendia obter um tratado de paz em separado com a Inglaterra para que a Alemanha tivesse carta branca na luta contra a Rússia.

Aconselhado por Albrecht Haushofer, que estava em contato com um oficial de alta patente da Real Força Aérea – o duque de Hamilton –, Hess decidiu ir até o duque e apresentar-lhe sua iniciativa de paz. "Não se sabe ainda por que ele queria conversar com Hamilton e não, por exemplo, com

Lloyd George, a quem conhecia e que o visitara em sua casa em 1936" – diz Wolf. – "Albrecht Haushofer, elemento importante da resistência a Hitler, pode ter contribuído para enganar meu pai."

A 10 de maio de 1941, Hess subiu a bordo de um caça Messerschmitt bimotor que dotara de tanques de combustível extras e voou direto para a propriedade do duque de Hamilton na Escócia, percorrendo cerca de 1.500 km. Deixou para trás a esposa, Ilse, e Wolf, então com três anos e meio de idade. "Ainda posso ver seu rosto preocupado quando, certa feita, me resgatou da fonte do jardim. Ainda ouço sua voz tranquilizadora quando, em outra ocasião, me livrou de um morcego que se enroscara em meus cabelos. Eu gritava, em pânico. Levou-o até a janela e soltou-o na noite. Essas são as únicas lembranças que guardo de meu pai na época."

A navegação de Hess, mesmo no escuro e sem os modernos equipamentos, foi tão precisa que ele chegou a menos de 20 quilômetros da propriedade de Hamilton. "Como um lunático conseguiria se aproximar tanto do alvo?", pergunta Wolf com um risinho irônico. Hess saltou de paraquedas e, encontrando um fazendeiro num campo próximo, pediu-lhe educadamente para ser levado à presença do duque. Churchill, no começo, não quis acreditar que o vice de Hitler havia chegado ao país para oferecer um tratado de paz em separado; mas, quando as autoridades se encontraram com Hess, ouviram uma proposta fantasiosa que já haviam repelido várias vezes no passado. Hess, prevendo a vitória final da Alemanha, oferecia aos britânicos paz e ajuda para a preservação de seu império, em troca da hegemonia nazista no continente europeu.

Churchill se recusou a ver Hess e imediatamente mandou encarcerá-lo como prisioneiro de guerra, em vez de tratá-lo como ministro de Estado, conforme ele desejava. Daí o profundo ressentimento de Wolf contra Churchill. Ele concorda com a ideia do pai segundo a qual o primeiro-ministro inglês não entendia que "o problema do século XX não era o equilíbrio de poder na Europa, e sim o equilíbrio de poder no mundo.... Graças a essa cegueira política, Churchill destruiu não apenas o Império Britânico, mas também os alicerces da Europa, que abandonou à influência deletéria dos interesses bancários americanos e à destruição comunista".

Embora julgue duramente Churchill, Wolf é mais condescendente com Hitler. Lançando mão de um estoque de evidências circunstanciais, conclui que o Führer não sabia a data exata do voo de Hess, mas estava a par da missão e aprovou-a com algumas reservas. É verdade que Hess mandou uma carta a Hitler, por intermédio de um ajudante de campo, na própria manhã do voo, informando-o da missão e dizendo que, se algo desse errado, "você pode me dispensar – alegando que fiquei louco".

Foi o que Hitler fez, mas sua reação indica que a viagem de Hess o pegara desprevenido. O doutor Paul Schmidt, intérprete do Führer, lembra-se de que, quando este ouviu a notícia, foi como se "uma bomba houvesse explodido no Berghof. O general Keitel encontrou-o andando pela biblioteca, apontando para a cabeça e dizendo que Hess devia ter enlouquecido. Hitler contou a Göring e a outros oficiais que não conseguia reconhecer Hess na tal carta. "Alguma coisa deve ter acontecido com ele", resmungou. "Um tipo qualquer de distúrbio mental." Hitler mandou deter Messerschmitt, pois Hess tinha levantado voo do aeroporto de sua empresa, e encarcerar dezenas de pessoas do círculo do vice-Führer. Por vários dias, os britânicos não disseram uma palavra sobre a chegada de Hess; Hitler acalentou então a esperança de que ele houvesse fracassado e caído no mar do Norte. Quando finalmente os britânicos anunciaram que ele era seu prisioneiro, Hitler agiu. Duas semanas depois, fez um discurso ordenando que Hess fosse apagado da memória do Partido Nazista, que se removessem os seus retratos dos escritórios do NSDAP e que todos os seus assistentes recebessem severa punição. Um ano depois, Hess era oficialmente expulso do partido. Embora nada acontecesse à família dele, Ilse assistiu impotente à prisão de ajudantes, ordenanças, secretários e motoristas. Alguns permaneceram em campos de concentração até 1944. Mais tarde, ela se lembrava: "Foi uma pílula amarga que tivemos de engolir dia após dia, ano após ano". Nada disso parece o comportamento de um homem que aprovara o voo "em princípio"; ainda assim, Wolf acredita que as medidas implacáveis de Hitler foram planejadas antecipadamente, para o caso de a aventura e a paz oferecida não terem êxito.

Quando ficou claro que os britânicos não negociariam com ele, Hess fez a primeira tentativa de suicídio, a 15 de junho, um mês após sua chegada. Atirou-se de uma galeria do segundo andar, mas só o que conseguiu foi quebrar uma perna. Receosos de uma segunda tentativa ou de uma incursão dos nazistas para resgatá-lo, os britânicos isolaram Hess numa remota propriedade rural, com numerosa guarda, um médico e vários psiquiatras. Hess achou que estava sendo envenenado. Na sala de refeições, onde às vezes comia com oficiais britânicos, pedia que os pratos fossem trocados ou servidos em sequência aleatória. Guardava porções de comida para posteriores análises químicas e, quando compareceu ao tribunal de Nuremberg em 1945, levava consigo dezenas de envelopes contendo amostras de alimentos suspeitos. Encheu mais de quinze volumes de diários com observações sobre sua saúde. Durante o confinamento na Grã-Bretanha, sofreu de uma série de doenças – que os britânicos achavam psicossomáticas. Wolf, porém, diz que isso é um "absurdo" e dá como prova uma carta de 15 de setembro de 1949 em que um capitão de Spandau reconhece ter destruído, "por razões de segurança", as drogas fornecidas a Hess durante seu cativeiro na Inglaterra. "Não bastasse isso, os diários dos carcereiros, de 1941 a 1945, foram publicados", argumenta Wolf, "provando que lhe deram drogas para envená-lo!"

Para Wolf, o tratamento dado a seu pai pelos britânicos foi calculado para levá-lo à deterioração física e mental. "A comida era intragável", garante ele. "Deixavam a luz acesa na cela de meu pai a noite inteira e o guarda não parava de fazer barulho em sua ronda para mantê-lo acordado. Ele supunha que o uivo constante das sirenes de alarme contra ataques aéreos, no teto, não tinha outro objetivo senão enlouquecê-lo. Esse terror sutil, mais as deficiências da dieta, provocaram males físicos. Os britânicos queriam dar peso à noção amplamente divulgada de que meu pai era maluco."

Wolf chega a especular que Hess foi induzido a se meter naquela aventura em resultado de uma elaborada operação urdida pela inteligência britânica e a resistência alemã: parte da "propaganda negra" de Churchill, destinada a pôr seu pai e Hitler em má situação, além de assustar Stalin levando-o a supor que a Alemanha e a Grã-Bretanha poderiam assinar um tratado de paz em separado. Documentos recém-liberados do KGB mostram que os russos concordam com a hipótese de Wolf. As agências de inteligência britânicas, de seu lado, negam veementemente qualquer envolvimento. Contudo, a possibilidade de o serviço secreto britânico ter sido responsável em parte pelo voo do pai não diminui a certeza do filho de que ele foi à Inglaterra em "missão de paz".

Os Aliados, segundo Wolf, "não quiseram tornar pública a verdadeira missão de meu pai porque pareceriam amantes da guerra e não anjos da paz". Em consequência, a 30 de agosto de 1945, Hess foi um dos primeiros 22 réus condenados como criminosos de guerra. No entanto, devido a seu voo de 1941 para a Inglaterra, seu caso era um tanto complicado. As piores atrocidades dos nazistas foram cometidas na Rússia e nos campos de concentração, quando Hess já estava numa prisão britânica. Não esteve presente em nenhuma das conferências de Hitler em que os grandes planos de agressão foram discutidos. Ficou fora do círculo interno do poder durante os dois primeiros anos cruciais da guerra. Mesmo assim, foi alvo das quatro acusações no tribunal de Nuremberg: conspiração para mover guerra agressiva, crimes contra a paz, crimes de guerra e crimes contra a humanidade. O ponto forte do processo contra ele foi que Hess era um antigo e fiel seguidor de Hitler, tendo com sua lealdade apoiado as medidas repressivas contra os judeus. Para Wolf, todas as acusações contra seu pai eram absolutamente infundadas.

"Nuremberg violou os princípios da igualdade e do direito internacional. Os Aliados não podiam julgar alemães em solo alemão. Aquilo não passou de um caso em que vencedores julgaram vencidos. Já sabiam quem seria condenado; o julgamento foi mera encenação. Acredito até que incluíram acusados como Hjalmar Schacht, Franz von Papen e Hans Fritschel só para inocentá-los. Assim, davam a impressão de que o tribunal agia com justiça: se alguns eram inocentes, então os outros deviam ser mesmo culpados. Um procedimento totalmente arbitrário. O bombardeio de Dresden pelos Aliados e as bombas nucleares americanas despejadas sobre Hiroshima e Nagasaki, quando o Japão já estava praticamente vencido, não se enquadravam na definição de crimes de guerra adotada em Nuremberg – 'a destruição gratuita de cidades e aldeias'? Houve inúmeros exemplos como esses. Os americanos foram mais longe ainda no julgamento: consideraram não apenas a SS, a Gestapo e a SA como organizações criminosas de guerra, incluíram também o Estado-Maior, o governo do Reich e o comando da Wehrmacht. Assim, fizeram o Terceiro Reich parecer um consórcio criminoso de *gangsters* de Chicago. Nuremberg foi uma espécie de Versalhes em ponto maior."

Wolf acha que os nazistas responsáveis pelo Holocausto deveriam ter sido julgados por tribunais alemães. "A Alemanha não precisava de juízes escolhidos pelos Aliados nem de leis inventadas para a ocasião."

Muitos acusados em 1945 certamente acharam que o tribunal de Nuremberg representava a lei do vencedor, mas não tinham escolha e precisavam se submeter à sua jurisdição. Hess foi o último réu a ser transferido para Nuremberg, onde chegou no dia 8 de outubro de 1945. Na ocasião, com 51 anos, magro e ligeiramente encurvado, já passara quatro anos e meio numa prisão britânica. Os britânicos sabiam que Hess seria um réu difícil quando, em janeiro de 1944, ele escreveu uma carta à sua esposa, Ilse, dizendo: "Perdi completamente a memória; todas as minhas lembranças parecem envoltas numa névoa cinzenta. Não consigo recordar sequer os acontecimentos mais comuns. Por que isso aconteceu comigo, não sei". Em Nuremberg, Hess continuou se escondendo por trás do muro da "amnésia". Embora os acusadores se mostrassem muito céticos quanto a esse esquecimento, Hess montou um espetáculo convincente durante os interrogatórios e diante do tribunal – não conseguia se lembrar do voo para a Inglaterra e não reconheceu Göring (que ficou furioso) ou seu bom amigo, o professor Karl Haushofer, nem qualquer de seus secretários. Quando lhe mostraram uma fotografia dele com Ilse e Wolf, reconheceu-os, mas não deu detalhes. Os espectadores do julgamento ficaram divididos: uns se apiedaram daquele homem de aparência patética, ali sentado horas a fio, lendo livros e não demonstrando interesse algum pelo que acontecia à sua volta; outros acharam que ele era esperto e nada lhe escapava, um ator desempenhando bem sua farsa. Wolf declara saber a verdade: "Ele fingia ter perdido a memória e conseguiu enganar a todos. Na verdade, lembrava-se das mínimas coisas. Mais tarde, descobri em suas cartas que ele tinha uma memória muito boa. Acontece que se recusava a participar daquele pretenso julgamento e essa foi a melhor maneira que encontrou de fazê-lo. Quando não gostava do que via, obrigava-se a não reconhecer a pessoa ou o documento. Muita esperteza. Se todos os acusados tivessem adotado a atitude de meu pai, a farsa toda viria abaixo."

Embora Wolf acredite que seu pai estava previamente condenado, não há dúvida de que a "amnésia" de Hess funcionou, influenciando o veredicto dos juízes. Em consequência de sua incapacidade de recordar qualquer coisa importante, a contribuição de Hess para a defesa foi pequena, apesar de o doutor Alfred Seidl, seu advogado, apresentar todos os argumentos legais que fundamentavam a inocência do acusado. Mesmo em relação a isso Wolf objeta: "O doutor Seidl não conseguiu produzir muitas das provas que possuía e argumentou de maneira muito limitada. O 'tribunal' obrigou-o a cortar cerca de um quarto de sua fala. Além disso, censurou-a e liberou apenas os trechos que a seu ver não eram lesivos para a acusação. Uma farsa".

No entanto, o próprio doutor Seidl decidiu omitir alguns elementos da defesa. Quando Hess lhe pediu para fazer perguntas sobre "forças mesmerianas", ele se recusou. Nenhuma testemunha foi chamada. Hess não quis se defender. Ainda assim, Seidl conseguiu causar um dos maiores alvoroços do julgamento ao exibir o protocolo secreto do Pacto Germano-Soviético de Não Agressão ou Pacto Ribbentrop-Molotov, de 1939. O protocolo revelou que Stalin e Hitler haviam concordado em dividir a Europa Oriental entre si, sendo a Polônia a primeira vítima. A introdução pareceu uma jogada brilhante, pois ameaçava anular o ponto forte dos acusadores: conluio para mover guerra de agressão. Havendo justificativa para esse ponto, então a União Soviética era um dos conspiradores e não poderia julgar os nazistas pelo mesmo crime. Se a União Soviética não era culpada, muito menos o seriam os nazistas. Nas deliberações, o tribunal ignorou esse dilema, mas a exibição do protocolo não deixou de ser péssima propaganda para os russos. Eles se insurgiram contra Hess por causa disso e nunca o perdoaram.

Hess não colaborou muito para sua própria defesa quando lhe deram a oportunidade de fazer uma declaração final. Era a primeira vez que falava diante dos juízes e surpreendeu a todos, pois acreditava-se que sua condição mental houvesse se deteriorado e ele não se lembrasse do que havia acontecido na véspera. Hess fez um discurso incoerente, criticando alguns dos acusados por suas "vergonhosas palavras sobre o Führer" e comparando o julgamento aos expurgos de Moscou nos anos 1930. Desde aqueles expurgos, alegou ele, uma misteriosa força mesmeriana se espalhara pelo mundo e se infiltrara na mente de alguns líderes alemães, bem como do "pessoal dos campos de concentração". Citando o testemunho do marechal de campo Erhard Milch, relatou que nos últimos anos "os olhos e as expressões faciais do Führer tinham algo de cruel, tendendo mesmo para a loucura". Göring, puxando a manga de Hess, sussurrava "Pare! Pare!", mas Hess o ignorava. Finalmente, após vinte minutos, os juízes o interromperam e pediram que terminasse logo. Hess se queixou de que, ao ser interrogado, não lhe haviam feito as perguntas a que gostaria de responder. Em seguida, concluiu com voz firme: "Tive a oportunidade de trabalhar por muitos anos sob as ordens do maior homem que meu povo produziu no curso de sua história milenar. Sou feliz por ter servido meus compatriotas, por ter cumprido meu dever de alemão, de nacional-socialista, de seguidor leal do Führer. Não me arrependo de nada. Se tivesse de recomeçar, agiria como agi, embora sabendo que acabaria na fogueira. Não importa o que as pessoas façam, um dia comparecerei diante do trono do Eterno. Responderei a Ele e tenho certeza de que serei considerado inocente".

O fato de não se arrepender em nada ajudou Hess durante as deliberações dos juízes. Não despertou simpatia. Nenhum dos juízes estava disposto a ser tolerante para com um homem que publicamente reafirmava sua fé em Hitler e se orgulhava de não ter remorsos. Os dois delegados russos votaram pela execução; os dois americanos, um dos dois ingleses e um dos dois franceses, pela prisão perpétua. O outro francês queria lhe dar vinte anos e o outro inglês se absteve, não desejando incriminar a um acusado que ele considerava louco. A sentença final foi prisão perpétua.

Wolf Hess se irrita ao falar do veredicto. "O julgamento foi ridículo. Uma comédia. Meu pai foi inocentado das acusações de 'crimes de guerra' e 'crimes contra a humanidade'. Mas foi também o único réu que, pondo-se de lado a conspiração, os juízes condenaram apenas pelos chamados 'crimes contra a paz'. Céus! Como só ele tentou pôr fim à guerra enfrentando enorme risco pessoal, acho absurdo que tenha sido condenado justamente por 'crimes contra a paz'. Essa decisão é a melhor prova concludente de que o julgamento foi um absurdo. Meu pai aceitou o veredicto com muita calma, pois já o esperava há algum tempo."

Pouco depois das sentenças, os Aliados permitiram que membros da família visitassem os condenados. Hess foi o único que não quis ver seus parentes. Escreveu à esposa: "Recusei-me peremptoriamente a ter um 'encontro' com você ou qualquer outra pessoa em circunstâncias que considero indignas". Wolf entende a posição de Hess. "Ele não tencionava mostrar aos vencedores que aceitava suas ordens e desejos. Teria sido humilhante para meu pai que o víssemos naquela situação. Isso é muito claro para mim. Encarava as visitas como subserviência moral àqueles que se arrogaram o direito de julgá-lo."

Após a sentença, diz Wolf, seu pai foi "tratado como um presidiário. Os guardas americanos levaram de sua cela todos os livros e material de escrita. No auge do inverno, o aquecimento ficou desligado por três dias, deixando-o doente". A 17 de outubro de 1946, Hess teve uma violenta crise de cólicas intestinais. Wolf recorre aos registros da prisão para mostrar que o pai precisou pedir sete vezes um médico, que só chegou cinco horas após a manifestação dos sintomas. O médico receitou bicarbonato de sódio, mas no dia seguinte os guardas americanos se recusaram a dar-lhe o remédio: "As dores foram tão fortes durante a noite que ele gemia alto e os soldados americanos, apinhados na porta da cela, riam de seu sofrimento e imitavam seus gemidos". Nos dias seguintes, Hess foi transferido de cela em cela, "nenhuma das quais tinha aquecimento e todas estavam com uma janela quebrada". Wolf considera essa atitude dos guardas americanos "um tratamento especial que era não apenas desumano, mas às vezes grotesco". Seu pai obviamente concordaria, pois, em 20 de outubro de 1946, apresentou uma petição de catorze pontos queixando-se de deficiências e perseguições. Mas, antes que alguém tomasse conhecimento de qualquer desses pontos, informa Wolf, "a 18 de julho de 1947, meu pai e seus companheiros de infortúnio foram levados para Berlim-Spandau".

A prisão de Spandau, uma espécie de fortaleza construída pelo *kaiser* alemão em 1876, tinha capacidade para seiscentos ocupantes. Sob o comando de Hitler, serviu de centro de interrogatório para prisioneiros políticos. Em 1947, os sete condenados e sobreviventes nazistas eram os únicos habitantes do local. Cada qual era mencionado apenas pelo número, de sorte que Hess se tornou, pelos últimos quarenta anos de sua vida, o Prisioneiro Número 7.

Wolf afirma que as condições em Spandau eram "muito difíceis". Roupas grosseiras, celas de dois metros por três, pouco sono e regras militares que exigiam deferência constante para com os "vencedores". As quatro potências aliadas controlavam alternadamente a prisão. Além da guarda que mudava sempre, uma equipe permanente de 78 pessoas – inclusive cozinheiros, médicos e ordenanças – vigiava os sete prisioneiros. Segundo Wolf, o primeiro ano foi o pior, "horrivelmente triste", até que novas diretrizes fossem implementadas em dezembro de 1948. Depois dessa data, entre outras mudanças, os prisioneiros podiam conversar sem ser punidos; e, após 1956, recebiam uma visita por quinze minutos a cada dois meses. Além disso, permitia-se que os doentes ficassem na cama sem violar as regras.

Enquanto Hess se adaptava à vida em Spandau, Wolf procurava sobreviver na Alemanha do pós-guerra. Sua mãe, Ilse, foi presa pelas autoridades americanas em junho de 1947, indo para um campo de internamento em Göggingen, perto de Augsburgo. "O único motivo de sua prisão foi o fato de ser esposa de Rudolf Hess", diz Wolf com amargura. "Achei isso cruel e injusto. Passei a morar com minha avó e ia com frequência ao campo de concentração onde minha mãe estava detida." Ilse foi libertada quinze meses depois, mas a separação aumentou ainda mais o ressentimento de Wolf contra os Aliados e a intrusão deles em sua família. "Mesmo tão novo, eu sabia que meu pai estava na prisão porque havíamos perdido a guerra e as decisões dos vitoriosos é que valiam."

Em 1950, queixa-se Wolf, as condições em Spandau se deterioraram novamente. A censura da correspondência ficou mais "severa", visitas de advogados foram proibidas e o sono dos prisioneiros era constantemente interrompido por guardas barulhentos e luzes ofuscantes. Embora Wolf admita que algumas regras abrandaram na década seguinte (por exemplo, o doutor Seidl visitou seu cliente em seis ocasiões), a atmosfera geral em Spandau era "opressiva". Um item, porém, não mudou nos primeiros anos da sentença de Rudolf Hess. Ele ainda não permitia visitas da família. Assim como fizera depois da sentença de Nuremberg, continuava se recusando a qualquer contato pessoal, embora concordasse em trocar correspondência. Foi numa carta de Hess, em 1951, que Wolf detectou sinais de tristeza em seu pai. A mãe dele havia morrido em outubro; ao receber a notícia, escreveu à família: "Mundo melancólico este, cheio de sofrimentos à nossa espera e pronto a despejá-los sobre nós de repente, culminando tudo na 'imensa solenidade da hora da morte'".

"Somente lendo nas entrelinhas", diz Wolf, "podemos perceber o que ele tinha de suportar no fundo da alma. Mas mesmo com todos os tormentos mentais que lhe infligiam, nunca proferiu uma palavra de queixa, de aflição, de desesperança. Ficar longe da família era muito difícil para nós, especialmente para ele, pois estava preso. Entretanto, não capitulou nem se curvou diante dos vencedores. Sem dúvida, ficamos tristes por ele se recusar a nos ver; mas sabíamos que suas horas na prisão eram difíceis e respeitamos sua vontade."

Em meados da década de 1950, Hess viu diminuir para três o número dos prisioneiros. Konstantin von Neurath, o protetor da Boêmia e Morávia, foi o primeiro a ser libertado, em 1954. Tinha 81 anos; sua sentença de quinze acabou reduzida a oito por questões de saúde. Viveu mais dois. Em 1955, Erich Raeder, ex-grande almirante da Marinha de Hitler, saiu após nove anos de uma sentença de prisão perpétua. O motivo foi também a má saúde, mas ele ainda viveu mais três anos em liberdade. Em 1956, o grande almirante Karl Dönitz foi libertado após cumprir sua pena de dez anos. Por fim, em 1957, Walther Funk, sucessor de Schacht na presidência do Reichsbank e ministro da Economia, teve sua sentença de prisão perpétua comutada após onze anos. Também para ele o motivo foram problemas de saúde, mas Funk viveu mais três anos. O fato de esses três serem libertados antes do tempo deu à família esperanças de que um tratamento similar fosse concedido um dia a Rudolf Hess.

Foi também nesse período, em meados dos anos 1950, que Wolf começou a colher informações sobre seu pai e a guerra. Os jornais e revistas da

Alemanha publicavam muitas histórias sobre o Terceiro Reich. Inicialmente, Wolf recorreu a essas fontes. Não aprendeu nada sobre o assunto na escola. "Os Aliados queriam que os professores alemães ensinassem uma versão nova da história do nacional-socialismo", lembra-se ele. "Mas nossos bons mestres sempre achavam uma maneira de contornar essa exigência, como esperar o toque do sino ao final de uma aula para começar a outra tratando de um tema diferente."

Wolf concluiu o curso colegial em 1956 e visitou a África do Sul no ano seguinte. Essa viagem o fez mudar de repente sua visão do pai. "Descobri que as condições na África do Sul eram bem diferentes das que os jornais alemães nos mostravam. Fiquei surpreso e decidi assumir uma postura mais crítica diante do que lera na mídia a respeito do Terceiro Reich e da vida de meu pai." Consultou a mãe, estudou livros mais atentamente e conversou com antigos membros do Partido Nazista. As opiniões de Wolf começaram a cristalizar-se quando ele estava no início da quadra dos 20 anos. Aos poucos, concluiu não apenas que entendia os motivos dos atos do pai, mas também que devia se sentir orgulhoso de quem ele fora e do modo como, "nobremente", arcara com uma sentença "injusta". Quando, em 1959, foi chamado a servir no exército alemão, recusou-se. Alegou que o principal motivo da prisão de Hess tinha sido sua assinatura, em 16 de março de 1935, da lei que reorganizava o exército. Como seu pai estava em Spandau, Wolf não desejava pertencer às forças armadas alemãs que, "segundo os vencedores em Nuremberg, haviam perpetrado um 'crime contra a paz'." Embora duas juntas de apreciação rejeitassem essas alegações, sua postura recebeu considerável atenção da imprensa. Em consequência, o governo alemão não utilizou a polícia contra o filho de 22 anos do ex-vice-Führer. Wolf nunca serviu no exército.

Em 1962, ele se formou em Engenharia Civil na Universidade Técnica de Munique e, no verão de 1964, passou num concurso e se tornou funcionário público. Nessa ocasião, o engenheiro de 27 anos estava contente não só por ter uma carreira finalmente assegurada, mas também porque a libertação de seu pai poderia ocorrer dentro de dois anos. A 1º de outubro de 1966, tanto Albert Speer quanto Baldur von Schirach cumpriram suas sentenças de vinte anos. Então, os Aliados teriam de manter Spandau como prisão de um prisioneiro só ou libertar logo seu pai, tal qual haviam feito com Neurath, Raeder e Funk, que também tinham sentenças de prisão perpétua como Hess. Ilse Hess esperava que a libertação dos dois outros prisioneiros "fosse inevitavelmente seguida, por razões lógicas e humanas ou ao menos por justiça – após vinte e cinco anos de detenção –, pelo fechamento de Spandau e a soltura de meu marido". Mas Ilse e Wolf ficariam decepcionados. A 1º de outubro de 1966, Speer e Von Schirach atravessaram os portões da prisão por volta da meia-noite. Curiosos e jornalistas os esperavam. Em meio aos *flashes* das câmeras da imprensa, alguém gritou "Liberdade para Rudolf Hess!" e os portões imediatamente se fecharam. O Prisioneiro Número 7 era o último condenado. "Aqueles, sem dúvida", sustenta Wolf, "foram os piores dias e semanas para meu pai em Spandau."

Ilse Hess ponderou que, como estava sozinho, seu marido poderia concordar em receber a visita ao menos de Wolf. Mas a resposta escrita de Hess foi inflexível como sempre: "Agora como antes não desejo nenhum encontro por trás dos muros do cárcere – e na presença de estranhos –, nem com você nem com Wolf. Não é só por causa da emoção: é por causa também da dignidade".

No entanto, a essa altura, a família decidiu que já era hora de pôr de lado o comedimento. Embora Rudolf Hess não quisesse de modo algum parecer que implorava a piedade dos Aliados, a família divulgou uma "Declaração a Todas as Pessoas Sensatas do Mundo" em 1º de outubro de 1966. Os signatários solicitavam que a sentença de Nuremberg fosse considerada cumprida após vinte e cinco anos e salientava, à parte, que o longo confinamento de Hess era "uma situação cruel, jamais vista nos anais do direito moderno, e não fora prevista nem desejada pelo tribunal de Nuremberg". O destino que o alcançara constituía, para a família, "um agravamento subsequente da sentença originalmente imposta e talvez um processo mais terrível de eliminação do que as próprias execuções em Nuremberg".[23]

Ilse e Wolf Hess enviaram seu apelo ao Papa, aos chefes das quatro potências aliadas, à Comissão de Direitos Humanos da ONU e ao Conselho Mundial de Igrejas. "Era tempo de montar uma organização", lembra-se Wolf. "Era tempo de abandonar nossa reserva e a insistência no caminho estritamente legal." O Papa, o Conselho Mundial de Igrejas e o governo soviético ignoraram o apelo. A Comissão de Direitos Humanos da ONU alegou que aquilo estava fora de sua jurisdição. Os Estados Unidos, a França e a Grã-Bretanha prometeram examinar o caso.

Além da declaração, Wolf criou em janeiro de 1967 a *Hilfsgemeinschaft "Freiheit für Rudolf Hess"* (Associação de Apoio "Liberdade para Rudolf

Hess"), um grupo internacional de cidadãos que pediam a soltura do prisioneiro. Wolf se lembra com orgulho de suas primeiras atividades públicas em favor do pai. "Já era tempo. Tivemos de despertar a opinião pública fazendo estardalhaço." Por fim, a associação reuniu mais de 400 mil assinaturas em quarenta países. Os signatários incluíam Hartley William Shawcross, o promotor inglês em Nuremberg, e lorde Geoffrey Lawrence, presidente do Tribunal Militar Internacional. Alguns dos que pediam a libertação deixaram claro que não desculpavam nem estimavam o homem cuja causa defendiam. Típicos desse grupo eram Simon Wiesenthal, o caçador de nazistas residente em Viena, e Bernard Levin, o conhecido jornalista britânico judeu. Num ataque em setembro de 1989, no *Times* de Londres, contra os "vergonhosos e revoltantes" comentários de Wolf Hess, Levin escreveu: "Creio ter sido o primeiro jornalista britânico a exigir publicamente clemência para [Hess].... Clemência é independente de justiça; a campanha pela libertação de Hess não devia silenciar – e para mim não silenciou – o que Hess, autoridade nazista, realmente fez". Wolf Hess agradece às pessoas que, como Levin, independentemente de suas motivações, apoiaram os esforços da família para tirar o pai de Spandau – mas considera os ataques pessoais de Levin "odiosos... falsos e injuriosos".

Enquanto Wolf agia para influenciar a opinião pública em favor do pai, o doutor Seidl, seu advogado de defesa em Nuremberg, tentava melhorar as condições em Spandau. A proposta de "privilégios especiais" em nove pontos incluía: permissão para Hess usar um relógio, gozar sessenta minutos de banho de sol em vez de trinta, ter uma campainha na cela para chamar o guarda em caso de doença, preparar seu próprio chá ou café, tomar mais de um banho por semana e decidir, ele mesmo, quando apagar a luz para dormir. Os Aliados acusaram o recebimento da carta de Seidl, mas não fizeram nenhuma mudança por mais quatro anos.

Em 1969, a saúde de Hess, então com 75 anos, piorou. Em meados de novembro, queixou-se de dores de estômago insuportáveis e se recusou a comer, ficando deitado e gemendo o dia inteiro. Só quatro dias depois foi levado ao Hospital Militar Britânico em Berlim, onde o esperava uma "suíte Hess" especial, com elevador privativo e segurança extra. Os médicos detectaram uma úlcera duodenal perfurada, mas as quatro potências que o custodiavam acharam desnecessário informar a família do doente. Wolf se lembra de como ficou sabendo da enfermidade do pai: "Eu estava trabalhando e ouvi a notícia no rádio. Imediatamente telegrafei ao chanceler federal Willy Brandt e solicitei a transferência de meu pai para um hospital alemão, a fim de ser tratado por um médico alemão. Os vencedores rejeitaram os dois pedidos".

Enquanto Hess era atendido no hospital, soldados americanos, britânicos, russos e franceses guardavam a prisão vazia de Spandau. Para Wolf, isso mostrava que "Spandau era um símbolo ridículo de um direito do vencedor que já perdera a razão de ser".

Mas, sem que Wolf o soubesse, uma mudança drástica ocorria com seu pai. Ante a perspectiva da morte, Rudolf Hess começou a ver a decisão de não se encontrar com a família sob uma luz diferente. A 8 de dezembro de 1969, escreveu à diretoria de Spandau pedindo "uma visita de minha esposa e filho, se possível na manhã de 24 de dezembro. Será a primeira em vinte e oito anos; por isso, desejaria que não houvesse testemunhas presentes na sala, no início do encontro". Hess aceitaria que os Aliados filmassem toda a visita, prometendo não apertar a mão da esposa e do filho, e perguntou se durante a meia hora permitida poderiam ter um almoço de Natal, "na presença de testemunhas". Os Aliados concederam a visita, mas não os privilégios.

"Foi um momento inesquecível aquele em que soubemos do convite de meu pai", recorda-se Wolf. "Quem me deu a notícia por telefone foi o diretor americano e todos ficamos muitíssimo excitados. Os sentimentos eram, obviamente, conflitantes. Havia alegria e alvoroço, mas contidos por sabermos das circunstâncias desumanas em que o encontro ocorreria e pelo fato de meu pai ser um prisioneiro. Tínhamos esperado vinte e oito anos e ignorávamos se o veríamos de novo. Quando nós [Wolf e sua mãe] chegamos ao hospital, nos deparamos com dezenas de repórteres, mas os evitamos entrando para uma área reservada. Em seguida, fomos conduzidos à sala de espera das visitas, no terceiro andar, passando por vários soldados de metralhadoras em punho, e encontramos os quatro diretores. O russo foi o único que se recusou a apertar nossas mãos. Apresentaram-nos o regulamento da prisão em nove pontos que tivemos de assinar antes de ver meu pai. Embora eu achasse todos aqueles regulamentos ofensivos, fiz objeção a apenas dois: o que exigia sermos revistados como criminosos antes do encontro e o que nos ameaçava de perder os privilégios de visita caso falássemos com a imprensa. O diretor russo, coronel Toruta, informou que, se minha mãe e eu não assinássemos o papel, seríamos mandados embora. Os quatro tentaram me persuadir a mudar de ideia. Chegaram a pedir que saíssemos do recinto para discutirem o assunto. Finalmente nos chamaram para apresentar seu ultimato: ou assinávamos ou partiríamos sem conversar com meu pai. Não tive escolha. Assinei o papel. Não nos revistaram e, mais tarde, falei com a imprensa. Nunca me impediram de ver meu pai."

O primeiro encontro foi extremamente emotivo, mas numa atmosfera constrangedora – resultado da longa separação e da presença dos quatro diretores do presídio. Hess estava num quarto de menos de cinco metros quadrados, com quatro guardas armados de metralhadoras no corredor. Wolf se lembra nitidamente do acontecimento. "Quando entramos, vi-o sentado a uma mesa no centro. Minha mãe deu um passo em sua direção, mas lembrei-a de que não podia haver contatos físicos. Ele nos olhou, surpreso. Estava magro, mas não esquelético, e o rosto tinha uma cor saudável, talvez devido às transfusões de sangue. Apesar da presença dos quatro diretores e de um guarda, nossa conversa foi ótima. Ele estava bastante atento. Controlamo-nos bem, apesar da situação. Minha mãe parecia à beira das lágrimas, mas minha calma ajudou-a a controlar-se. Eu tinha aprendido a ser disciplinado com os anos e isso valeu muito para aquele encontro."

O guarda começou a contagem regressiva quando só se haviam passado cinco minutos. Ao sair, Ilse e Wolf lançaram um último olhar a Hess – que, inclinado sobre a mesa, acenou-lhes. O gelo se quebrara. O prisioneiro havia compreendido que o contato com a família era mais importante que a aparência de ter capitulado diante dos "vencedores".

A doença de Hess manteve-o no hospital por meses. Durante esse tempo, a mídia se interessou pela história e aumentou a pressão para uma possível soltura, principalmente na Grã-Bretanha. Mas esses esforços não deram em nada. "Todas as esperanças ruíram no dia 13 de março de 1970", lembra-se Wolf, com raiva. "Mal recuperado de uma moléstia perigosa e já com 77 anos, Rudolf Hess voltou para a prisão dos Aliados. Protestos e pressões do público foram em vão. Em Spandau, os cínicos triunfavam."

Devolvendo Hess à prisão, os Aliados corroboraram ainda mais em Wolf a certeza de que seu pai fora submetido a "um encarceramento cruel e falso. Se a 'lei dos vencedores' de Nuremberg correspondesse a um direito legítimo, Spandau estaria cheia de políticos responsáveis por mais 140 conflitos e 40 milhões de mortos desde o fim da Segunda Guerra Mundial. Mas esse padrão duplo de modo algum afeta sua consciência."

Pelos próximos dezessete anos, Wolf Hesse se mostrou um defensor infatigável da libertação de seu pai. Além disso, o doutor Seidl tomou diversas iniciativas legais junto aos administradores de Spandau, aos quatro governos responsáveis pela prisão, às comissões de direitos humanos europeias e internacionais, bem como aos tribunais da Alemanha Ocidental. Nenhum dos processos legais teve êxito. Wolf não se surpreende, pois "eles não tinham a intenção de libertá-lo. Meu pai se tornou o símbolo do domínio das potências estrangeiras sobre a Alemanha. O doutor Seidl não foi autorizado sequer a abordar questões legais ligadas à detenção. Nem mesmo os quesitos mais simples do direito civil puderam ser discutidos. Quando o doutor Seidl se tornou secretário de Estado no Ministério da Justiça da Baviera, em 1974, e não pôde mais ter meu pai como cliente, as Quatro Potências rejeitaram o novo advogado que propusemos, o doutor Ewald Bucher, um ministro federal aposentado. Eis aí um belo exemplo da justiça dos Aliados!"

Ano após ano, britânicos, americanos e franceses alegavam que queriam soltar Hess, mas que os soviéticos repeliam a proposta. Ninguém pode provar que isso é verdade, pois as reuniões das Quatro Potências eram secretas e as minutas jamais vinham a público. Para Wolf Hess, a impressão geral é falsa. Ele acha que nenhuma das potências ocidentais desejava libertar seu pai, sobretudo os britânicos, "que sem dúvida têm algo a esconder. Apenas usaram os russos como desculpa".

Durante os anos 1970 e 1980, Wolf viajou a vários países, visitando repetidamente Washington e Londres para forçar a libertação do pai. Na época, recebeu inúmeras promessas de ajuda de jornalistas, membros do Congresso e do Parlamento, do secretário de Relações Internacionais britânico e de outras figuras públicas. Hoje, pensa que "eram meras palavras. Em retrospecto, posso duvidar da sinceridade do que ouvi em todos os casos. Uns hipócritas". Nem todos os procurados prometeram ajudar. Em uma de suas visitas aos Estados Unidos, solicitou audiência à equipe de Jacob Javits, na tentativa de conseguir o auxílio do senador judeu para a libertação de Hess. Quando a reunião começou, outro membro da equipe entrou na sala e começou "a gritar para mim que eu não tinha sequer o direito de estar ali. 'Seis milhões morreram por causa de gente como seu pai.' Saí. Foi a única vez que encontrei uma reação assim. Pelo menos, aquele homem não era hipócrita".

Enquanto continuava tentando transformar palavras promissoras em ação efetiva, Wolf visitava seu pai quando as regras de Spandau o permitiam. Mas o longo encarceramento esgotou a família. As condições da prisão tiveram "consequências nefastas em termos tanto físicos quanto psicológicos e emocionais. Afora a privação de liberdade, os principais instrumentos de tortura psicológica eram a censura e as regulamentações da correspondência e das visitas." Não se permitia a Hess ver programas de televisão ou ler qualquer material sobre o Terceiro Reich, nazismo, Nuremberg ou Spandau.

"Meu pai era e ainda é uma importante figura histórica que poderia dar substanciais informações, com base em sua experiência de primeira mão, sobre todo o desenvolvimento do nacional-socialismo, o começo e a continuação da guerra", observa Wolf. "A atitude dos Aliados, que o silenciou por completo, não apenas privou seu filho de respostas a muitas perguntas como enganou inúmeras pessoas verdadeiramente interessadas em história. Por exemplo, teria sido de enorme interesse para os historiadores o relato de meu pai sobre a conversa de quatro horas que ele manteve com Hitler cinco dias antes do voo para a Inglaterra. Todos os pontos de vista sobre a situação e as ações político-militares do governo do Reich foram seguramente discutidos na ocasião." Essas informações sem dúvida teriam mais importância para a compreensão histórica dos eventos posteriores do que a repetição, por parte da propaganda inglesa, de aforismos segundo os quais Hess era um psicopata ou, pior ainda, um tolo.

"Mas o que eles queriam era justamente impedir o exame factual da verdade. Os vencedores sabiam que, permitindo o testemunho de uma pessoa realmente envolvida (a qual, acima de tudo, havia provado seu honesto compromisso com a paz), quase toda a propaganda do pós-guerra e a farsa de Nuremberg viriam abaixo. Isso não me deixa com raiva. Ao contrário, percebo a intenção por trás do comportamento e sei por que os Aliados, sobretudo os britânicos, tinham de impedir meu pai de falar livremente."

O acesso de Hess à informação sobre a guerra e o nacional-socialismo foi proibido. Mas não apenas isso: até seu contato com a família era estritamente monitorado. Deixavam-no escrever apenas uma carta por semana, para um membro próximo da família – e com um máximo de 1.300 palavras. As mesmas restrições se aplicavam às cartas dos parentes. Uma vez por mês – duas em dezembro, época do Natal –, ele podia receber uma única visita, de uma hora, de um familiar próximo. Essa visita precisava ser marcada com duas semanas de antecedência; a data e a hora eram estabelecidas pelas autoridades de Spandau. Quase sempre, os quatro diretores presenciavam a reunião de família. Além disso, como a conversa era em alemão, intérpretes ficavam a postos na sala. Não se permitiam contatos físicos. Caso uma dessas regulamentações fosse infringida, a reunião era imediatamente suspensa. Certa feita, Hess voltou a ser hospitalizado; Wolf, instintivamente, adiantou-se para dar um rápido, mas firme aperto de mão em seu pai. Foi a primeira e a última vez que o tocou desde os 3 anos de idade. Em consequência dessa infração, os britânicos o repreenderam oficialmente e avisaram-no de que qualquer outro gesto proibido o impediria de ver o pai novamente.

"Por fim, aprendi a jogar o jogo deles", conta Wolf. "Eu adiava o gesto proibido até o final do encontro. Isso os pegava de surpresa e, quando reagiam, o encontro já estava de qualquer maneira encerrado. Cancelavam duas visitas, mas nunca as proibiram definitivamente." Wolf viu seu pai 102 vezes antes da morte dele em 1987, num total de quatro dias de tempo acumulado, sempre na presença de guardas e diretores da prisão. Além de centenas de cartas, só assim Wolf pôde conhecer o pai. "Durante todos esses longos anos eu tinha um pai, mas no final das contas não tinha porque as situações em que nos correspondíamos, ou antes, trocávamos algumas palavras, eram controladas pelas regras de sua detenção. Não me deram nenhuma oportunidade de ter com ele uma conversa entre pai e filho ou fazer-lhe as perguntas que eu queria. Isso foi verdade até para problemas humanos que um jovem precisa discutir com o pai, principalmente no âmbito das questões históricas."

A 22 de fevereiro de 1977, diz Wolf, "a taça da amargura transbordou para o ancião" e Hess tentou cortar uma artéria com uma faca. Quase morreu, mas após uma longa convalescença se recuperou. A 28 de dezembro de 1978, teve um derrame que o deixou praticamente cego do olho direito e afetou bastante o esquerdo. "O diagnóstico dos médicos era o melhor argumento para a libertação de meu pai", afirma Wolf. "O paciente sofria do coração, de uma hérnia abdominal dolorosa e de inchaço nas pernas. Tossia, tinha problemas de bexiga e exaustão generalizada. Ignorava-se por quanto tempo mais viveria, pois estava com 84 anos."

Devido à saúde deteriorada, Rudolf Hess fez algo que deixou perplexas as Quatro Potências. A 4 de janeiro de 1979, por insistência de Wolf e do doutor Seidl, o Prisioneiro Número 7 escreveu aos diretores de Spandau solicitando pela primeira vez, pessoalmente, sua libertação. O apelo era breve: "Devido à minha saúde precária e por desejar conhecer meus dois netos, peço para ser libertado. Sei que não tenho muito tempo de vida e saliento que, em três outros casos [Von Neurath, Raeder e Funk], houve comutação de pena". Seguiram-se quarenta dias de silêncio, até Hess ser oralmente informado de que o requerimento fora indeferido. Ainda hoje, Wolf sente a dor dessa decisão. "As Quatro Potências perderam a única chance de se safar com um pouquinho de sua autoproclamada humanidade intacto."

No ano seguinte, em novembro, Rudolf Hess apelou de novo pela libertação antecipada. "Agora, ele tinha uma imagem clara de sua vida aqui fora", conta Wolf. "Imaginava uma casinha no campo com uma bela vista e bons livros. Queria sossego e silêncio para ler e refletir. Calculava até que não precisaria de um carro." Após três semanas, os Aliados rejeitaram de novo seu apelo. Em agosto de 1982, com 88 anos de idade, Hess sofreu um ataque violento de pleurisia, complicado por duas crises cardíacas que afetaram gravemente seu coração. Queixava-se o tempo todo de dificuldades respiratórias, cólicas intestinais e erupções cutâneas claramente visíveis. Então, Hess decidiu acrescentar condições a seu pedido de liberdade, acreditando que certas promessas de sua parte pudessem abrandar as Quatro Potências. Informou-as de que concordaria, após a soltura, em não dar opiniões políticas ou históricas, evitando todo envolvimento político. Dessa vez a resposta foi por escrito: as Três Potências ocidentais rejeitavam a proposta, que, de novo, os soviéticos ignoraram completamente.

Apesar de tantos reveses, Wolf Hess jamais perdeu a esperança de ver o pai livre. Seus esforços para isso não esmoreceram. "Nunca deixei de acreditar que os vencedores acabariam por mostrar um pouco de humanidade", diz ele. "Achava que, quando ele adoecesse ou comemorasse seus 80, 85 ou 90 anos, os Aliados o deixariam ir." Então, no dia 17 de agosto de 1987, uma segunda-feira, Wolf recebeu um telefonema em seu escritório de Munique. Quem ligava era um repórter alemão de Berlim perguntando-lhe se ouvira boatos de que seu pai morrera. Wolf respondeu que não, mas receou que a notícia fosse verdadeira. "Meu pai estava com 93 anos. Sabíamos que isso poderia acontecer a qualquer momento", conta ele. "As Quatro Potências não tinham entrado em contato conosco quando ele fora para o hospital; agora, poderiam estar protelando da mesma forma. Achei melhor não ligar para lá. Caso meu pai houvesse morrido, eles mesmos ligariam."

Às seis horas, ainda sem saber se o pai estava vivo ou morto, Wolf saiu do escritório e foi para casa. Às seis e meia, atendeu à chamada que temia. Era do diretor americano, Darold W. Keane, pois os Estados Unidos tinham a custódia de Spandau. A conversa, em inglês, durou apenas uns poucos segundos. "Estou autorizado a comunicar-lhe que seu pai faleceu hoje às dezesseis horas e dez minutos. Não me é permitido fornecer mais detalhes."

Wolf ligou para o doutor Seidl. Juntos, voaram para Berlim na manhã seguinte e se dirigiram de carro diretamente para Spandau. Não puderam entrar na prisão, mas Keane veio a seu encontro e informou-os de que teriam informações em meia hora. Após esse prazo, Keane voltou e disse a Wolf que haveria um atraso e ele deveria ir para um hotel a fim de aguardar novo contato. Duas horas depois, tendo Wolf telefonado várias vezes, Keane acabou por atender com a notícia de que a morte de seu pai estava sendo considerada suicídio. "Era mentira, percebi isso imediatamente. Pela primeira vez os russos, sob o comando de Gorbatchov, haviam insinuado que poderiam mudar de ideia quanto à libertação de meu pai. Em março de 1987, haviam finalmente concordado em ver-me para tratar do assunto. Meu pai sabia dessa disposição dos russos. Iria então se matar, estando mais próximo que nunca da liberdade? Isso não fazia sentido e, quando me contaram o modo como ele morrera, concluí que fora assassinato."

Segundo o primeiro relatório oficial, Rudolf Hess pedira a seu guarda americano que o deixasse ir até uma pequena estufa nos fundos do pátio da prisão. Como não voltasse ao fim de vários minutos, o guarda foi até lá e encontrou o ancião de 93 anos com um fio em volta do pescoço: havia se enforcado. Era um fio elétrico que, nas palavras dos americanos, tinha sido deixado ali por negligência. Numa segunda versão, divulgada poucos dias depois, os Aliados afirmaram que Hess se enforcara com o cabo de extensão de um abajur, dentro da estufa. "Ocorreu-lhes", diz Wolf, "que a descoberta súbita de um fio esquecido não combina com a redação de uma 'nota de suicídio' que, conforme alegavam, havia sido encontrada três dias depois da morte de meu pai em um de seus bolsos."

Rudolf Hess era um homem frágil, nonagenário; estava quase cego, andava com dificuldade e não podia, no entender dos médicos, fazer nada que exigisse força, nem mesmo amarrar os cordões dos sapatos. A forma como tudo aconteceu, em questão de minutos, parecia altamente improvável para alguém em seu estado. Os britânicos alimentaram teorias da conspiração quando destruíram o "fio da morte" e a estufa, com todas as evidências forenses que lá havia, alguns dias após o acontecimento. Passadas duas semanas, escavadeiras deitaram abaixo os muros do prédio de 111 anos, precedendo sua total destruição em menos de um mês. Os Aliados encomendaram sua própria autópsia, que confirmou a morte por suicídio. O corpo foi levado de avião para a base aérea americana em Grafenwohr, perto de Nuremberg, e em seguida entregue à família. Foi um alívio para Wolf Hess. Até 1982, os Aliados planejavam cremar o cadáver e dispersar suas cinzas, para que o túmulo não se tornasse um santuário neonazista. Em 1982 mudaram de ideia e prometeram entregar o corpo à família, para o sepultamento. Até que o fizessem, Wolf ignorava se cumpririam a palavra. Entretanto, em vez de buscar o corpo e providenciar sem demora o funeral, ele decidiu pedir ao internacionalmente renomado patologista alemão, professor Wolfgang Spann, que fizesse nova autópsia. O laudo do perito contrariava categoricamente o do médico britânico, professor James Malcolm Cameron. Havia numerosas e flagrantes diferenças entre as duas autópsias. Os Aliados alegavam suicídio, mas o médico alemão concluía que Rudolf Hess havia sido assassinado.

O doutor Hugh Thomas, ex-médico do exército britânico que examinara Hess em Spandau, em 1973, analisou as fotografias do cadáver. Com base nisso, concluiu também pela versão do assassinato. "Quando alguém se enforca, espera-se que a linha da corda corra diagonalmente pela nuca. Mas as fotografias de Hess [tiradas pelo professor Spann] mostram uma linha reta que chega até a parte frontal do pescoço, sugerindo que ele foi morto por estrangulamento e não por enforcamento."

Todavia, após a destruição da cena da morte, novas perícias eram impossíveis. Os Aliados encerraram o relatório com a conclusão de suicídio; seu argumento mais forte era que ninguém iria querer matar um prisioneiro de 93 anos. Wolf Hess acha que tem a resposta. "Ao saber que os russos concordariam com a soltura de meu pai, os britânicos se assustaram ante a possibilidade de ele começar a falar livremente. Isso não podia acontecer, o prisioneiro tinha de ser silenciado para sempre. Além disso, nem sempre os soldados que o vigiavam eram pessoas de confiança. Por exemplo, em 1988, dois antigos guardas britânicos foram presos por roubar o macacão de piloto que meu pai usou no voo de 1941 e tentar vendê-lo a mim por 300 mil dólares. O assassinato é apenas mais um degrau na escada do crime. Creio que os britânicos eram os que mais tinham a ganhar com a morte de Rudolf Hess. Se não tinham nada a esconder, por que lacraram o arquivo dele até o ano de 2017? O que ele sabia que tanto os intimidava? Tenho certeza de que os britânicos urdiram o crime com a conivência de seus bons amigos, os americanos, que dirigiam a prisão.

A verdade não pode ser suprimida indefinidamente. Encaro as tentativas desajeitadas dos Aliados com uma certa ironia, embora saiba que esse comportamento me privou de meu pai e transformou-o em vítima de uma conspiração criminosa. Matando-o, os Aliados se expuseram como nunca. O assassinato acabará por recair sobre seus ombros e os manchará ainda mais, não há dúvida, do que o encarceramento a que submeteram meu pai."

Wolf sofreu muito com a morte do pai. Décadas de esforços para libertá-lo terminaram em fracasso. Rudolf Hess morreu como prisioneiro, exatamente o que ele queria evitar. Logo depois, Wolf, com 50 anos de idade, teve um derrame, mas sua condição física se recuperou mais depressa que as feridas emocionais deixadas pela desventura do pai.

Após o falecimento de Rudolf Hess, Wolf não precisou mais conter suas palavras por medo de irritar as Quatro Potências e, assim, prolongar o cativeiro do ancião. A raiva que sente dos vencedores mistura-se ao orgulho pela unificação alemã: "Como ele exultaria ao ver a injusta construção de uma Alemanha dividida, tramada pelos vitoriosos, cair em pedaços!", exclama.

Na parede da mansão de Wolf perto de Munique, vê-se um desenho de seu pai, feito em 1932. Sentado num grande sofá perto do quadro, ele discorre sobre o que agora sente: "Talvez seja o momento de julgarmos alguns crimes de guerra dos Aliados. Que dizer da agressão ao Egito, em 1956, pela Grã-Bretanha, França e Israel; ou da americana ao Panamá e da soviética ao Afeganistão? Nuremberg foi um grande erro e a história provará isso. Os americanos vieram aqui na Primeira Guerra Mundial: Wilson não sabia o que estava fazendo e eles retalharam a Europa. Depois da Segunda Guerra Mundial, meteram de novo o nariz nos negócios europeus, em assuntos que não entendiam. Os vencedores dividiram a Alemanha, alienaram terras alemãs e agora estão recebendo o troco. Aconteceu a mesma coisa em Versalhes: se você pressiona demais, a coisa explode em seu rosto. É o que vemos hoje na Alemanha, muito embora o senhor Ridley,[24] advogando as ideias da Senhora Thatcher, acredite poder voltar no tempo dizendo um monte de asneiras. Essa gente é resquício de uma era passada. O futuro pertence aos primeiros de amanhã: os Ridley e as Thatcher não estão entre eles.

Eu sempre previ a reunificação de meu país. Os alemães se cansaram de ter de sentir vergonha por proclamar que se orgulhavam da Alemanha. Agora, tudo está mudando. A União Soviética cai em ruínas e o grande 'cadinho de raças' americano ferve com o crime, as drogas e o ódio racial. Sabemos que americanos, britânicos e franceses, no Oeste, e russos, no Leste, ainda ocupam nosso país. Queremos que deem o fora daqui. Então, a Europa voltará a ser o que era, com uma grande Alemanha no centro. Até os territórios alemães vendidos pelos vitoriosos serão nossos novamente. Como preço para a reunificação, eles querem o reconhecimento, mediante tratado, da fronteira polonesa. Mas esperem para ver: cedo ou tarde, aquela terra retornará aos verdadeiros donos, aos alemães. Os poloneses transformaram seu solo outrora fértil num chão seco, coberto de grama rala. Com uma economia em ruínas, dependem de ajuda financeira. A nação alemã não continuará alimentando indefinidamente pessoas que roubaram sua propriedade. Os americanos deveriam lembrar-se das palavras de Abraham Lincoln: 'Nada se resolve a menos que se resolva de maneira justa'".

Hoje, Wolf Hess defende mais o pai que no passado. Diz ter recebido milhares de cartas, "90% das quais positivas". Fica animado com as mensagens sobre seu pai enviadas por colegiais alemães. "Mostram interesse autêntico e compreensão do que de fato aconteceu. Para mim, esse é um aspecto promissor da juventude alemã."

Enquanto outros sentem simpatia pela família Hess, Wolf não esconde que os parentes, ou pelo menos ele, sentem ódio e animosidade pelo longo encarceramento de Hess. Defende-o com todas as forças, coisas que Hess não fez em Nuremberg. É uma voz estridente a lembrar-nos de que alguns filhos de nacional-socialistas da alta cúpula se identificam totalmente com o sofrimento e a filosofia de seus pais, vendo-os como vítimas, não como criminosos.

"Foi uma vantagem para mim ser filho de Rudolf Hess", assegura ele. "Nunca uma desvantagem. As pessoas gostavam de meu pai, que era a 'consciência do partido', e em consequência gostavam de mim. E quanto mais ele definhava na prisão, mais simpatia elas sentiam por todos nós."

Na última conversa que teve comigo, Wolf resumiu seus pressentimentos para o futuro próximo. "Os esforços dos americanos deram em nada. Queriam que a história considerasse todos os alemães nazistas e todos os nazistas perversos, para que cada um de nós se sentisse culpado.

Isso é ridículo e ninguém mais o ignora. O rótulo 'criminoso de guerra', aplicado a meu pai, não significa coisa alguma. Daqui a poucos anos, a história assumirá uma perspectiva diferente sobre esses tais crimes e Rudolf Hess será visto a uma luz favorável. As pessoas saberão então que os ex-Aliados, vencedores da Segunda Guerra Mundial, pouco tinham da moralidade, justiça e humanidade que se arrogaram como juízes da Alemanha. Não se pode ocultar a verdade para sempre."

◆ Rudolf e Ilse Hess com a família, amigos e dignitários nazistas durante o batizado de seu filho, Wolf Rüdiger. Ilse ergue Wolf para a admiração de Adolf Hitler (sentado), o padrinho do menino.

◆ Rudolf Hess brincando com Wolf no jardim de sua casa. Essa fotografia de 1941 foi tirada pouco antes do voo de Hess para a Escócia.

◆ Rudolf Hess (fileira da frente, segundo a partir da esquerda) no tribunal de Nuremberg. Ele foi transferido de uma prisão inglesa a fim de ser julgado por crimes de guerra.

◆ Ilse Hess ajuda Wolf, de 7 anos de idade, nos deveres de casa em sua residência de Bad Oberdorf, Alemanha, enquanto Rudolf Hess está no banco dos réus em Nuremberg. Wolf recorda essa época com amargura e considera o julgamento uma farsa.

◆ Rudolf Hess foi condenado à prisão perpétua em Nuremberg. No dia 26 de abril de 1985, Wolf, em companhia da mãe e da esposa, sai pelo portão principal da prisão de Spandau após visitar o pai em seu nonagésimo primeiro aniversário. Hess já estava preso havia mais de quarenta e quatro anos e Wolf se esforçava para obter sua libertação.

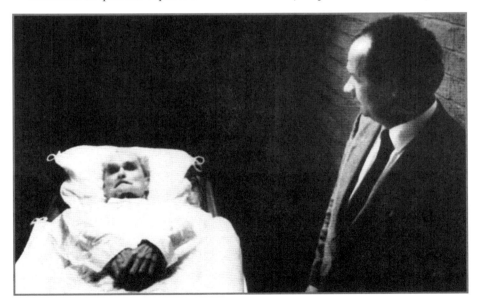

◆ Wolf contemplando o corpo do pai, após a morte deste em 1987. O caso foi considerado suicídio pelas autoridades aliadas, mas Wolf alega que as evidências apontam para assassinato.

CAPÍTULO 4

"Um Ditador Barulhento"

Houve nacional-socialistas que ocuparam cargos importantes no Terceiro Reich, mas hoje são desconhecidos do público geral. Sua importância na Alemanha nazista é subestimada porque não foram acusados de crimes após a guerra e, desde então, viveram vidas discretas. Muitos deles exerceram funções de imenso poder, bem mais decisivas para o esforço de guerra alemão que as de homens como Adolf Eichman, Klaus Barbie e Josef Mengele, cuja notoriedade só foi alcançada depois do conflito. Mas o fato de não serem famosos não significa que suas famílias puderam lidar facilmente com a herança nazista por eles deixada.

Um desses casos é o de Karl Saur e sua família. Ele foi não só um nazista ferrenho, chefe do importante setor técnico do Ministério dos Armamentos de Albert Speer, mas também um amigo confiável de Hitler, a ponto de ser um dos poucos nomes citados no testamento do Führer, que o nomeou sucessor de Speer. Todavia, enquanto Speer, condenado como criminoso de guerra, passou vinte anos na prisão, Saur já era um homem livre em 1948. A contradição no tratamento fica ainda mais evidente quando se comparam suas carreiras.

Karl Saur teve seis filhos. Klaus é o penúltimo, nascido a 22 de julho de 1941. Dispôs de duas décadas, após a guerra, para julgar seu pai, inclusive um breve período em que trabalharam juntos. "Nunca me senti muito ligado a esse homem", confessa Klaus. "Minha impressão dele é bastante negativa." Para Klaus, Karl Saur foi não só um seguidor empedernido do Terceiro Reich como, "simplesmente, um péssimo pai".

Karl Otto é o filho mais novo, nascido a 14 de março de 1944. Concorda, pela maior parte, com o julgamento do irmão. "Entretanto, à medida que envelheço", diz ele, "vou me tornando um pouco mais neutro a respeito de meu pai e não tão intransigente quanto costumava ser."

Karl Otto Saur, o pai, nasceu a 16 de junho de 1902 em Düsseldorf, terceiro filho de um engenheiro civil de uma família luterana da classe média alta. "Seu pai era um homem forte, mas gentil", conta Klaus. "Sempre foi descrito pelos que o conheceram como um sujeito alegre e simpático. Mas isso não impediu que meu pai tivesse um mau relacionamento com ele. Já a mãe era uma criatura terrível, perversa. Muito egocêntrica."

Saur deixou esse ambiente familiar desagradável para fazer o curso colegial em Freiburg. Depois, frequentou universidades técnicas em Hannover e Karlsruhe, formando-se em Engenharia Siderúrgica em 1922. Gostava mais de esportes que de estudar e suas notas foram o mínimo para garantir o diploma. Logo após a graduação começou a trabalhar na empresa Thyssen, uma rival acirrada da próspera companhia Krupp e um dos maiores conglomerados industriais privados da Alemanha. Ali, tornou-se figura favorita da direção e parecia ter uma brilhante carreira pela frente quando seu pai faleceu subitamente em 1927.

"A mãe e as irmãs o chamaram, dizendo que ele precisava voltar para casa e dirigir a empresa da família em Freiburg", relata Klaus. "Preferiria vender essa empresa, conforme me confidenciou mais tarde, mas a mãe e as irmãs persistiram. Aos 25 anos, comandava uma firma com quatrocentos empregados... que em 1929 abriu falência. Isso foi difícil para ele, já que havia feito empréstimos."

"E para piorar as coisas", acrescenta Karl, o mais novo, "suas irmãs sempre o responsabilizaram pela ruína da empresa. Ignoravam a terrível situação econômica da época e que muitas outras empresas tiveram o mesmo destino. Até depois da guerra, ainda o recriminavam pelo fracasso."

A decepção de Saur com o colapso dos negócios da família tornaram-no ainda mais simpático ao nacional-socialismo: concluiu que a Alemanha estava em maus lençóis e os nazistas eram o único grupo político capaz de apresentar soluções viáveis. Voltou para a Thyssen no mesmo ano e logo foi promovido a diretor do departamento de vendas, onde ficava em estreito contato com o patriarca do clã, Fritz Thyssen. "Certa vez, ficou chocado", lembra Klaus. "Pensava que Thyssen era o maior homem do mundo, um magnata da indústria, um sujeito maravilhoso. Estando o chefão de férias, meu pai, que o substituía nessas ocasiões, descobriu no escritório uma das maiores bibliotecas pornográficas que se possa imaginar. Meu pai jamais tivera relações com mulheres e era muito puritano: não gostou nada daquelas fotografias. Continuou na empresa, mas jamais perdoou o fato de Fritz Thyssen ter tal coleção."

A moral de Saur podia sentir-se ofendida por imagens de corpos nus, mas não pelo linguajar cada vez mais destemperado do NSDAP. Juntou-se ao partido a 1º de outubro de 1931. Klaus acredita que seu pai estava "apaixonado" pelos nazistas, mas ignora qual fosse sua motivação. "Talvez achasse que a maioria dos governos alemães tinham sido ruins e só os nazistas poderiam ajudar na época, com o desemprego em alta e tudo o mais." "Era basicamente antidemocrata", completa Karl Jr., "e os nazistas se encaixavam bem em sua filosofia. A seu ver, tudo andava melhor num governo totalitário."

No entanto, os dois irmãos lembram que houve pressão da família para ele não se inscrever no partido. "Meu pai era muito ligado a seu tio, irmão de meu avô", conta Klaus. "Dava-se muito bem com ele, que sempre lhe dizia, ainda em 1923 e 1924: 'Não entre para o Partido Nazista, isso vai acabar mal'. E o diretor-geral da Thyssen, o grande mentor de meu pai, era um antinazista resoluto. Meu pai respeitava muito tanto o tio quanto o diretor-geral, mas não quis ouvi-los. Suas duas irmãs participavam de grupos nazistas femininos e ele dizia, brincando, que não tinha problemas para levá-las a espetáculos nazistas, mas que, para os parentes da esposa, sempre precisava comprar ingressos. Sua esposa nunca pertenceu ao partido, que o pai dela detestava."[25]

Saur mostrou-se imediatamente ativo na agremiação, tornando-se diretor do grupo de Engenharia do Reno Setentrional. Em 1936, conheceu Veronica, doze anos mais jovem que ele, e os dois se casaram. No ano seguinte, foi para Munique e começou a trabalhar no Instituto Técnico, uma organização nazista, sob o comando do doutor Fritz Todt. Isso deu novo rumo à sua carreira. Todt, um profissional discreto e de poucas palavras, era considerado o pai das rodovias alemãs. Entrara cedo para o partido e gozava do respeito tanto de Hitler quanto de seu círculo íntimo. Hitler recompensou a lealdade e a proficiência de Todt com um dos postos mais importantes do Terceiro Reich, o de ministro dos Armamentos e da Produção. O Ministério dos Armamentos foi o maior responsável por alimentar o esforço de guerra da Alemanha.

Todt e Saur tinham um excelente relacionamento. "Os dois realmente se estimavam", conta Klaus. "Todt foi uma das figuras mais importantes, um dos maiores amigos na vida de meu pai. Escreveu certa vez: 'Saur pensa, cria e sente como eu próprio'. Esse deve ter sido o maior elogio que ele jamais recebeu. Numa famosa reunião nazista, Todt começou seu discurso dizendo 'Senhor Saur e demais presentes'. Essas manifestações garantiram um lugar à parte para meu pai na organização de Todt."

Karl Jr. também acha que Todt foi uma figura-chave na vida do pai. "Meu pai permaneceu inabalavelmente fiel a seu chefe", afirma. "Talvez a única pessoa mais importante para ele tenha sido Hitler – o que se explica, pois Hitler era uma figura especial na visão de homens como meu pai e ocupava uma posição única, grandiosa aos olhos de toda essa gente."

Em 1938, Todt sugeriu ao prestigioso Deutsches Museum que aumentasse a presença nazista em sua diretoria e recomendou Saur. Embora Todt garantisse que Saur era o melhor administrador do partido, os diretores do museu, num primeiro momento, ignoraram o pedido e, quando pressionados, rejeitaram-no. "Era realmente muita coragem, em 1938, enfrentar assim os nazistas", reconhece Klaus. "Depois da guerra, em 1954, meu pai foi ingênuo o bastante para escrever ao Deutsches Museum solicitando permissão para montar uma livraria na entrada do prédio. Ignoraram a primeira carta, mas, como ele insistisse, negaram o pedido. Se não o quiseram antes da guerra, como representante nazista, não iriam querê-lo depois." Hoje, Klaus integra o conselho administrativo do Deutsches Museum, subordinado ao conselho executivo a que seu pai sonhara pertencer cinquenta anos atrás.

A rejeição do Deutsches Museum, porém, foi apenas um contratempo menor. A carreira de Saur ia de vento em popa sob a tutela de Todt. Saur e a esposa resolveram então ampliar a família: de 1937 em diante, com exceção de 1943, Veronica Saur esteve sempre grávida. Uma menina morreu oito semanas após vir ao mundo e outra gravidez não teve sucesso. Os cinco filhos sobreviventes dos Saur, todos nascidos nesse período, encontraram um lar não religioso e extremamente autoritário.

Contudo, Saur não tinha muito tempo para a família depois que a guerra eclodiu em setembro de 1939. No Ministério de Todt, passou a exercer as funções de diretor da divisão técnica, responsável por planejar e implementar a produção de armas avançadas. Ao lado de Xavier Dorsch, outro assistente bem próximo de Todt, Saur era um dos diretores e especialistas mais respeitados do ministério. Todt preferia entregar seus relatórios pessoalmente a Hitler, acompanhado de Saur e Dorsch, a quem encarregava de explicar os aspectos técnicos. Graças a isso, desde os primeiros anos da guerra, Saur teve contatos pessoais com o Führer, que lhe conferiram prestígio no seio do Partido Nazista.

"Durante o período de guerra, toda empresa fabricante de máquinas ficou sob a direção do Ministério dos Armamentos, de modo que meu pai se tornou de fato um chefão, a quem todas as companhias tinham de se reportar", explica Klaus. "Numa situação dessas, você não pode ser bonzinho: ele pressionava muito as empresas para sustentar o esforço de guerra. Podia às vezes ser gentil e agradável, mas no trabalho era durão com todos. Sua figura impressionava. Tinha pouco mais de 1,70 m, mas pesava 100 kg, e falava alto, com frequência aos gritos. Contava-se uma piada no Instituto Técnico de Munique: as pessoas perguntavam 'Que barulho é esse?' e a resposta era 'O senhor Saur está falando com Berlim'; 'Mas por que ele não usa o telefone?', replicavam. Quando dividimos um escritório de cinco salas, após a guerra, meu pai só se dirigia a mim gritando e era ouvido da primeira à última."

Saur, obeso e de rosto afogueado, pode não ter feito muitos amigos entre os industriais da Alemanha, mas o departamento onde trabalhava, altamente eficiente, era admirado pela hierarquia nazista. Então, a 8 de fevereiro de 1942, ele ficou chocado ao saber que seu mentor, o doutor Todt, morrera num acidente aéreo. No mesmo dia, Hitler nomeou seu arquiteto, Albert Speer, para o lugar de Todt.

"Meu pai sofreu muito com a morte de Todt", diz Klaus. "Mas estranhou que Hitler nomeasse tão depressa um substituto. Deu as boas-vindas a Speer. Já o conhecia, embora não muito bem. Não havia tempo para discussões ou ruminações."

Karl Jr. acredita que seu pai esperava substituir Todt caso alguma coisa acontecesse a este. "Tanto meu pai quanto Dorsch supunham que seriam escolhidos. Mas meu irmão está certo: Speer foi nomeado tão rápido que não houve tempo para pensar a respeito. Pela primeira vez em sua carreira, meu pai tinha um chefe mais novo que ele. De início, não foi fácil se acostumar a isso. Mas, por fim, tudo deu certo."

Speer, que não estava seguro de possuir as qualificações necessárias para o exercício da nova função, dependia inteiramente de Saur e

Dorsch. Levava-os a quase todos os encontros com Hitler. Mas, pouco a pouco, o Führer foi ficando descontente com a incapacidade do Ministério dos Armamentos de cumprir as metas de produção, cada vez mais ambiciosas apesar da diminuição dos recursos. Sua cólera, porém, se dirigia contra Speer, não contra seus dois principais assistentes. Conforme escreveu mais tarde em suas memórias, Speer começou a notar uma mudança na atitude de Hitler durante o verão de 1943. Chegado o outono, observou: "O Führer contraiu o hábito de chamar Saur para lhe perguntar sobre os relatórios mensais". Speer reconhecia que Saur era um membro antigo do partido, em bons termos com o secretário de Hitler, Martin Borman, e, aos poucos, "fui me sentindo inseguro em meu próprio ministério".

Speer por fim se convenceu de que Saur e Dorsch, amigos íntimos, o boicotavam em seus departamentos. A situação piorou entre janeiro e maio de 1944, quando Speer caiu doente. Embora tentasse conduzir os negócios do ministério de seu quarto do hospital, sua ausência frequente permitiu que Saur e Dorsch se aproximassem ainda mais de Hitler. Em fevereiro, Speer concluiu que uma equipe do setor de caças era necessária para analisar a crise na produção de aviões e propôs Karl Hanke, *Gauleiter* (administrador provincial) da Baixa Silésia, para seu chefe. Hitler inesperadamente desautorizou a escolha de Speer e nomeou Saur para o posto. Em março, Göring passou a usar Saur e Dorsch em suas próprias apresentações a Hitler, esperando diminuir graças a eles o poder de Speer.

"Meu pai me contou a seguinte história: Hitler, em 1944, lhe confessou que, se em 1942 soubesse o quanto ele era bom e o conhecesse melhor, o lugar de Todt seria dele e não de Speer", diz Klaus. "Isso envaidecia muito meu pai, fazendo-me pensar: 'Que estupidez! Não sabe então que teria passado vinte anos na cadeia em lugar de Speer?' Mas era absolutamente impossível lhe dizer isso, pois meu pai jamais tocaria no assunto de novo.

Ele me contou outra história que mostra quanto Hitler o estimava. Certa vez, foram caminhar juntos e Hitler disse: 'Saur, o seu cargo é modesto. Por que não o nomeio secretário de Estado?' E meu pai respondeu: 'O senhor acha, meu Führer, que eu gostaria de ficar no nível daqueles outros idiotas?' Hitler riu muito e continuou: 'Está bem. Então você será Saur, o que é melhor do que um secretário de Estado'".

"Ocorreu outro incidente que ele nos contou após a guerra", lembra Karl Jr.. "No final de 1942 ou 1943, Hitler e meu pai falavam ao telefone. Ao encerrar a conversa, Hitler lhe desejou feliz Natal usando uma expressão alemã bem popular. Foi um sinal óbvio, para meu pai, de que ele estava em boas e íntimas relações com o Führer."

"Meu pai nunca se interessou por símbolos de *status*", diz Klaus. "Queria poder, queria controlar totalmente a produção da indústria armamentista. Títulos não tinham importância para ele."

Assim, poder era o que Saur ia conquistando cada vez mais. Além de seu trabalho com a Luftwaffe, assumiu a responsabilidade total pela fabricação de tanques num período em que as perdas em batalha aumentavam a olhos vistos. A postura agressiva e otimista de Saur foi bem recebida no quartel-general do Führer. Segundo Speer, em junho de 1944, quando o intendente-geral Eduard Wagner pintou um quadro sombrio da Frente Oriental, Saur "recriminou o intendente-geral, bem mais velho, como se ele fosse um colegial e Hitler apoiou-o". O Führer gostava dos rompantes de Saur, sempre usados em favor do nacional-socialismo.

A 21 de julho de 1944, um dia após o fracasso do atentado a bomba contra Hitler, desferido pelo coronel Claus von Stauffenberg, os principais ministros nazistas foram convidados ao quartel-general do Führer para apresentar suas congratulações. Do convite a Speer constava um anexo solicitando que ele levasse Saur e Dorsch. Nenhum outro ministro deveria comparecer em companhia de seus assistentes. Speer se lembrava de que, ao recebê-los, Hitler "cumprimentou-os com visível cordialidade, mas só me deu um aperto de mão indiferente". Saur e Dorsch também foram convidados para o chá da tarde com o círculo íntimo do Führer, enquanto Speer ficava de fora. Saur retribuiu a cortesia. Uma onda de perseguições e vinganças seguiu-se ao atentado de 20 de julho. Saur denunciou dois colegas militares, o general Schneider e o coronel Fichtner. O primeiro se queixara de que Hitler não tinha capacidade para avaliar questões técnicas; o segundo não dera pleno apoio a um novo tipo de tanque. Hitler aceitou as denúncias e mandou prender os dois homens. Embora Speer interviesse para libertá-los, foram dispensados do exército.

De uma coisa Klaus tem certeza: seu pai amava o poder que havia acumulado durante o Terceiro Reich. Mas não acredita que ele fosse movido pela ideologia. Nem o fato de Saur ter entregue colegas à Gestapo muda sua opinião. "A ambição profissional é que o instigava durante a guerra, não a ideologia. Estou certo disso. Ele era um homem muito pragmático."

Karl Jr. também acha que o pai era pragmático, "mas igualmente oportunista. Aproveitou-se de muitas situações para alavancar sua carreira e fazia isso sem pensar se seus atos eram corretos ou não".

O pragmatismo de Saur permitiu-lhe ajudar vários alemães "contaminados" por sangue judeu. "Meu pai nunca foi realmente antissemita", garante Klaus. "Disse-me que tinha alguns amigos judeus. A seu ver, uns poucos eram bons e ele os aceitava, mas muitos eram problemáticos e não serviam para a Alemanha. Durante a guerra, ajudou uma jovem judia que conhecera na escola, Mary Diamond, a fugir para a Suíça. Ajudou também o doutor Wilhelm Haspel, presidente da Daimler-Benz. Quando Haspel conheceu meu pai em 1939, achou-o demasiadamente político, agressivo e espalhafatoso. Depois de alguns encontros, descobriu que Saur era na verdade muito gentil e estava disposto a dar o melhor de si para acelerar a produção de armamentos, fosse para Hitler ou para o *kaiser*. Em 1944, Haspel procurou meu pai e disse-lhe que iria se demitir porque não aguentava mais tanta pressão. Sua esposa era judia e ele próprio nunca fora membro do Partido Nazista. Goebbels vinha tentando mandar o casal para um KZ [campo de concentração], mas meu pai lhe disse que, se Haspel saísse, ele não poderia mais ajudá-lo. Haspel ficou. Sem isso, jamais teria sobrevivido na Alemanha. Depois da guerra, continuou como presidente da Daimler-Benz, mas dessa vez porque não era nazista e tinha uma esposa judia.

O chefe dos engenheiros alemães, doutor Matchoss, também recebeu ajuda de meu pai da mesma maneira e, mais tarde, contou aos Aliados a mesma história. Otto Meyer, outro diretor-geral, tinha uma esposa meio judia e meu pai o protegeu de Goebbels. Achava que todos esses homens eram imprescindíveis para o esforço de guerra.

Eu gostaria de acreditar que meu pai fez isso por razões humanitárias, mas não: foi puro pragmatismo", diz Klaus. "Sabia que os substitutos desses técnicos não seriam tão bons e, assim, tornariam seu trabalho mais difícil. Se alguém que não conhecesse o procurasse para pedir auxílio implorando: 'Por favor, ajude-me e à minha esposa judia', ele responderia: 'Por que eu faria isso?'"

"Não tenho ilusões quanto a seu compromisso com a Alemanha e o Terceiro Reich", afirma Karl. "Como meu pai era responsável pela produção de armas e nada mais, podia voltar para casa todas as noites sem se sentir pessoalmente responsável pela morte de ninguém. Mas, mesmo que lhe ordenassem produzir câmaras de gás móveis, por exemplo, ou coisa semelhante, acho que ele obedeceria. Consideraria isso seu dever."

O pragmatismo de Saur também o fez ficar um tanto desiludido quando Hitler ordenou quotas de produção absurdas no final de 1944. No outono, o Führer mandou interromper a fabricação de aviões de caça e aumentar cinco vezes a de canhões antiaéreos quase imediatamente. Saur e Speer acharam a ordem impossível de cumprir e, não conseguindo demover Hitler, resolveram ignorá-la. Era a primeira ordem a que não obedeciam. Mesmo assim o Führer continuou confiando mais em Saur do que em Speer. Isso se tornou bem claro em outubro de 1944, durante uma conferência de avaliação da situação. Diante de todos os generais e de Speer, Hitler anunciou: "Temos a sorte de contar com um gênio em nossa indústria armamentista. Refiro-me a Saur. Ele superou todas as dificuldades". O general Wolfgang Thomale, com muito tato, observou: "Meu Führer, o ministro Speer está aqui". "Eu sei, eu sei", replicou Hitler, irritado. "Mas Saur é o gênio que controlará a situação." Num encontro com Goebbels, Saur e Speer a 4 de janeiro de 1945, Hitler ignorou totalmente Speer e só falou com Saur. Percebendo que os atritos com Hitler se agravavam, Speer decidiu deixar Saur responsável por praticamente toda a produção de armamentos. Em fevereiro, Saur humilhou seu chefe numa série de conferências sobre estratégias, apresentando projeções muito mais otimistas do que as constantes dos relatórios internos do ministério. Speer olhava incrédulo enquanto "Hitler e Saur fantasiavam sobre os tremendos efeitos psicológicos de um ataque aéreo contra o mar de arranha-céus de Nova York". Em março, sob a crescente barragem da artilharia russa, apenas Saur representava o Ministério dos Armamentos nas reuniões no *bunker* do Führer.

As primeiras lembranças que Klaus guarda de seu pai datam desse conturbado final da guerra. Tinha então 3 anos. "Lembro-me de estar no jardim de nossa casa; havia por perto um grande parque e uma estação ferroviária. Também me lembro dos quartos e até de alguns móveis. Meu pai morava conosco durante a guerra, mas, como trabalhasse muito, quase sempre voltava para casa tarde da noite. Tinha um carro grande com motorista, um ou dois assistentes e uma ou duas secretárias. Eu não sabia que ele era importante. Embora a casa fosse um palácio e ele tivesse carro e auxiliares, aquilo para mim era normal.

Em 1944 e 1945, só chegavam notícias ruins sobre a guerra e meu pai podia a qualquer momento ter suas explosões de mau humor. Todos deviam ficar calados no carro. Queríamos que ele passeasse com minha irmã, apenas um ano mais velha que eu, no carro, pois isso o deixava alegre. Meu pai fazia isso quando estava a cerca de 2 quilômetros de casa. O resto da família não entrava no carro.

Não fomos muito pressionados por ele durante os anos da guerra. E minha mãe levava uma vida muito boa em termos materiais; era bastante carinhosa conosco."

Embora Klaus não se sentisse muito pressionado pelo pai, podia notar sua frustração com o colapso do esforço de guerra alemão. Nas últimas semanas do Reich de Mil Anos, Saur tentou sutilmente ignorar as ordens de Hitler que exigiam o aumento da produção de tanques, foguetes, aviões e aço. Foi um dos últimos oficiais nazistas a visitar o *bunker* do Führer nos dias finais. Quando o testamento de Hitler foi aberto, poucas horas depois de seu suicídio a 30 de abril de 1945, Saur descobriu a que ponto conquistara a confiança do Führer.

Enquanto Saur ajudava Hitler na fase final, sua família era mandada para o sul a fim de evitar o exército russo. "Fomos a pé", lembra Klaus. "Lembro-me de partes daquela longa caminhada, das pessoas atulhando as estradas, mas não como um cenário trágico, e sim interessante. No sul, um clérigo luterano nos abrigou por três meses. Éramos minha mãe, meus quatro irmãos, eu e a irmã dela. Não me recordo de nenhum bombardeio na ocasião, embora me contassem mais tarde que eles aconteciam bem perto de nós.

Ninguém sabia por onde andava meu pai enquanto isso. Minha mãe ignorava até se ele estava vivo ou morto. Viajamos, no final de 1945, para as imediações de Munique e nos hospedamos com o irmão de minha mãe. Em 1946, fomos para a casa de nossos avós perto de Düsseldorf e, no mesmo ano, soubemos que meu pai estava vivo, mas prisioneiro dos americanos."

Sem que sua família o soubesse, Saur, em abril de 1945, constava da lista de procurados pelo Corpo de Contraespionagem do Exército Americano (CIC) como criminoso nazista. Um relatório confidencial do CIC informava que, segundo denúncias, "Sauer [*sic*], mais que Speer, deve estar em Nuremberg para testemunhar nos julgamentos..." Foi finalmente preso pelo Sétimo Exército dos Estados Unidos a 26 de maio, perto de Munique. Os oficiais de inteligência americanos começaram imediatamente a interrogá-lo. Em junho, foi transferido para Chesnay, um palacete nas proximidades de Versalhes que os americanos haviam convertido em prisão provisória. Chesnay era o principal centro de interrogatório reservado para cientistas, técnicos em design de aviões bem como especialistas em agricultura e comunicações. Speer já estava detido lá quando Saur chegou. Oficiais de inteligência americanos e britânicos apareceram no começo de julho. Speer, Saur e outros resolveram colaborar fornecendo informações técnicas. Speer declarou mais tarde: "Eu não pude ajudar muito; Saur tinha muito mais conhecimento dos detalhes".

A cooperação de Saur em Chesnay pode ser uma das razões pelas quais ele não ficou na lista de perseguidos dos Aliados. Dezenas de cientistas alemães evitaram ir para o banco dos réus por colaborar com o programa de foguetes americano após a guerra. A ajuda de Saur era mais limitada, mas isso não o prejudicou. A Inteligência do Exército dos Estados Unidos e o Comando de Segurança ainda não liberaram as 128 páginas do interrogatório de Saur. Elas continuam fora do alcance do Ato de Liberdade de Informação, pois seu conteúdo foi considerado perigoso o bastante para que permaneça secreto.

Outro fator que provavelmente ajudou Saur a ganhar a liberdade foi seu pedido para cooperar no processo contra o maior industrial da Alemanha, Alfried Krupp. Saur concordou em testemunhar contra o presidente de 39 anos do mais antigo e mais famoso império industrial da Alemanha, decisão que, ele o sabia, seria condenada pela elite alemã do poder. Contudo, para o pragmático Saur, esse acordo era bem melhor do que ir ele próprio a julgamento.

Krupp devia constar da lista dos 22 réus mais importantes no primeiro julgamento de Nuremberg. Mas os Aliados, erroneamente, indiciaram seu velho pai de 75 anos. Quando perceberam o engano, o tribunal não podia mais adiar o julgamento para incluir Alfried. Seu caso ficou suspenso por quase dois anos. Durante esse tempo, os Aliados mantiveram Saur sob controle.

Karl Jr. não se surpreende pelo fato de seu pai ter cooperado com as autoridades americanas. "Ele respeitava a capacidade técnica dos Estados Unidos e até confidenciara a Hitler seu desejo de ser nomeado embaixador naquele país depois que a Alemanha vencesse a guerra. Após a derrota nazista, outro grande revés em sua vida, concluiu que o melhor a fazer no futuro seria trabalhar nos Estados Unidos. Estou certo de que esperava ser convidado pelos americanos para chefiar parte de sua produção industrial. Achava que o chamariam, como chamaram Wernher von Braun.[26] Mas teve outra decepção porque nunca o convidaram.

Se soubesse que a indústria alemã se recuperaria em poucos anos, duvido que concordasse em testemunhar contra Krupp. Essa decisão lhe custou caro, comprometendo sua carreira após a guerra. Fez muitos inimigos dentro do país porque Krupp era poderoso e tinha amigos nas altas esferas."

Enquanto aguardava a hora de testemunhar contra Krupp, Saur foi transferido para Nuremberg, em 1947, e em seguida para um centro de detenção menor, Neustadt, perto de Düsseldorf. Ali, Klaus, então com 5 anos, o visitou. "Gostei muito de vê-lo naquele lugar. Só eu fui, mais ninguém da família. Fiquei uma semana com ele. Davam-me chocolate e coisas assim. Havia muitos nazistas presos no local e todos me tratavam bem.

Em retrospecto, o fato é interessante porque eu sabia que a Alemanha perdera a guerra e que isso era uma grande tragédia; mas, na época, ignorava que os nazistas enfrentavam problemas. Nunca pensei: 'Por que meu pai está aqui e sempre tão triste?'"

Karl Jr., com apenas 3 anos, pouco se lembra de sua única visita ao pai no campo de prisioneiros de Neustadt. "Recordo-me da viagem de trem com minha mãe e, depois, da corrida de jipe até o acampamento em companhia de um soldado americano. Lembro-me vagamente de que meu pai e minha mãe foram cochilar e eu fiquei observando os galpões ou andando pelo meio dos guardas."

Quando Klaus e Karl viram o pai em 1947, Albert Speer já tinha sido ouvido e condenado no principal julgamento de Nuremberg. Saur não foi chamado nem para testemunha, embora Speer mencionasse seu nome numa passagem crucial de seu depoimento. O promotor americano mostrou a Speer um memorando de 17 de abril de 1944 que o incriminava. Esse documento, com a assinatura de Speer, era endereçado a Himmler e pedia 100 mil trabalhadores judeus a serem tirados dos vagões que partiam da Hungria para Auschwitz. Speer negou veementemente ter escrito o memorando que o associava ao emprego de trabalho escravo. "Eu não escrevi isso", disse ele. "Quem escreveu foi Saur. Não participei porque, na época, estava doente." Explicou que Saur tinha autorização para usar seu nome e, além disso, alegou que só ficara sabendo dos judeus húngaros vários meses depois. Os Aliados não convocaram Saur para contradizer a declaração de Speer e os advogados do réu não o intimaram para verificar o fato.

Klaus tem certeza de que Speer ficou furioso ao saber que Saur conseguira se safar. "Eis o principal motivo pelo qual Speer não gosta de meu pai: sabe que ele era um nazista dos mais devotados. Além disso, Speer trabalhou muito mais que seu assistente para impedir uma cidade de ser bombardeada e uma ponte de ser destruída. E meu pai, até a última hora, ficou perto de Hitler. Em seu julgamento, Speer deve ter se perguntado por que ficaria preso vinte anos enquanto Saur ganharia a liberdade."[27]

"Speer é, sem dúvida, duro demais com meu pai", lamenta Karl Jr., "e tolerante demais consigo mesmo. Escreveu suas memórias para se desculpar. Eu pensava que ele via Saur a uma luz muito injusta. Mas, com o tempo, mudei de opinião. Ainda acredito que ele tenta minimizar seus próprios erros, mas está certo quanto a meu pai."

Enquanto Speer era julgado em Nuremberg e Saur, preso, passava por processos de desnazificação, sua família tentava se ajustar a uma vida bem diferente no pós-guerra. Haviam perdido a mansão, os carros, a criadagem e outros privilégios. "De 1945 a 1947, minha mãe esteve doente", lembra Klaus. "Fez várias cirurgias na garganta a partir de 1946 e isso continuou até 1950. Sua irmã mais nova ficou conosco, ajudava muito e era bastante afetuosa, mas vivia sob forte pressão. Falava bem o inglês e arranjou um bom emprego com um oficial britânico em Düsseldorf." Esse emprego lhe proporcionava um salário decente, com o qual amparava a família e obtinha artigos que outros alemães não podiam possuir. Klaus ainda se lembra de ter tomado muitas vezes uma "sopa rala e insossa". Lembra-se também das brigas constantes entre sua mãe e a madrasta dela. "Mas isso, na época, não me perturbava", diz ele.

Pouco antes de ser libertado para voltar à família, Saur fez sua aparição no caso Krupp. Os Aliados se prepararam durante quase dois anos para esse momento. A presença de Saur no dia 8 de junho de 1948 deixou perplexos o tribunal e os 37 advogados de defesa de Krupp, encabeçados por Otto Kranzbühler, o jovem oficial naval que já defendera o grande almirante Dönitz no primeiro julgamento de Nuremberg. A equipe de defesa de Krupp sentia-se impotente diante de Saur, que estivera bem próximo de

Hitler, sabia muito e se lembrava dos acontecimentos em detalhe. A prova mais bombástica que apresentou foi que Alfried, membro colaborador da SS, interviera diretamente junto a Hitler para usar os judeus de Auschwitz como trabalhadores escravos. Alfried é que sugerira ao Führer o conceito de "extermínio pelo trabalho". A única maneira de rebater o testemunho de Saur era impugnar seu caráter, e os profissionais de relações públicas de Krupp se prepararam para a vingança. Artigos publicados na imprensa, coordenados por Krupp, chamavam-no de "porco sujo" e comparavam sua credibilidade à de Josef Goebbels. Kranzbühler afirmou que Saur era "uma espécie de mandarim chinês, decidido a aproveitar todas as oportunidades disponíveis numa ditadura", fingindo depois ser "apenas um garoto de recados". Um artigo virulento acusou Saur de "encarnar plenamente o programa de trabalho escravo", dando exemplos de suas "maneiras rudes" e de seu "racismo", e concluiu que ele sim, não Krupp, deveria estar no banco dos réus.

Mesmo assim Krupp foi condenado, graças ao testemunho decisivo de Saur, a doze anos de prisão, devendo entregar todos os seus bens, tanto imóveis quanto pessoais. Mas Krupp só ficou preso pouco mais de um ano: sua sentença foi comutada pelo alto comissário americano, John J. McCloy, e ainda com um bônus: recebeu de volta toda a sua fortuna, dado que McCloy decidira que a pena fora exagerada.

Saur não se beneficiou da mesma maneira com a restauração de suas glórias do tempo de guerra. Depois de ser solto em meados de 1948 e voltar para a família, o engenheiro de 46 anos estava sem um tostão e proibido pelos Aliados de exercer qualquer cargo de direção na indústria. Os Saurs se mudaram com os cinco filhos para uma casinha térrea perto de Munique. Uma antiga criada, que já não trabalhava para eles, veio com seu filho agravar a situação: "Éramos nove", lembra Klaus, "vivendo num espaço onde no máximo caberiam quatro ou cinco e hoje não cabem mais que dois. No princípio, tínhamos o suficiente para sobreviver, embora o dinheiro fosse pouco. Disso eu me lembro bem. Depois, a situação piorou."

Logo depois de ser solto, Saur conseguiu um emprego de consultoria numa empresa comercial. Seu conhecimento técnico não estava ultrapassado e o cargo parecia promissor. Saur nunca o soube, mas, segundo seus filhos, alguém denunciou o passado nazista do novo funcionário à empresa e ele perdeu o emprego tão depressa quanto o obtivera.

"Não conseguia encontrar um cargo a seu gosto", diz Klaus. "Veja, de 1945 a 1948, muitos nazistas proeminentes na indústria voltaram a ocupar postos de liderança nas fábricas alemãs. Não houve mudança. Meu pai esperava que eles lhe dessem as boas-vindas de novo. Mas ficou surpreso e chocado ao descobrir que a maioria deles queria vê-lo pelas costas. Em consequência, foi ficando cada vez mais inflexível. Já o era no período nazista, mas ficou ainda mais. Rígido como nunca. Com seu espírito ditatorial, à falta de quem se reportasse a ele, passou a pressionar tiranicamente a família. Creio que, se tivesse obtido sucesso comercial, o clima em nossa casa seria outro."

A situação financeira, porém, não melhorou. Saur se viu às voltas com uma série de fracassos profissionais. Embora fizesse bicos de consultoria e organizasse barracas em feiras de artesanato, a renda era insignificante. Publicou, nessa época, um relatório governamental sobre hidráulica e, em 1952, montou uma pequena editora técnica. Em 1954, por sugestão de um ex-assistente nazista que se tornara milionário na indústria siderúrgica do pós-guerra, Saur entrou em contato com o governo indiano. Mas, depois de gastar 4 mil marcos alemães de seus magros rendimentos na preparação da viagem, o acordo foi cancelado. Na lembrança de Klaus, isso "o abalou a tal ponto que ele começou a excogitar meios de vender seu arquivo pessoal com documentos do tempo da guerra".

Em 1956, planejou uma excursão de três dias com a família e alguns empregados para comemorar um bom contrato, mas o negócio foi cancelado no último instante. "A mesma coisa, de novo", conta Klaus. "Ele era muito ingênuo em matéria de negócios e gastava dinheiro antes da palavra final." Em 1957, a Daimler-Benz cortou suas encomendas em 60% (o doutor Haspel, o presidente da Mercedes que Saur salvara durante a guerra, tinha morrido em 1954). Isso provocou outra crise familiar e o número de empregados da empresa foi reduzido de trinta para quatro. Pela mesma época, Saur perdeu também um contrato de consultoria com uma empresa de Munique porque seu conhecimento técnico, congelado desde a Segunda Guerra Mundial, estava ultrapassado. A crise só foi amenizada quando o tio antinazista de Saur faleceu em 1958. "O tio contemplou-o em seu testamento", relata Klaus. "Morreu na hora certa."

"Ao receber a herança, meu pai deu à minha mãe 2 mil marcos alemães para que ela comprasse roupas para os filhos", diz Karl Jr.. "Foi a primeira vez que tive roupas novas em lugar das 'herdadas' de meu irmão.

Entretanto, mesmo com esse dinheiro, a empresa continuou na iminência da falência por vários anos. Ela teria sido fechada caso as autoridades houvessem examinado os livros. Certa vez, abri um extrato do banco enviado a meu pai e descobri, agradavelmente surpreso, que ele tinha 30 mil marcos alemães na conta. Mas logo percebi que era o saldo negativo.

A incapacidade de meu pai de ter sucesso com a empresa foi o terceiro grande fracasso de sua vida, depois da falência da empresa de meu avô e da derrota nazista na guerra. Isso realmente acabou com ele."

Enquanto o pai lutava para sustentar a família, os filhos frequentavam uma escola nas imediações da casa. Foi lá que ouviram falar do período nazista. "Na verdade, ensinaram-nos sobre a guerra pela primeira vez quando eu tinha 9 anos", lembra Klaus. "Mas a professora gostava daquele período e falava dele favoravelmente. E, na escola, havia um garoto cujo avô, um juiz, havia redigido com a ajuda do filho a constituição do nazismo. A professora vivia dizendo ao garoto: 'Não entendo como você pode ser tão tolo. Seu avô e seu pai foram grandes homens. O que há com você?' Mas ela não sabia que meu pai também tinha sido um nazista de destaque.

Antes das lições da escola, eu tinha ouvido falar muito pouco da guerra em casa. Meu pai não falava nunca. Mencionava alguma coisa para meu irmão, mas não para mim. Minha mãe é que às vezes tocava no assunto. Embora não gostasse nada do marido após a guerra, sempre dizia que ele fora um gênio durante aquele período. Eu ia mal na escola e aprendia muito devagar – os outros alunos eram bem mais ativos e inteligentes. Comenta-se que, de cinco filhos, quatro são espertos e um é estúpido. Não é uma proporção ruim. Minha reputação em casa era das piores. Minha mãe me dizia: 'Um gênio tem filhos idiotas e a sua idiotice confirma que seu pai era genial'. Mesmo tendo um mau relacionamento com meu pai, admirava suas realizações. A criada, porém, via as coisas com mais clareza que nós. Sabia que Saur não era nenhum gênio, apenas fora um bom administrador de tempo de guerra. Mas meu pai se julgava brilhante.

Quando eu tinha 11 anos, achava-o um grande homem. Não percebia os problemas do período nazista. Sabia que ele fora importante e ocupara um posto elevado. Quando ouvia falar da guerra, não procurava meu pai para discutir o assunto. Isso era impossível. Ele *jamais* discutia coisa alguma, só dava ordens."

Mesmo mais tarde, em seus estudos, Klaus nunca teve professores que criticassem abertamente o nacional-socialismo. "Não mencionavam os excessos cometidos no Leste", recorda. "Jamais. Eu ignorava até que esses excessos houvessem sido perpetrados, enquanto crescia. Mais tarde, me garantiram: 'Essa história é falsa. Em Dachau, não aconteceu nada. Exceto por um pequeno racionamento de comida no final, ali as coisas não foram tão ruins'. Era o que geralmente as pessoas diziam."

Karl Jr. também descobriu que a maioria de seus professores pintava um quadro favorável do nacional-socialismo. Eram pessoas mais velhas, que haviam vivido aquele período e o lembravam com certa nostalgia. "Aos 10 ou 11 anos, eu me orgulhava de meu pai e sua posição. Ele tinha estado na guerra e eu lamentava que trabalhasse tanto para cuidar da família, passando por momentos tão difíceis. Mas as coisas começaram a mudar para mim quando cheguei aos 12 e 13 anos. Li mais sobre o Terceiro Reich e passei a vê-lo a uma luz bastante negativa. Isso, em parte, era uma rebelião contra a maneira como meus professores o apresentavam.

Mas aconteceu algo muito importante em 1955 ou 1956. Assisti pela televisão, na casa de um amigo, a um documentário sobre o assassinato dos judeus. Aquilo era novidade para mim e mudou minha maneira de pensar a respeito do Reich. No dia seguinte, na escola, um professor, clérigo luterano na quadra dos 40 anos, contou-nos que também assistira ao documentário e ficara chocado. Disse que, até então, nunca tinha ouvido falar naqueles crimes. O documentário exerceu profunda impressão em todos os que o viram."

Todavia, nos anos 1950, Karl e Klaus não pensavam em julgar o que Saur fizera durante a guerra. Morando com ele na mesma casa, preocupavam-se apenas com seu papel de pai. E um bom pai ele não era. Parte dos problemas domésticos se devia ao mau relacionamento de Saur com sua esposa. Eram pessoas muito diferentes. Ele, madrugador, homem do campo, amante de esportes; ela, o oposto. "De 1936 a 1945, tudo ia às mil maravilhas porque ele era um homem poderoso, com dinheiro à vontade, além de jovem e bem-sucedido", diz Klaus. "Mas, depois da guerra, o casamento praticamente acabou. E as coisas que ele perdeu, reencontrou em sua secretária. Os dois combinavam perfeitamente."

"Meu pai gostava de possuir uma família", revela Karl, "mas vivia como se fosse um solteiro que por acaso tivesse mulher e filhos. Não acho que o relacionamento de meus pais fosse tão ruim quanto Klaus descreve, embora certamente houvesse notórias diferenças entre ambos."

Parte das tribulações domésticas se devia sem dúvida aos desentendimentos do casal; e parte, à natureza tirânica de Saur.

"Minha mãe recomendava sempre: 'Saiam antes que ele chegue, para não terem problemas'", lembra Klaus. "Mas, a ele, nunca dizia: 'Pare com isso!' Não discutiam. Meu pai não discutia: apenas dava ordens. Discussões eram impossíveis. Muitas vezes, comíamos apenas geleia de manhã e à tarde; ele tinha presunto, queijo e, sempre, um pouco de carne... que nós só saboreávamos aos domingos. A grande tragédia em casa era o fato de nunca termos dinheiro para comprar um refrigerador, pois ele gostava de sua cerveja bem gelada. Por isso, tínhamos de ir toda noite buscá-la num restaurante a meio quilômetro de distância. Aos domingos, porém, o restaurante fechava. Ele então nos mandava colocar duas garrafas em água bem fria. Quase sempre nos esquecíamos de fazer isso, o que era bastante ruim para nós. Tínhamos de ficar sentados sem dizer uma palavra. Qualquer deslize e levávamos uma surra.

Lembro-me de uma vez em que estava sentado no único quarto da casa e pedi à minha segunda irmã mais velha que me ajudasse no dever de matemática. Ela respondeu: 'Ah, eu também não sei resolver isso'. Meu pai nos ouviu, era muito bom em matemática, mas péssimo professor; disse apenas: 'É assim, entendeu? Agora repita'. Não repeti direito e ele meu deu uma forte bofetada no rosto. Lembro-me muito bem desse episódio."

"Nossa criação foi das piores."

"Ele era um verdadeiro ditador", diz Karl. "Mas melhor para mim do que para Klaus ou minhas irmãs. Eu era o mais bem tratado dos filhos. Penso ter sido o mais próximo dele. Mesmo assim, achava-o um homem muito difícil."

Com 18 anos, em 1959, Klaus não suportava mais a atmosfera sufocante da família, sob o domínio absoluto do pai. Depois de completar o curso colegial e dois anos de escola de comércio e administração, foi o primeiro dos cinco filhos a sair de casa. "Meu pai se tornou avô no ano seguinte e um pouco mais humano", lembra Klaus. "Mas, com relação à guerra, continuou o mesmo. Só dava aulas e palestras. Nunca lia livros sobre o período. Uma vez chamou um repórter de porco porque o sujeito havia trabalhado para os nazistas durante a guerra e agora escrevia contra eles.

Foi por essa época que tive as primeiras discussões de fato sobre o lado negativo do nazismo, durante a convenção de livreiros de Düsseldorf.

Convém lembrar que Saur não era um nome famoso e as pessoas conversavam comigo normalmente. Por conta própria, comecei a ver esse período com um olhar bem mais crítico. Reavaliei o assunto e fui ficando cada vez mais crítico, concluindo que tudo no nacional-socialismo era ruim."

Em 1960, uma revista de Colônia publicou um artigo contundente sobre Saur. A primeira reação de Klaus foi defender o pai e ele tentou sem êxito fazer contato com o jornalista. Tinha certeza de que o autor estava errado. "Mas estava certo", reconhece Klaus. "Agora sei disso."

Klaus, já com outra visão do pai, voltou para casa em 1963, após uma ausência de três anos. Ao longo desse período, só o vira esporadicamente. Mas ainda achava impossível falar sobre a guerra com aquele homem inflexível de 61 anos. Assumiu imediatamente a editora do pai. "Recusei ofertas de trabalho três vezes melhores", conta ele, "com a finalidade única de me dedicar ao negócio da família. Gostava mais dos outros empregos e, na verdade, não tinha interesse algum em voltar para Munique. Não queria deixar os amigos a fim de ajudar meu pai. Mas a empresa não sobreviveria de outra forma."

Logo descobriu que a atitude autoritária de Saur prejudicara o negócio. "Visitei livrarias e bibliotecas. Se eu não fosse otimista desistiria, pois só ouvi comentários negativos sobre os modos e os produtos de meu pai. Felizmente, quase todos os livreiros tinham lá seus 65 anos; logo essas pessoas com más lembranças dele se aposentariam, ficando fora do negócio."

Quando Klaus voltou para a empresa da família, em 1963, Karl Jr. já estava trabalhando lá. Klaus partira para Düsseldorf em 1959 e, no mesmo ano, Karl saíra da escola, por ordem do pai, a fim de ajudá-lo na editora. No momento em que Klaus chegou, Karl já vinha, há anos, percebendo que a empresa caminhava para a falência. "Klaus fez a diferença e ajudou a empresa a se recuperar", diz Karl. "Meu pai ficou contente ao ver que agora tudo havia entrado nos eixos, mas acho que também com inveja do filho por este vencer onde ele fora derrotado."

Um ano após a volta de Klaus, Karl Jr. testemunhou a única discussão em família sobre um assunto relacionado à guerra. "Foi entre Klaus e minha mãe. Eles tinham assistido a um debate na televisão sobre a guerra e um judeu havia sido entrevistado. Minha mãe se saiu com esta típica expressão alemã: 'Mais um que devia ter ido para a câmara de gás'. Meu irmão, furioso, replicou que não se devia dizer uma coisa tão idiota. Ela ficou chocada ao vê-lo fora de si. 'É apenas uma forma de se expressar, não significa nada', disfarçou. 'Você sabe muito bem que não tive má intenção.' Mas Klaus não lhe deu trégua: 'Pois justamente essas frases estúpidas é que provocaram os horrores da guerra', sentenciou.

Fiquei muito impressionado com Klaus. Era o que eu também sentia, mas, na época, não ousava desafiar meus pais. Achei muito bom ele ter feito aquilo. Meu pai não estava presente, é claro; e, caso estivesse, não creio que Klaus dissesse qualquer coisa semelhante."

David Irving, o escritor britânico de direita, visitou Saur em 1964 e 1965 para uma série de entrevistas, as primeiras que o ex-oficial de armamentos concedeu. Klaus assistiu a muitas delas: "Foi a melhor informação que eu poderia obter a respeito de meu pai". Percebeu que o pai não tinha consciência das consequências históricas de seu serviço para o Reich. "Ele julgava Himmler um sujeito bastante inteligente", lembra-se. "A seu ver, [Robert] Ley [diretor da Frente de Trabalho Nacional-Socialista] era um homem bem-sucedido e sagaz. Admirava profundamente Hitler. Creio que fora muito afetado pela personalidade do Führer.

Não falava de gente como Eichmann, Mengele ou [Julius] Streicher [fundador do jornal nazista antissemita *Der Stürmer*]. Não os defendia nunca. Apenas achava que, num movimento tão maravilhoso e fantástico quanto o nacional-socialismo, sempre aparecem maus elementos.

Não era bom juiz de seu papel na história. Por exemplo, pouco antes de Speer ser libertado de Spandau, em 1966, perguntou à sua ex-secretária: 'O que faremos quando ele sair? Procurá-lo imediatamente ou esperar um pouco?', Speer jamais aceitaria um encontro com meu pai, o que o teria chocado. Mas meu pai nunca soube disso, pois morreu antes da libertação de Speer."

Klaus se lembra de que o pai queria também visitar Israel, sem se dar conta de que suas atividades passadas o submeteriam prontamente à prisão. A certa altura, Saur resolveu publicar suas memórias e discutiu o assunto com um editor neonazista. Planejaram uma série em treze partes sobre a história dos armamentos do Terceiro Reich e, depois, uma edição em dois volumes, um sobre armamentos, o outro sobre os encontros de Saur com Hitler. "Embora houvesse um acordo para a publicação e um adiantamento de 2 mil marcos alemães, ele não escreveu nada até o fim da vida", diz Klaus. "Para meu grande alívio."

Em julho de 1966, o diabético Saur morreu subitamente após uma doença de oito semanas que não parecia grave. Tinha 64 anos: "Ainda não sabemos se ele sofria de outra moléstia, como câncer", sugere Klaus. "Ninguém pode dizer ao certo qual foi a verdadeira causa do óbito, pois este aconteceu de repente. Morreu em casa, no meio da noite. Só minha mãe e eu estávamos lá. Apesar de nossas diferenças, fiquei triste". Embora Saur não fosse membro de nenhuma igreja, teve um funeral luterano, mas somente depois de Klaus prometer ao pastor, no meio da cerimônia, que sua mãe retornaria à fé. Ela nunca o fez.

"Klaus era mais emotivo que eu na época da morte de nosso pai", relembra Karl. "Essa morte foi uma completa surpresa para mim, mas não chorei. Pensei que ela deixaria meu irmão aliviado, pois sempre houve conflitos entre os dois nos negócios. Meu pai entregou a empresa para nós, mas quis continuar presidente. Sua morte eliminava todos esses problemas."

Klaus e Karl trabalharam juntos até 1969. Nesse ano, Karl saiu para iniciar sua própria editora, negócio que abandonou em 1971 a fim de cursar uma escola de jornalismo. Klaus, agora único dono da empresa da família, continuou a expandir suas atividades.

Durante suas carreiras profissionais, os irmãos nem sempre se viram livres de situações que lhes lembravam o papel único desempenhado por seu pai no Terceiro Reich. Em 1968, Klaus esteve em Israel por sete semanas, dirigindo a exposição alemã numa feira literária. "A princípio, eu não tinha certeza se era a pessoa certa para fazer isso, já que meu pai fora um nazista proeminente. Segundo a filosofia nazista, se o pai fosse judeu, o filho também seria considerado mau. Preocupava-me a possibilidade de ser tratado da mesma maneira porque meu pai fora nazista. Mas, por fim, concluí que era muito diferente dele e deveria ir." Em Israel, Klaus conheceu importantes figuras políticas e literárias. Visitou também o Yad Vashem, o memorial israelense ao Holocausto. "Não fiquei surpreso com o que vi, pois já conhecia aqueles horrores. Mas nem por isso o choque foi menor. A viagem, como um todo, teve grande importância para mim. Ela me impressionou bastante."

Em 1974, Klaus foi convidado a publicar o *Journal of the German Society of Documentation and Informations* [Jornal da Sociedade Alemã de Documentação e Informação]. Seu pai, membro da sociedade em 1953, acabou expulso em 1954 "por ser muito agressivo nas reuniões. Disseram: 'Não vamos tolerar mais esse velho com sua surrada tagarelice nazista'", conta Klaus. "Perguntei-me se era correto eu publicar o jornal daquela sociedade. Talvez o melhor fosse recusar; eles excluíram meu pai e eu não tinha nada a ver com aquelas pessoas. Mas eram pessoas completamente diferentes e, além do mais, sua decisão fora acertada. O fato de terem sido maus com meu pai não deveria afetar nosso convívio."

Em dada ocasião, um funcionário de editora ficou chocado ao descobrir que Klaus era filho do ex-oficial dos armamentos. "'Oh, não, meu Deus, não!', exclamou ele", lembra-se Klaus. "Era alguém que meu pai maltratara muito durante a guerra." Numa outra ocasião, em 1970, Klaus ia assumir os direitos de distribuição de publicações da Unesco, mas o acordo foi suspenso temporariamente devido ao histórico de sua família. Quando, porém, os funcionários da Unesco descobriram que Klaus era completamente diferente do pai e fizera carreira sozinho com sua própria empresa, concluíram o negócio.

Em 1987, numa feira de livros, Klaus conheceu François Genoud, um velho banqueiro suíço que mantinha bons contatos com ex-nazistas, além de ser o representante legal dos diários de Josef Goebbels e da correspondência pessoal de Martin Bormann. Disse a Klaus: "Seu pai foi um grande homem!" Klaus olhou-o bem sério e respondeu: "Não, foi apenas um homem gordo". Genoud, aparentemente julgando que o outro o entendera mal, repetiu o elogio. Klaus apenas sacudiu a cabeça: "Não, não passava de um gordo". Genoud, perplexo, afastou-se.

"Nunca fui questionado a respeito de meu pai em ambientes profissionais", conta Karl. "Mas, socialmente, sim." Em 1980, como repórter de jornal, ele contatou Franz Schonhuber, ex-soldado das Waffen-SS que era executivo sênior numa emissora de televisão na Bavária. Schonhuber tornou-se mais tarde líder do Partido Político Republicano, de direita. "O homem vivia dizendo que meu pai fora uma excelente pessoa e que eu devia me orgulhar dele. E eu respondia que não havia motivo algum para isso. Schonhuber nunca entendeu meus sentimentos." Em 1983, Karl conheceu o escritor britânico David Irving, que também julgava seu pai um grande sujeito. Como seu irmão ao conversar com Genoud, Karl deixou Irving espantado ao não concordar com ele quanto a seu pai ter sido "uma destacada personalidade no Terceiro Reich. Isso é exatamente o oposto do que penso", disse Karl.

Os dois irmãos parecem divertir-se com a admiração que algumas pessoas devotam a seu pai. Isso lhes soa estranho. "Veja, não sinto nenhum amor por ele, nenhum orgulho", confessa Klaus. "Guardo umas poucas lembranças boas de meu pai em Berlim, durante o conflito, e mais tarde no campo de detenção, depois da guerra, quando o visitei naquela semana. Mas, após sua libertação em 1948, nenhuma recordação agradável dele me ocorre. Nunca tive o problema de outras crianças que gostavam muito do pai e descobriram que ele era um nazista cruel. Nunca tive sentimentos positivos pelo meu e, consequentemente, nunca me ocorreu pensar: 'Ah, mas ele era bom para mim' ou 'Ele tratava bem o cachorro' e coisas semelhantes. Meu pai era um ditador turbulento, extremamente intolerante e injusto."

"Não o vejo a uma luz tão negativa assim", pondera Karl. "Mas já não o lamento. Sempre procuro me colocar em sua posição para ver como agiria. Não posso concordar com as escolhas que ele fez."

"É estranho que meu irmão se mostre reticente quanto a meu pai", diz Klaus. "Era o preferido dele. Meu pai o tratava bem, muito mais do que a mim. Minha irmã mais velha e meu irmão mais novo eram os seus filhos favoritos. Isso estava muito claro. Ele se mostrava sempre totalmente injusto para comigo e minha irmã mais nova. No entanto, Karl é mais compreensivo, embora ressalve: 'Não, ele era mau, negativo'.

Uma de minhas irmãs morreu de câncer e sempre encontraria coisas boas a dizer de nosso pai. E minha irmã mais velha ainda as encontra. Objetou, por ocasião de uma festa da empresa, à minha observação de que ele era turbulento. Se alguém lhe dissesse: 'Seu pai foi um nazista importante, pois produzia todas aquelas armas', ela responderia: 'Não, era um bom homem'. Minha segunda irmã nunca pensa sobre o fato de ele ter sido um nazista. Diz apenas: 'Ah, sim, era. Mas isso não importa'".

Todavia, apesar das críticas, os irmãos não sabem bem o que fariam se o pai, acusado de crimes após a guerra, fugisse. "Teria sido bem mais difícil para mim se meu pai houvesse pertencido à SS como Heydrich ou Kaltenbrunner", diz Klaus (Reinhard Heydrich foi chefe do Serviço de Segurança da SS; após seu assassinato em 1942, Ernst Kaltenbrunner o substituiu.). "Já é difícil sem isso. Mas, se fugisse, não sei se eu o denunciaria. Não posso lhe dar uma resposta, pois ignoro como seria. Se estivesse na prisão, é muito provável que me sentisse obrigado a ajudá-lo. Ajudei-o nos últimos anos e talvez fosse interessante conviver mais com ele."

"Não acho que romperia com meu pai", diz Karl Jr. "É difícil responder a essa pergunta."

Em 1987, Klaus reparou que o homem sentado a seu lado no avião examinava um catálogo da Dorsch, a empresa de Engenharia Internacional fundada pelo homem que servira com seu pai como oficial de destaque na divisão de armamentos. "Você trabalha na Dorsch?', perguntei-lhe. Ele respondeu: 'Desde que nasci'. Era o filho de Dorsch." Saur e Dorsch combinaram encontrar-se de novo para falar sobre seus pais e suas próprias vidas. Por enquanto, isso ainda não aconteceu. "De um modo geral, não me interesso muito pelo assunto. Há coisas mais importantes para mim. Mas gostaria de encontrá-lo para saber como se saiu. Nossos pais tiveram um bom relacionamento quando viveram aquele período juntos."

Klaus Saur se casou pela segunda vez em 1977. No ano seguinte, mudou o nome da empresa para Saur Verlag (Editora Saur). Foi um bom casamento e a empresa progrediu ano após ano. A Saur Verlag é o veículo com o qual ele tenta enfrentar sua herança nazista. O catálogo atual mostra uma ampla seleção de obras sérias, incluindo títulos sobre emigrantes europeus, imigrantes judeus, um texto hebraico da Universidade de Harvard e uma série de livros antinazistas. "Publiquei dezenas desses livros e só lucrei com dois ou três", diz ele. "Mas a decisão para publicá-los é completamente independente da decisão para publicar outros títulos. O objetivo não é o lucro. São livros difíceis e complicados; porém, é a minha maneira de fazer algo tendo em vista o passado nazista de minha família, um tributo pessoal para compensar os atos de meu pai." (Klaus Saur vendeu sua parte na editora em 2000.)

Karl ficou casado por vinte e cinco anos e criou três filhos. Sua carreira jornalística foi bem-sucedida e, recentemente, ele se tornou editor cultural da revista *Der Spiegel*, o semanário noticioso mais importante da Alemanha. "Não eduquei meus filhos do modo como meu pai nos educou. Minha vida inteira é diferente.

No trabalho, tentei enfatizar a necessidade de programas e artigos sobre a guerra e o que aconteceu então. É imprescindível que as pessoas saibam a verdade. Muita gente na Alemanha fala sobre as 'boas' coisas que Hitler fez, atribuindo as más a uns poucos criminosos. Para essas pessoas, o Terceiro Reich lançou muita luz e é natural que houvesse algumas sombras. Nada mais errado. Não entendem que o regime todo, em seu funcionamento cotidiano, era negro. Meu pai ajudou a criar essas sombras e tem de ser responsabilizado por suas ações."

◆ Karl Saur (à direita) durante um passeio com Hitler no Obersalzberg, o retiro de verão do Führer. Este confiava tanto em Saur que, em seu testamento, nomeou-o chefe de toda a indústria de armas nazista.

◆ Quatro dos cinco filhos de Saur em 1948, com Klaus (segundo a partir da esquerda) e Karl Jr. (à sua esquerda). Após três anos sob a custódia americana, seu pai foi libertado nesse mesmo ano.

◆ Karl Saur com Karl Jr., de 9 anos, em 1953. Frustrado nos negócios, o velho Saur impôs difíceis condições de vida aos filhos.

CAPÍTULO 5

O Velho Mago

Terça-feira, 1º de outubro de 1945. A sala do tribunal de Nuremberg estava cheia, com os jornalistas se acotovelando junto aos representantes dos Aliados e advogados de defesa. Era o dia dos veredictos. Os juízes chegaram em automóveis pretos blindados, escoltados por jipes com as sirenes ligadas e providos de metralhadoras. Um contingente extra de guardas armados vigiava o edifício inteiro. A maioria dos réus teve dificuldade para dormir à noite: Göring, Frank, Dönitz e Schirach se escondiam por trás de óculos escuros enquanto os 21 homens se encaminhavam para os bancos pela última vez.

Às nove horas e meia em ponto, começou a leitura das sentenças dos réus da primeira fila. Primeiro, a de Göring: culpado das quatro acusações. Os juízes se revezaram no pronunciamento dos veredictos. Os nove réus seguintes se juntaram a Göring: culpados. Após cada sentença, a sala ficava em silêncio absoluto, com os réus olhando para a frente e evitando qualquer contato entre si. Então Francis Biddle, o juiz americano, folheou uma nova pilha de papéis à sua frente e voltou a atenção para o último réu da primeira fila, doutor Hjalmar Schacht. Esse homem alto, de óculos, com 68 anos de idade, fora o mago das finanças que, sozinho, salvara a Alemanha da bancarrota no início dos anos 1930. O ex-presidente do Reichsbank permaneceu absolutamente calmo quando Biddle se dirigiu a ele. "O tribunal considera Schacht inocente dessa acusação", proferiu o juiz, em meio ao murmúrio que tomou conta da sala, "e ordena que seja posto em liberdade pelo delegado quando a sessão for suspensa." Todos se voltaram para Schacht; e Speer, inclinando-se, cumprimentou-o. Schacht encarou os juízes e manteve o que chamou de "compostura de ferro".

Schacht foi um dos três acusados que saíram livres de Nuremberg naquele mês de outubro. Já estavam longe da prisão quando Göring cometeu suicídio, os dez outros acabaram na forca e os últimos sete prisioneiros foram transferidos para Spandau. De todos os réus em Nuremberg, Schacht deve ter sido o único que acreditava firmemente em sua absolvição. "Não duvidou um momento sequer de que sairia livre", diz Cordula Schacht, a mais nova de suas duas filhas da segunda esposa. "Confiava bastante em que Deus iria ajudá-lo. Talvez duvidasse às vezes de si mesmo, mas não duvidava nunca de seus atos."

Cordula é uma advogada bem-sucedida em Munique. Nasceu a 25 de fevereiro de 1943, quando Schacht já tinha 66 anos (viveu até os 93). Cordula teve a oportunidade de conhecer o pai, algo que não foi possível aos filhos que perderam os seus para uma sentença de prisão perpétua ou para o carrasco. Por décadas, estudou-o a fundo e o que descobriu foi um homem fascinante que, aparentemente, desempenhou papéis contraditórios durante o Terceiro Reich, mas que ela amava muito.

Hjalmar Horace Greeley Schacht nasceu no Schleswig setentrional a 22 de janeiro de 1877, segundo filho de uma família luterana pobre que acabava de voltar para a Alemanha após cinco anos nos Estados Unidos. O pai, professor e jornalista, tornara-se cidadão americano e se casara em Nova York, em 1872. Schacht só não não se tornou cidadão americano porque seus pais sentiam saudades da pátria e voltaram quando sua mãe estava grávida. No entanto, quando nos Estados Unidos, seu pai admirava tanto o dono do *Herald Tribune*, Horace Greeley, que decidiu dar esse nome ao próximo filho. "Hjalmar" foi acrescentado no último minuto, por insistência da avó.

A família Schacht morou em várias cidades, permanecendo em Hamburgo durante boa parte da educação primária de Hjalmar. O pai, muitas vezes desempregado ou fazendo serviços ocasionais, sustentava a família, mas em condições moderadas. Schacht era aluno brilhante. Estudou em cinco universidades, em épocas diferentes, Medicina, Literatura Alemã e Economia Política. Estudou também Economia e Comércio em Paris e Londres, e finalmente obteve doutorado em Filosofia, já que Economia ainda não conferia esse título.

Em 1903, aos 41 anos, entrou para um dos principais bancos da Alemanha, o Dresdner, e subiu rapidamente na hierarquia até se tornar diretor-geral no fim da Primeira Guerra Mundial. Foi ali que conheceu alguns dos principais banqueiros e industriais do país. E foi também no início de sua carreira bancária, quando já estava seguro financeiramente, que se casou com sua primeira mulher, Luise Sowa, que conhecia há sete anos. Teve dois filhos com ela e o casal permaneceu unido até a morte de Luise, em 1940. Cordula Schacht soube que viveram vidas separadas durante o último período do casamento de trinta e sete anos. Entretanto, no começo, não havia atritos. Os Schachts viajavam de férias para vários países, inclusive os Estados Unidos, e a carreira de Hjalmar era bem-sucedida o bastante para eles construírem uma pequena vila num subúrbio de Berlim, Guhlen.

Ao fim da Primeira Guerra Mundial, Schacht entrou na política como cofundador do Partido Democrático Alemão, de direita, um grupo antibolchevista de industriais e financistas. Logo se viu às voltas com o pior problema da época, a hiperinflação, que desvalorizou a moeda nacional e empobreceu milhões de famílias alemãs. Em cinco anos, o marco chegou a quinhentos bilionésimos de seu valor original. Nessa época, Schacht foi nomeado comissário de finanças do Reich e depois presidente do Reichsbank. Pouca gente, na Alemanha, aceitaria um posto desses, considerado insustentável porque a economia escapava a qualquer controle. Mas Schacht mostrou-se gênio para a tarefa. Conseguiu empréstimos de vulto na Inglaterra e instituiu uma série de medidas que estabilizaram notavelmente o marco.

Muitos alemães o elogiavam, mas Schacht nunca achou que lhe davam crédito suficiente. Era considerado um superegoísta que criticava muitas vezes seus adversários com extremo sarcasmo. "Não, ele não era um superegoísta", garante Cordula. "As pessoas não o interessavam, afora membros da família e amigos. Estava acostumado a pensar grande. Não conseguia sequer fazer contas com números pequenos."

Em 1930, demitiu-se em protesto contra a política econômica do governo, que condenava. Nesse mesmo ano, ouviu falar pela primeira vez nos nacional-socialistas de Hitler, quando estes passaram de 12 para 119 assentos nas eleições de setembro para o Reichstag. Estudando as plataformas do nacional-socialismo, Schacht constatou que pensava a mesma coisa sobre rearmamento, combate a tendências esquerdistas, não pagamento das pesadas reparações impostas pelo Tratado de Versalhes e necessidade de um governo totalitário. Em dezembro de 1930, compareceu a um jantar oferecido pelo ex-diretor do Deutsche Bank no qual Hermann Göring era o convidado de honra. Schacht achou o comandante da Luftwaffe "agradável e civilizado", e aceitou seu convite para jantar com Hitler naquele mês de janeiro. Em suas memórias, Schacht afirma que ficou "impressionado" com a eloquência e a convicção absoluta de Hitler. Por várias semanas, telefonou a políticos instando-os a incorporar os nacional-socialistas num governo de coalizão. Viu nos nazistas o instrumento que ajudaria a destruir a fraca República de Weimar, que ele desprezava. Esses esforços para formar a coalizão deram em nada, mas sua aprovação total ao movimento nazista foi um grande golpe de propaganda para Hitler. Schacht, então com 53 anos de idade, era um dos mais prestigiosos banqueiros alemães e cultivava excelentes relações com industriais e financistas endinheirados, a que Hitler não tinha acesso.

"Se meu pai exibia alguma fraqueza, não era uma fraqueza profissional e sim humana", diz Cordula. "Julgava mal as pessoas. Não apenas subestimava Hitler como superestimava sua própria capacidade de controlá-lo. Estava duplamente errado. Achava-se esperto o bastante para influenciar Hitler e pode mesmo ter conseguido isso até certo ponto, pois eu soube que o Führer o respeitava profissionalmente. Mas sua influência não era grande e ele só foi perceber que estava enganado tarde demais."

Em janeiro de 1933, Hitler foi nomeado chanceler de fachada. Schacht e alguns de seus colegas pensaram que haviam conquistado a cooperação de Hitler tornando-o, ao mesmo tempo, impotente. Mas, para sua surpresa, viram o camponês austríaco revelar tanto talento na política do poder quanto Schacht na economia. Em vez de ser posto de lado, Hitler logo se tornou o membro mais poderoso do novo governo. "Isso em nada me surpreende", garante Cordula. "Meu pai se interessava pela economia, não pela política. Acreditava firmemente que a economia deve governar a política, não o contrário. Era pouco versado em intrigas de bastidores."

Schacht continuou a ajudar Hitler. No início de 1933, apresentou-o a um grupo de empresários alemães de elite. Encantados com o anticomunismo de Hitler, eles contribuíram com mais de 3 milhões de marcos para os cofres nazistas. Embora Schacht recebesse a medalha de honra do Partido Nazista, concedida a todos os ministros, ele nunca entrou para o NSDAP, preferindo permanecer à margem.

Em março de 1933, Hitler premiou Schacht por seu trabalho devolvendo-lhe a antiga posição como presidente do Reichsbank. Menos de um ano e meio depois, em agosto de 1934, Schacht foi nomeado também ministro da Economia. Nessas funções, conseguiu créditos e investimentos estrangeiros, estabilizou a economia bem como providenciou financiamento secreto para o programa armamentista. Controlou a inflação galopante, mas triplicou a dívida do governo alemão de 1932 a 1937. Mais de um terço dessa dívida se referia a gastos militares, fato que seria usado contra ele pelo tribunal de Nuremberg. "Lembro-me de meu pai contar que, em Nuremberg, tinha sido criticado por financiar o rearmamento", diz Cordula. "Segundo me garantiu, poderia provar que, na verdade, cortara a verba utilizada para esse fim."

Em suas memórias, Schacht sustenta que tentou limitar o fluxo de dinheiro saído do orçamento para as forças armadas, que queria rearmar a Alemanha apenas para fins defensivos e nunca soube dos planos de Hitler para uma guerra de agressão. Mas, em 1937, Schacht estava irritando o Führer por outras razões. Embora tolerasse a legislação aplicada aos judeus, que lhes dava tratamento separado, mas igual, era ferrenhamente contra a violência antissemítica que se tornara parte da política nazista. Exigiu desculpas do virulento *Der Stürmer*, que atacara alguns membros do Reichsbank por suas "conexões judaicas". Fechou uma agência do banco por ocasião de uma séria disputa pública por causa da compra de bens de um negociante judeu. "Meu pai não era, obviamente, antissemita", afirma Cordula. "Ajudou muitos judeus e isso está documentado. Mas, por outro lado, minha irmã me contou certa vez que uma mulher judia lhe pediu auxílio para sua família e ele se recusou. Não é possível ajudar a todos. Acho que, no final das contas, isso pode ser chamado de ambivalência. Aprendi a aceitar que os dois lados eram parte de meu pai. Não me permito julgá-lo em nada porque sei muito pouco. Não vivi aquele período. Apenas reconheço que ele fez coisas de que gosto e outras de que não gosto. Mas só o julgaria se soubesse as razões de seus atos."

Preocupado com a imagem ruim da Alemanha no exterior, devido aos excessos do partido, Schacht pediu repetidamente aos nazistas que moderassem suas políticas. Não era um mero serviçal e isso desagradava a Hitler. "Convém lembrar que meu pai se sentiu atraído pelo nacional-socialismo pensando em políticas financeiras", explica Cordula. "Não estava apaixonado por Hitler. Falava francamente e isso nem sempre era bem aceito."

Em abril de 1938, Schacht queixou-se a Göring de que a economia ficaria fora de controle dentro de seis meses se não houvesse cortes no rearmamento. Göring ignorou-o. Farto das brigas dentro do governo, Schacht se demitiu como ministro da Economia a fim de evitar as críticas pelo que, a seu ver, seria uma crise econômica inevitável. Só três meses depois, em novembro, Hitler aceitou sua demissão. Schacht continuou, por enquanto, presidente do Reichsbank.

Kristallnacht (Noite dos Cristais), a agressão nazista aos judeus alemães em novembro de 1938, deixou Schacht indignado. Procurou Hitler, condenou a violência orquestrada por Goebbels e apresentou um plano para resolver a "questão judaica" na Alemanha. Sugeriu que as propriedades dos judeus fossem postas sob custódia e garantidas por títulos internacionais. Os judeus de outros países seriam estimulados a adquirir os títulos, que pagariam 5% de juros, e o dinheiro seria usado para financiar a emigração de todo judeu decidido a deixar a Alemanha. Hitler fingiu gostar da ideia e ordenou a Schacht que iniciasse discussões com judeus proeminentes na Inglaterra. Ali, ele teve uma recepção morna, com a maioria dos grupos judaicos rejeitando totalmente a proposta. Suas negociações em nome dos nazistas findaram quando Hitler o destituiu da presidência do Reichsbank em janeiro de 1939. Durante uma reunião no antigo prédio da Chancelaria, o Führer abruptamente o informou de que "você não se enquadra no esquema geral das coisas do nacional-socialismo".

Schacht permaneceu ministro sem pasta e sem salário até 1943, o que também foi usado contra ele em Nuremberg. Parece provável que Hitler tenha conservado Schacht como ministro para esconder do público a rixa entre ambos. "Acho que meu pai acreditava [mantendo o título de ministro, embora sem pasta] servir melhor a seu propósito", sugere Cordula. "Assim fazendo, podia agir mais à vontade e, talvez, influenciar até certo ponto os acontecimentos. Não teria influência alguma caso renunciasse a todos os seus cargos."

Voltando à vida privada, Schacht deixou a Alemanha para uma longa viagem ao estrangeiro. Durante essa viagem, manteve um diário onde havia tantas referências negativas a Hitler que precisou escondê-lo na volta, evitando assim que fosse usado contra ele numa perseguição.

Quando a guerra eclodiu em 1939, Schacht não disfarçou sua oposição. Continuou se afastando cada vez mais da hierarquia nazista, que o achava inteligente, mas vaidoso e muito tímido para ser um verdadeiro nacional-socialista. Seu desfavor no regime já era claro a 9 de janeiro de 1941, quando um jornal nazista, o *Völkischer Beobachter*, reservou várias páginas a cada realização do Reich de Mil Anos em seus primeiros oito anos. Os menores detalhes foram mencionados – e a máquina da propaganda garantiu que nenhuma palavra sequer fosse dita sobre Schacht.

A última vez que Schacht viu Hitler foi em fevereiro de 1941, quando informou ao Führer que logo iria se casar. No mês seguinte, desposou Manci Vogler, trinta anos mais jovem, e tentou, em sua casa de campo de Guhlen, esquecer ao lado dela o governo nazista. Mas não se calou por muito tempo. Em setembro de 1941, escreveu a Hitler aconselhando-o a fazer um tratado de paz e pôr fim à guerra. O Führer mandou um de seus auxiliares repelir a sugestão. No início de 1942, Schacht solicitou dispensa de seu cargo ministerial, que não lhe conferia poder algum. Hitler a princípio recusou o pedido. Em novembro de 1942, Schacht enviou uma longa carta a Göring criticando o esforço de guerra. Essa carta provocou sua ruptura definitiva com a hierarquia nazista. Primeiro, Hitler o destituiu do cargo ministerial; depois, Göring escreveu-lhe censurando sua "carta derrotista" e expulsou-o do Conselho de Estado Prussiano. Por fim, Bormann exigiu-lhe a devolução da medalha de honra do Partido Nazista. Como Schacht recorda em suas memórias, "fiquei muitíssimo satisfeito em atender a esse pedido".

Mas o embaraço não terminou por aí. Depois de ser despojado dos títulos, Schacht descobriu que estava sendo vigiado pela Gestapo. Manteve contato com alguns membros da conspiração contra Hitler, mas eles nunca o puseram a par de todos os seus segredos. Muitos pensavam que, embora Schacht não fosse amigo de Hitler, era um oportunista em quem não se podia confiar. Quando foi sondado pouco antes de 20 de julho de 1944, dia do ataque a bomba contra o Führer, e indagado se participaria do novo governo, adiou a resposta, dizendo que precisaria saber mais sobre suas novas medidas governamentais. Os conspiradores se aborreceram com essa negativa de assumir compromissos.

"Não vejo a falta de entusiasmo de meu pai pela conspiração como indiferença, mas como precaução", diz Cordula. "Nunca o considerei um oportunista. A meu ver, ele pretendia usar a posição que ocupava para servir a seus ideais, não aos de Hitler. Os conspiradores podem ter se mostrado céticos em relação a meu pai, mais só porque não o conheciam bem. Ele sem dúvida concordou com seus objetivos, mas não com seus métodos, que achou amadorísticos, perigosos demais. Queria ver Hitler morto, mas em sua opinião aqueles homens eram meros diletantes."

Enquanto a conspiração contra Hitler ganhava terreno, Schacht e sua nova esposa tiveram duas filhas: a primeira, Konstanze, nasceu em dezembro de 1941 e Cordula, em 25 de fevereiro de 1943. Por essa época, a filha mais velha de Schacht, de sua primeira esposa, já estava com 40 anos.

Schacht não teve muito tempo para conviver com as novas filhas. A 20 de julho, o coronel Claus von Stauffenberg acionou a bomba que quase matou Hitler. O episódio provocou uma ampla perseguição para esmagar a resistência. A antiga dissensão de Schacht tornava-o suspeito e isso bastava na Alemanha nazista. Três dias depois, às sete horas da manhã, a Gestapo prendeu Schacht, que ainda estava de pijama, e levou-o para o campo de concentração de Ravensbrück. Ali, foi mantido na solitária pela maior parte do tempo. O interrogatório começou poucos dias depois da prisão. Em agosto, transferiram-no para o número 9 da rua Prinz-Albrecht, o principal quartel-general do Serviço de Segurança Nacional em Berlim. Pelos quatro meses seguintes, Schacht, com 67 anos, ficou confinado numa pequena cela do porão. Em dezembro, sua mulher o visitou pela primeira vez, pouco antes da volta do prisioneiro ao campo de Ravensbrück. Ali, permaneceu até fevereiro de 1945, quando as tropas russas se aproximaram. Foi então transferido para o centro de extermínio de Flossenbürg, depois para Dachau e finalmente, no começo de abril, para o extremo sul, onde tropas americanas o libertaram.

Sem que Schacht o soubesse, os Aliados haviam decidido em Londres concluir os planos para o julgamento dos crimes de guerra em Nuremberg. A lista de 122 grandes criminosos foi reduzida, durante o verão, pelas delegações britânica e americana. Os americanos propuseram o nome de Hjalmar Schacht e também os de Walther Funk, que havia substituído Schacht no Reichsbank, e de Albert Speer, o ministro dos Armamentos. A equipe americana queria enfatizar os aspectos econômicos da agressão nazista. Não houve objeção por parte dos britânicos, franceses ou russos.

Enquanto isso Schacht, na expectativa de ser libertado imediatamente, ficou perplexo ao se ver detido. Até setembro, permaneceu trancafiado com outros membros proeminentes do Terceiro Reich num antigo quartel-general de Göring, o castelo Kransberg. Durante todo esse tempo, não soube o que estava acontecendo com sua esposa e filhos, pois os Aliados proibiam contatos com a família.

No fim de agosto, Schacht ouviu seu nome num noticiário de rádio sobre os 22 acusados que deveriam comparecer perante o Tribunal Militar Internacional. Ficou surpreso. Depois de temer por sua vida durante nove meses em campos de concentração nazistas, era agora acusado de ser um importante conspirador do Terceiro Reich. Antes de ser mandado para a prisão de Nuremberg, confinaram-no por três semanas numa pequena cela de um campo de prisioneiros perto de Oberursel. Em suas memórias, Schacht afirma que esse confinamento foi pior que qualquer outro nos campos de concentração nazistas.

Em Nuremberg, Schacht agiu como se sua detenção fosse um equívoco. Ao chegar, disse ao psiquiatra da prisão: "Conto com um julgamento rápido, para que se enforquem os criminosos e eu fique livre". Desprezava seus acusadores e acreditava firmemente que não cometera nenhum crime. "Meu pai sempre seguia seus ideais", diz Cordula. "Poderia admitir algum erro, mas nunca agiu de maneira que julgasse inaceitável. Achava muito importante ser honesto e supunha que *sempre* o fora. Essa crença lhe deu forças para sobreviver aos campos de concentração e enfrentar o julgamento de Nuremberg. A seu ver, não podia ser considerado culpado por não julgar bem algumas pessoas ou por cometer um erro que lhe passou despercebido na época."

A 20 de outubro de 1945, Schacht recebeu uma cópia da lista de acusações. Era acusado dos crimes um e dois, conspiração e participação em guerra agressiva. Sem acreditar que seria indiciado, Schacht permanecia distante da maioria dos outros réus, a quem desprezava. Quando os prisioneiros tiveram de fazer um teste de QI, foi ele que marcou mais pontos, 143. Esse resultado reforçou sua atitude para com os colegas. Mostrava-se intransigente na opinião que tinha deles: Göring, apesar de possuir uma "inteligência superior", ainda assim era "egocêntrico, imoral e criminoso", o "pior" dos acusados; Streicher não passava de um "monomaníaco patológico"; Kaltenbrunner podia ser considerado um "fanático insensível"; Von Ribbentrop "devia ser enforcado por sua extraordinária estupidez"; Hess era "51% retardado"; e Keitel sempre fora "um bajulador irresponsável, que nunca pensava".

Sentado na primeira fila do banco dos réus, Schacht de vez em quando olhava para seus antigos colegas com indisfarçável hostilidade. Durante o interrogatório, acusou os nazistas pela maioria dos problemas econômicos da Alemanha e por levarem a nação a uma guerra desnecessária. Com respeito a Hitler, admitiu que o Führer era "um psicólogo de massa dotado realmente de um gênio diabólico", mas criticou-o em linguagem agressiva por trair o povo alemão e ser "cem vezes um perjuro".

"Um defeito de caráter de meu pai era, segundo penso, sua arrogância ou presunção de superioridade mental", diz Cordula. "Considerava os outros, quase sempre, inferiores a ele intelectualmente. Em muitos casos, era realmente superior. Tinha um grande intelecto, recebera ótima educação, mostrava-se sagaz e espirituoso. Mas acho que é importante ser humilde. Embora meu pai fosse um homem religioso, orgulhava-se de sua inteligência com excessiva pretensão."

A acusação mais grave contra Schacht era que ele fora um dos primeiros defensores do nazismo e facilitara a ascensão de Hitler ao poder obtendo a ajuda de banqueiros e industriais. A promotoria alegou também que Schacht teve papel decisivo no financiamento do rearmamento alemão e devia saber que sua finalidade era a guerra agressiva. Reconheceu que ele se demitiu da maioria dos cargos em 1937, mas afirmou que isso se deu em resultado de conflitos de opinião e não por uma questão de princípios. Quanto aos contatos de Schacht com a resistência, a promotoria enfatizou que ele "tentara jogar dos dois lados".

Durante o contrainterrogatório, a maioria dos outros réus torcia pelo promotor americano, Robert Jackson. Estavam furiosos com as denúncias de Schacht e seu comportamento arrogante, desejando que ele fosse esmagado no banco das testemunhas. Mas se decepcionaram. Schacht mostrou-se tão confiante que foi a única testemunha a responder às perguntas em inglês. Quando Jackson se aventurou na área das finanças e economia, Schacht não lhe deu chance e o contrainterrogatório apenas robusteceu sua defesa.

Foi aguardando o veredicto, após a conclusão do julgamento, que Cordula e sua irmã viram o pai pela primeira vez em dois anos. Cordula, com apenas um ano e meio quando a Gestapo o prendeu, não se lembrava dele.

"A recordação mais antiga que guardo de meu pai foi em Nuremberg. Lembro-me da cerca e da torre de vigia da prisão, com minha mãe recomendando que não andássemos junto à cerca e sim pelo outro lado da rua. Vi-o na sala dos visitantes, por trás de uma tela de arame. Perto dele estava um soldado americano de capacete branco e, atrás, um banheiro com a porta aberta. Lembro-me disso muito bem. Era a primeira vez que via meu pai sabendo que era meu pai e fiquei olhando para ele durante um bom tempo. Eu disse então: 'Gosto de você'. Essa é a minha primeira lembrança de meu pai.

Não me esqueço dos sentimentos de simpatia e afeto que tive por ele na prisão. E quando me olhou carinhosamente, eu soube que de fato o amava. Ficou sentado o tempo todo e foi muito gentil comigo.

Acho que não o vi mais nem na prisão nem no tribunal. Só guardo lembranças fragmentadas da época e essa foi única que conservei com clareza."[28]

Schacht confiava em sua absolvição, mas ele e a família não sabiam que o tribunal estava dividido praticamente ao meio durante as deliberações. Alguns achavam que o desempenho de Schacht no tribunal fora evasivo, embora desse a impressão de franqueza. Inicialmente, os ingleses e os americanos queriam absolvê-lo, enquanto os franceses sugeriam dez anos de prisão e os russos, a forca. Após horas de discussão, os juízes concordaram num veredicto de culpa e numa sentença de oito anos.

Mas então, numa reviravolta das mais inesperadas, Schacht se tornou no dia seguinte o único réu a ter seu julgamento alterado pelo tribunal. No caso de Franz von Papen, que precedera Hitler como chanceler, os americanos e britânicos votaram pela absolvição, e os russos e franceses, pela condenação. Nenhum dos lados cedia. Foi o primeiro impasse nas votações e, depois de um áspero debate com os delegados russos, decidiu-se que o empate significava absolvição. Von Papen foi absolvido. Dias depois, o juiz francês decidiu que Schacht não era pior que Von Papen; e, se Von Papen saiu livre, Schacht também deveria sair. Fie mudou seu voto, provocando o empate, e Schacht foi acrescentado à lista dos absolvidos.

Schacht jamais soube das intrigas durante as deliberações. "Ele não acreditaria", garante Cordula. "Tinha absoluta confiança na absolvição e nunca esperaria uma votação apertada."

Uma vez livre, Schacht deixou a prisão de Nuremberg e foi para a casa onde sua esposa ficara durante o julgamento. Ali, dois policiais alemães o aguardavam e o prenderam para submetê-lo ao processo de desnazificação. Schacht nem imaginaria que precisasse ser desnazificado, pois nunca pertencera ao partido e até acabara num campo de concentração nazista. Em casa sob prisão doméstica, saiu para um curto feriado e foi preso de novo em Württemberg: um tribunal de Stuttgard sentenciou-o a oito anos num campo de trabalho por infração grave. Seu apelo teve êxito e foi solto em

2 de setembro de 1948, mas preso e inocentado novamente por um júri alemão em 1950.

Schacht, com 73 anos, ficara na prisão por mais de quatro anos e passara sete lutando contra as acusações que pesavam contra ele. "Quando jovem, considerei normal que meu pai não morasse conosco", lembra-se Cordula.

Ao deixar a prisão, Schacht tinha dois marcos e meio no bolso: estava praticamente sem nada. Suas contas bancárias e ações ficaram com o Reichsbank. A propriedade de Guhlen pertencia agora à Alemanha Oriental e três pequenas casas em Berlim haviam sido bombardeadas e confiscadas. Devia muito aos advogados. Sua primeira renda veio da publicação de um livro, *Settlement with Hitler*, escrito na prisão. O livro vendeu bem, dando ao autor uma certa tranquilidade financeira. Pouco depois, seu editor permitiu que ele usasse um apartamento em Bleckede, na Baixa Saxônia, e ali Schacht viveu com a esposa e as duas filhas.

"Os dois anos em Bleckede foram muito felizes", recorda Cordula. "Foi a primeira casa depois da guerra onde nós quatro moramos juntos. Nunca mais conseguimos isso. Meu pai escrevia artigos de economia, chamados 'Informes de Schacht'. O apartamento era em cima da sala do editor, que tínhamos de atravessar para entrar em casa. Talvez meu amor aos livros haja sido inspirado pelo cheiro maravilhoso do papel e dos lápis recém-apontados." Cordula lembra-se de seu pai como uma pessoa carinhosa, mas contida. "Não dava grandes mostras de afeto. Os alemães do norte são comedidos nas palavras e ainda mais nos gestos. Contudo, era ponto pacífico que nos amávamos. Ele podia ser contido, mas ainda assim doce. Tinha um temperamento forte. Na juventude, às vezes se exaltava. Quando o conheci, levantava a voz poucas vezes; mas, quando o fazia, era para valer. Eu, porém, nunca tive medo dele."

Dois anos depois, o governo indonésio solicitou a Schacht que lhe prestasse consultoria sobre um novo plano econômico. Ele aceitou o convite e deixou a Alemanha para uma longa viagem que também envolveu serviços aos governos da Índia, Síria, Egito e Irã. Cordula e sua irmã Konstanze ficaram com uma prima numa pequena aldeia tirolesa. Ali, as irmãs Schacht frequentaram a escola, esperando a volta dos pais.

"Eu gostava muito de minha prima e ela de mim", conta Cordula. "Foi a primeira pessoa a me dizer que eu era inteligente, doce e mesmo bonita. Até então, sempre achara que minha irmã era bem mais esperta, confiável e perspicaz."

Após um ano, Schacht voltou à Alemanha e comprou um apartamento em Munique. Enquanto o imóvel estava em construção, Cordula e a irmã ficaram num acampamento de crianças das proximidades. Logo Konstanze foi para um internato e Cordula ficou, "sentindo-me solitária porque minha irmã era muito importante para mim. Eu mudava tanto de escola na época que não dava tempo para fazer amizades. Konstanze era minha única amiga de verdade". Quando o apartamento ficou pronto, Cordula, então com 9 anos de idade, mudou-se para Munique e para sua sexta escola. Schacht, que acabara de escrever suas memórias, fundou seu próprio banco em Düsseldorf, o Aussenhandelsbank Schacht & Company. O trabalho obrigava-o a ficar em Düsseldorf durante a semana, de modo que só via a família aos domingos.

"Não me lembro dos fins de semana com meu pai durante esse período. Mais tarde, sim, pois minha mãe passou a ter dificuldades comigo e, quando meu pai aparecia, pedia que ele me corrigisse, o que gerava atritos na família. Deveria ter me corrigido, mas não gostava disso. Nem eu."

Após um ano no equivalente alemão ao colégio, Cordula foi para um internato. Odiava a atmosfera repressiva do local e quis voltar para casa, mas sua mãe insistiu em que ficasse. Por isso, deliberadamente, ela tirou más notas em algumas matérias e teve permissão para retornar à escola pública em Munique – a nona. Logo soube que Edda Göring também estudava ali, numa classe dois anos à frente da sua. "Ela tinha apenas uma amiga íntima e, quando essa amiga não estava por perto, ficava sozinha pelos corredores, ouvindo murmurar 'Vejam, é Edda Göring'. Todas sabiam quem ela era." Cordula permaneceu nessa escola até completar 20 anos, em 1963.

"Desde tenra idade, eu sabia que minha família era diferente. Tínhamos nos mudado muito, vivido pouco tempo juntos. Eu sabia também que meu pai fora uma pessoa famosa. Minha família é que me contou isso e todas as pessoas que nos visitavam agiam como se ele ainda fosse importante. Até na rua os transeuntes se aproximavam de meu pai. Andando a seu lado, eu podia ouvir: 'Aquele é Schacht' ou algo assim. Tratavam-no com muita deferência. É preciso lembrar que ele era muito alto [1,90 m], aprumado, de ombros estreitos e pescoço comprido, o que parecia aumentar ainda mais sua estatura. Com isso, mais sua mente e vontade forte, ele dava a impressão de ser franco e honesto."

Com 16 anos, Cordula aprendeu sobre a guerra na escola. "Eu já sabia alguma coisa por minha família. Sabia que meu pai fora julgado, ocupara altos cargos e estivera em campos de concentração nazistas no fim da guerra. Seu nome foi mencionado, é claro, mas nada na aula me surpreendeu nem era diferente do que eu já ouvira. Penso que a professora não se sentia muito à vontade sabendo que eu era filha de Schacht. Todos ali sabiam quem era meu pai.

Eu havia aprendido o que isso significava já com 11 anos de idade. Meu pai me falava sobre essas coisas. Ou então as visitas lhe perguntavam sobre o passado, ele respondia, eu ouvia e ficava a par do assunto. Meu pai falava sem problemas da guerra. Nunca fez mistério com esse período."

Cordula tinha consciência de que seu pai era bem mais velho que os da maioria de suas amigas. No entanto, como o considerasse muito forte, nunca deu importância à idade dele. "Não o via como um homem velho. Ele próprio nunca achou que o tempo passado nos campos de concentração nazistas e em Nuremberg houvesse afetado sua saúde depois da guerra. Quer dizer, quando fez 80 anos queixou-se de ter perdido ali sete anos de vida. Não viveu esses anos, mas eles não o arruinaram. Sua saúde era boa, embora sofresse de hérnia inguinal dupla três vezes, devido ao mau tratamento e à alimentação precária nos campos."

Em seus anos de adolescência, Cordula se aproximou bastante do pai. "Sempre admirei sua inteligência e sua cultura. Aos domingos, no café da manhã, ele me desafiava a identificar trechos de poesia. E, como também escrevesse poemas, ficava muito contente quando eu os identificava, sem confundi-los com os de Goethe ou Schiller. Eu o compreendia, pois de várias maneiras era como ele, e isso o deixava feliz.

Conversávamos muito. Eu lhe pedia conselhos. Enfrentei um dilema quando quis ser tradutora e me matricular num bom curso em Munique. Mas ele observou: 'Aprender línguas só fará de você uma secretária'. Na época, fiquei furiosa, mas era fraca demais para desafiá-lo, pois não tinha dinheiro e não poderia tentar nada sem sua ajuda. Assim, voltei para a escola e me tornei uma aluna muito melhor."

Em 1963, após se formar no colégio, Cordula passou um semestre na Sorbonne, em Paris, indecisa quanto à carreira a seguir. Um ano depois sua irmã se casou, "mas meu pai teve tanta dificuldade em deixá-la sair de casa que contraiu herpes por causa do nervosismo e não conseguiu sequer comparecer à cerimônia na igreja."

Na mesma primavera, Cordula acompanhou o pai numa viagem à América. Schacht fora convidado a proferir uma série de conferências em vários Estados e, para Cordula, a viagem trouxe uma revelação. "Foi a primeira vez que percebi nele o medo do fracasso. Fiquei realmente surpresa, pois nunca pensei que ele temesse alguma coisa." Schacht receava dar suas palestras em inglês e não sabia qual seria a reação do público. A primeira palestra, em Chicago, foi um desastre: parou no meio de uma apresentação de uma hora, quando foi abruptamente informado de que seu limite eram trinta minutos. Depois disso, ele colocou suas anotações de lado e falou de improviso; a recepção foi melhorando em cada cidade. Em Washington, DC, Cordula se lembra bem de um programa de televisão com seu pai como convidado. "Apareceu ao lado da mãe do assassino de Kennedy, Oswald, e do autor de um livro de cujo título ainda me lembro, *Sex and the College Girl*. Tudo muito americano. Foi também bastante engraçado, pois de repente diziam: 'Vamos para o intervalo', interrompendo um pensamento ou frase. Achei isso bizarro e meu pai também, na ocasião. Mas ele estava feliz porque o pagavam; o dólar valia muito na época e ele agora tinha dinheiro para gastar."

De volta à Alemanha, Cordula decidiu estudar Direito, o que deixou o pai "muito contente". Os dois travavam longas discussões filosóficas que, para Cordula, eram "um bom e excitante intercâmbio de intelectos".

Foi por essa época, no início da quadra de seus 20 anos, que ela ouviu pela primeira vez comentários negativos sobre o pai. "Nem todos eram positivos", lembra-se. "Diziam que ele ocupara cargos na década de 1930 porque queria progredir a qualquer custo, porque era um oportunista. E diziam isso para mim ou na minha frente, de modo que eu pudesse ouvir.

Nessa época, eu tinha mente aberta, mas isso não significa que lhes desse razão ou deixasse que me aborrecessem. Se ouvia algo que suscitasse uma questão de peso, procurava meu pai e ele explicava tudo. Além disso, estudara-o de perto e julgava conhecê-lo bem, tendo já uma opinião formada a seu respeito. Sabia que ele possuía virtudes e defeitos de caráter. Mas sempre pensei que os pontos positivos superavam os negativos."

Cordula fez três semestres de Direito em Hamburgo, antes de sua mãe implorar que ela voltasse para Munique e ali concluísse o curso. "Eu queria ficar em Hamburgo e progredir do modo que desejava. Meu pai me apoiou, mas minha mãe disse: 'É melhor você voltar, não sabe quando ele irá morrer'. Voltei e fiquei até o dia em que meu pai faleceu."

Schacht conservou a lucidez até seus últimos anos. Ainda recebia visitas em casa, que nem sempre agradavam a Cordula. "Alguns vinham para bajulá-lo e ele gostava disso. Não percebia que eram desonestos e só queriam aparecer a seu lado. Algo triste de testemunhar."

Cordula permaneceu em Munique com o pai até a morte dele. Então, num dia de maio de 1970, o ancião caiu ao vestir as calças e fraturou o quadril. O paciente de 93 anos tinha duas opções: cura natural, que levaria pelo menos oito semanas, ou cirurgia, que diminuiria esse tempo pela metade. Schacht, impaciente como sempre, preferiu a segunda opção. "Minha mãe e eu tivemos de concordar", lembra-se Cordula. "Ele ficaria de muito mau humor caso o forçássemos a aceitar uma cura mais demorada."

Os médicos se declararam satisfeitos com o resultado da operação e iam dar-lhe alta quando ele desenvolveu um aneurisma na perna. A partir do momento em que a enfermeira notou o problema, decorreram apenas algumas horas até ele morrer. Cordula e a mãe estavam a seu lado.

"Não fiquei surpresa com a morte dele", diz Cordula. "Aceitei-a. Era a hora certa para meu pai morrer. Ele não tinha nenhuma doença, mas sempre perdia o fôlego quando dava alguns passos. Não escutava bem e não queria usar um aparelho auditivo. Acho que não é muito fácil envelhecer."

Centenas de pessoas compareceram ao funeral de Schacht, inclusive muitas do setor bancário, mas nenhuma do governo alemão. "Isso o teria desagradado", garante Cordula. "Amargurava-o fato de os políticos de seu tempo não lhe pedirem ajuda. E se indignava ao ver que o governo da Alemanha Ocidental o tinha abandonado."

Cordula afirma que, enquanto envelhecia, seu pai ficava cada vez mais irritado com o julgamento de Nuremberg. "Não sentia raiva dos americanos ou ingleses, apenas da ideia de ter sido julgado. Certa vez, enfrentou problemas com Israel: durante uma viagem ao Oriente Médio, fez uma escala no aeroporto desse país. Mais tarde, leu nos jornais que, se os israelenses soubessem de sua presença, o teriam aprisionado. Ficou furioso ao constatar que os israelenses pensavam mal dele, mas também feliz por não ter sido preso." Cordula acha vantajoso ser filha de Hjalmar Schacht, mas confessa que "também foi difícil suportar a situação. Parece que ninguém me aceitava pelo que eu era, apenas como filha dele, e isso me deixou com raiva durante anos. Cheguei a dizer uma vez que não era sua filha; mas apenas uma. Senti-me muito mal depois disso. Foi difícil me tornar eu mesma. Até os namorados me perguntavam: 'O que seu pai sabe ou pensa disto ou daquilo?'

Se meu pai tivesse sido condenado em Nuremberg, as coisas seriam diferentes. Eu teria me interessado mais por história e tentado defendê-lo, pois esse é um sentimento natural nos filhos. Não precisei fazer isso porque era desnecessário.

Acho difícil entender um filho que condena o pai. Niklas Frank, por exemplo: não o aprovo. Mas ele deve ter tido uma juventude terrível, tempos ruins depois da guerra.

Já mais velha, compreendi que as pessoas sempre iriam me perguntar sobre meu pai. Trabalhei duro para ser independente e me afastar de uma vez por todas dessa sombra. Levou um bom tempo, mas hoje posso dizer, com confiança, que sou Cordula Schacht, filha de Hjalmar Schacht. Ser filha desse pai é um prêmio, não um fardo."

◆ Hjalmar Schacht (segundo a partir da direita), o gênio das finanças que ajudou a obter o apoio de importantes industriais alemães para o Partido Nazista, num comício com Hitler em meados dos anos 1930.

◆ Embora Schacht tenha rompido com a hierarquia nazista e chegado ao fim da guerra num campo de concentração, foi indiciado como um dos principais criminosos de guerra. Na foto, Manci Schacht leva suas duas filhas, Cordula e Konstanze, para visitá-lo em Nuremberg. Esse encontro é a primeira recordação que Cordula guarda de seu pai. "Eu gostava muito dele", lembra-se.

◆ Schacht, vestindo um sobretudo com gola de pele, na tumultuosa conferência de imprensa após sua absolvição. Sem que ele soubesse, o tribunal o considerara culpado e só no último minuto alterou essa decisão.

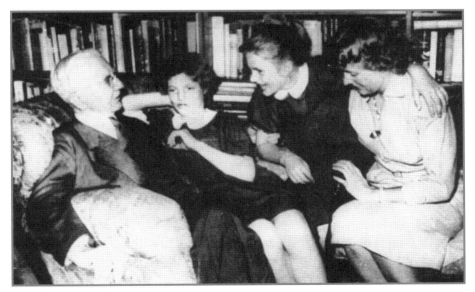

◆ Uma foto do pós-guerra da família Schacht, tirada na biblioteca de sua casa. Cordula é a que se inclina para o pai. Ela se lembra dessa época, pouco depois da libertação de Schacht da prisão, onde passou por um processo de desnazificação, época que foi uma das melhores para a família.

CAPÍTULO 6

"Nenhuma Justiça, Apenas Vingadores"

Embora fosse primavera no Brasil a 14 de outubro de 1977, por volta do meio-dia, o tempo estava quente e úmido. Rolf Mengele, filho único de Josef Mengele, o médico fugitivo de Auschwitz, tinha então 33 anos e estava encharcado de suor. Sentia-se "cansado e sofrendo de exaustão nervosa" dentro da desconjuntada Kombi Volkswagen que percorria as ruas apinhadas da cidade. Rolf chegara ao Brasil dois dias antes, vindo da Alemanha Ocidental. A viagem tinha um único propósito: pela primeira vez em sua vida adulta, iria visitar o pai, o nazista mais procurado do mundo. "Eu precisava saber mais a respeito dele", lembra-se Rolf. "Precisava vê-lo cara a cara, discutir todas as questões que me atormentavam. Julgava poder arrancar mais dele pessoalmente."

A Kombi entrou na Alvarenga, uma rua em obras num bairro decadente de São Paulo, e Rolf desceu diante de uma casa de reboque aparente, pintada de amarelo. Uma nuvem de poeira se dissipou, revelando um homem velho, curvado pela idade, os cabelos grisalhos cuidadosamente penteados, junto ao portão da frente. Josef Mengele se adiantou para abraçar o filho.

Fazia vinte e um anos que não se encontravam. Nos Alpes Suíços, Rolf fora apresentado ao pai como a um tio ausente há muito tempo, que contava histórias curiosas da época da guerra. Durante esses vinte e um anos, Mengele tinha sido denunciado ao mundo como um dos mais infames criminosos de guerra. Mas o homem que ali estava diante de Rolf era uma sombra do oficial da SS que havia aterrorizado os prisioneiros de Auschwitz, rendendo-lhe o título de "Anjo da Morte". Seu orgulho e autoconfiança tinham desaparecido. Parecia pateticamente ansioso ao abrir sem muito jeito os braços. "Aquele homem à minha frente", lembra-se Rolf, "era um homem destruído, uma criatura amedrontada."

Josef Mengele tremia de excitação. Rolf viu lágrimas em seus olhos. "Estava emocionado", recorda-se Rolf. "Era um momento especial para ele, a primeira vez que seu filho vinha visitá-lo. Eu me sentia mal por não conseguir corresponder à sua emoção nem compartilhá-la. Ele era um estranho para mim. Sabia que era meu pai verdadeiro, mas nunca tivemos um relacionamento normal de pai e filho. Mas esbocei alguns gestos para quebrar o gelo do distanciamento e da emoção", diz Rolf, correspondendo ao abraço do pai.

Josef Mengele tinha 66 anos quando ambos se encontraram em 1977. Nasceu a 16 de março de 1911, o mais velho dos três filhos de uma próspera família católica de Günzburg, uma pitoresca aldeia da Baviera. A Mengele & Sons, empresa de máquinas agrícolas fundada pelo pai, dominava a cidade como o maior empregador local. Josef Mengele cresceu num lar privilegiado, mas emocionalmente austero. Na escola, saiu-se muito bem. Era um jovem apolítico de 19 anos em 1930, quando resolveu ser médico em vez de entrar para a empresa da família. "As condições, para ele, eram ótimas", conta Rolf Mengele. "Tinha inúmeras possibilidades à sua frente. Uma das coisas que acho mais difícil de entender é justamente o fato de ele não ter aproveitado nenhuma. Desperdiçou a vida."

Rolf considera os primeiros anos de estudo de Medicina do pai como o início de sua corrupção. Mengele frequentava a universidade em Munique, cidade intoxicada pelo frenético nacional-socialismo de Hitler. A faculdade era fortemente influenciada pelo nazismo e ensinava as teorias simplórias da "raça superior ariana".

Mengele estudou com Ernst Rudin, um ardente defensor das leis de esterilização compulsória, que advogava, para os médicos, o dever de "destruir vidas sem valor". Além do diploma em Medicina, Mengele obteve também um Ph.D. com o professor Theodor Mollinson, que alardeava ser capaz de dizer se uma pessoa tinha ancestrais judeus apenas olhando para uma fotografia. Em 1937, Mollinson indicou o residente de 26 anos para um cargo que mudou sua vida. Mengele se tornou pesquisador-assistente no prestigioso Instituto de Hereditariedade, Biologia e Pureza Racial do

Terceiro Reich, da Universidade de Frankfurt, integrando a equipe de um dos mais famosos geneticistas da Europa, o professor Otmar Freiherr von Verschuer.

Verschuer, que passava boa parte do tempo estudando gêmeos, era um entusiasta confesso de Hitler. Mengele se tornou seu aluno favorito. Juntos, formavam o epicentro do pensamento filosófico e científico do nazismo. Em maio de 1937, Mengele entrou para o Partido Nazista e, no ano seguinte, para a SS, guardiã da pureza racial da nação. Graças ao apoio de Verschuer, galgou rapidamente a hierarquia acadêmica do nazismo, perfilhando a ideia de que, com uma seleção correta, a herança da raça poderia ser melhorada. Aceitou também a propaganda nazista contra os judeus. "Quando o visitei", lembra-se Rolf, "ele alegou ter provas de que os judeus eram diferentes ou anormais. Mas não forneceu nenhuma que me convencesse."

Embora dedicado de corpo e alma aos estudos de inspiração nazista, Mengele teve tempo, em 1939, de casar-se com a filha de um empresário, Irene Schoenbein. Por fim, em agosto de 1940, ansioso por entrar em combate, deixou Verschuer e alistou-se na tropa mais fanática de Hitler, as Waffen-SS. Durante um ano, servindo no Escritório Central de Raça e Reassentamento da SS, examinou a adequação racial dos poloneses vencidos. Em meados de 1941, foi transferido para a Ucrânia e, no ano seguinte, ferido, ganhou a Cruz de Ferro de Primeira Classe. De volta a Berlim e a Verschuer, este o convenceu a aceitar trabalho num campo de concentração, alegando que assim contribuiria para o avanço da ciência. Como diretor em tempo de guerra do Instituto Kaiser Wilhelm de Antropologia, Hereditariedade Humana e Eugenia em Berlim, Verschuer garantiu fundos para os experimentos de Mengele no campo de concentração. Mengele, por sua vez, lhe enviava seus resultados de laboratório, esqueletos e membros de cadáveres acondicionados em papel de embrulho com a etiqueta "Urgente – Material de Guerra". Ao final da guerra, Verschuer voltou a lecionar, enquanto Mengele era um criminoso foragido. Esse fato, embora não provoque nenhuma simpatia por seu pai, ainda enraivece Rolf: "Não me conformo ao ver que quem enviou meu pai para Auschwitz e deu ordem para ele ficar lá fazendo seus estudos nunca foi punido. A meu ver, durante a guerra, era bem mais fácil ficar atrás de uma escrivaninha do que na linha de frente. No mínimo, Verschuer tinha responsabilidade moral".

Pouco depois de promovido a *Hauptsturmführer* (capitão da SS), Mengele ganhou seu novo posto. Em maio de 1943, estava a caminho de Auschwitz. O campo se localizava numa região isolada do sudoeste da Polônia, que muitos poloneses consideravam inabitável. No verão, o sol castigava a terra e o ar denso recendia a carne queimada. No inverno, tempestades de neve irrompiam do Rio Vístula e enregelavam os prisioneiros.

No auge da eficiência, em 1943 e 1944, ele continha cinco câmaras de gás e crematórios capazes de asfixiar e queimar 9 mil vítimas por dia. Num dia claro, as chamas e a fumaça preta podiam ser vistas num raio de 50 quilômetros, lançadas das chaminés dos crematórios. . Embora, ali, o extermínio em massa fosse o objetivo principal, Auschwitz também fornecia mão de obra escrava para 34 empresas alemãs em oficinas dentro do perímetro do campo. Companhias bem conhecidas como Bayer, AEG Telefunken, Krupp, Siemens e IG Farben usavam o trabalho torturante dos prisioneiros. Em determinada ocasião, Auschwitz chegou a ter mais de 100 mil internos, muitos dos quais trabalharam até cair mortos.

Foi esse o cenário que saudou Mengele à sua chegada. Pelos vinte meses seguintes, ele estabeleceu seu lugar duvidoso na história. Enquanto muitos dos médicos da SS viam o trabalho no campo como uma tarefa difícil e desagradável, Mengele tomou gosto pelo que fazia. Seu entusiasmo era mais notório na seleção dos prisioneiros recém-chegados. Exigia-se que um médico da SS fosse ver as centenas de milhares de infelizes que desembarcavam de vagões de gado, em condições miseráveis. Eles marchavam diante do médico, que os mandava para a direita ou para a esquerda. Os da direita iam para as oficinas de Auschwitz; os da esquerda, que eram maioria, iam para as câmaras de gás.

Os colegas médicos de Mengele achavam essa seleção a parte mais estressante de suas funções. Ele, no entanto, ficava ansioso por sua atividade semanal nas plataformas dos trens: fazia voluntariamente serviços extras. Sobreviventes deixaram vívidas descrições de seu primeiro olhar a Auschwitz. O uniforme da SS de Mengele era imaculado, as botas pretas brilhantes, o quepe enviesado sobre a testa. Jovem e de boa aparência, suas mãos metidas em luvas brancas brincavam frequentemente com uma bastão polido ou seguravam um cigarro sem filtro. Às vezes, sorria ou assobiava uma de suas árias de ópera preferidas. Enquanto a multidão se dividia em grupos separados de homens e mulheres, ele caminhava entre os prisioneiros em busca de gêmeos, sua especialidade em experimentos médicos. Josef Mengele enviou 400 mil pessoas para a morte, que ele mesmo selecionou nas plataformas de trens.

"Para mim, isso basta para culpá-lo de tudo", diz Rolf Mengele. "Só estar num lugar como Auschwitz já é um crime. Mas as seleções são suficientes para eu considerá-lo culpado, responsável por assassinato. Muitas e muitas vezes tento entender por que ele foi parar lá e fez o que fez. Não consigo. É estranho demais para mim. Julgo-o um alienígena. Auschwitz me parece outro planeta."

Nesse cenário insólito, Josef Mengele foi além de seu papel de Deus na escolha de quem ia viver e de quem ia morrer. Mostrou tanto zelo que, logo depois de chegar, foi nomeado chefe do campo das mulheres, crianças e ciganos. Nessa função, fez inúmeras seleções de surpresa nos dois subcampos, bem como nos barracões dos doentes, a qualquer hora do dia ou da noite. A simples visão de Mengele despertava terror.

Para reforçar sua reputação, havia um laboratório de patologia especial construído segundo suas especificações no Crematório Dois de Birkenau, onde cadáveres de vítimas recentes das câmaras de gás eram dissecados. Provido do mais moderno equipamento disponível e um piso vermelho de concreto, o laboratório possuía uma mesa de dissecação de mármore polido, rodeada de várias pias. Os fundos para o laboratório eram obtidos em Berlim pelo mentor de Mengele, o professor Von Verschuer. Ali, Mengele realizava "pesquisas" para descobrir os segredos do aperfeiçoamento da "raça ariana". A fim de garantir a pureza racial das futuras gerações de alemães, ele reuniu milhares de gêmeos. Uma criança de cada par era usada como controle científico. Suas cobaias ficavam em barracões especiais, denominados "zoológicos".

A pesquisa pressupunha cirurgias brutais e testes dolorosos, feitos quase invariavelmente sem anestesia. Realizavam-se amputações desnecessárias, punções lombares, injeções de micróbios de tifo e feridas deliberadamente infectadas para comparar reações. Solventes eram colocados sob o couro cabeludo a fim de transformar cabelos pretos em loiros e corantes eram injetados em olhos escuros para transformá-los em azuis. Se um gêmeo morria, Mengele se apressava a matar o outro para que as autópsias fossem feitas ao mesmo tempo. Usava eletrochoques a fim de testar a resistência dos prisioneiros, deixando a maioria das cobaias morta ou em estado comatoso. Aparelhos de raios X eram usados para esterilizar mulheres. Num capricho súbito, ele cobriu os seios de uma mãe com fita adesiva para ver por quanto tempo um recém-nascido sobreviveria sem se alimentar. Ela, por compaixão, matou o próprio filho com uma injeção de morfina que uma enfermeira piedosa lhe deu.

Testemunhas oculares que sobreviveram fornecem centenas de exemplos da crueldade de Mengele, todas praticamente sem rival em Auschwitz. Às vezes, ele mostrava gentileza para com suas cobaias, a maioria crianças com menos de 12 anos, e depois as submetia a horrendos experimentos em nome da ciência.

Para seus colegas, ele era o epítome do oficial da SS dedicado. Jamais discutia assuntos pessoais, embora sua esposa, Irene, o tenha visitado em Auschwitz duas vezes. Ela manteve um diário enquanto permaneceu no alojamento da SS, dentro do perímetro do campo. Irene via os trens chegando, mas pensava que Auschwitz era um grande centro de detenção para prisioneiros políticos e de guerra. Não há no diário nenhuma indicação de que soubesse das condições vigentes no campo ou dos experimentos controlados pelo marido. Este não respondia às suas perguntas e, quando ela disse ter sentido um "cheiro adocicado", replicou: "Não me pergunte nada sobre isso". Segundo Irene, Auschwitz mudou o caráter de Mengele e ele vivia deprimido por se sentir paralisado por suas ordens. "A ambição o arruinou", disse Irene mais tarde.

"Aquilo foi o início do fim de seu casamento", afirma Rolf. "Nunca estiveram realmente casados durante a guerra e minha mãe notou que ele havia mudado muito no campo. Foram as primeiras dúvidas que nutriu em relação ao marido, embora não haja dúvida de que o amasse e visse nele um lado humano que eu não vejo."

A 16 de março de 1944, trigésimo terceiro aniversário de Mengele, Rolf nasceu em Günzburg. O reticente oficial não contou nada a seus colegas da SS e, em vez de solicitar uma licença para visitar o filho, permaneceu em Auschwitz de abril a agosto, realizando, na plataforma dos trens, 39 seleções de comboios ainda maiores de judeus húngaros. Só foi ver o bebê seis meses após seu nascimento, durante uma ausência de uma semana do campo.

Depois da guerra, alguns amigos e familiares alegaram que as histórias sobre Mengele eram exageradas e que, embora trabalhasse em Auschwitz, suas funções constituíam um fardo terrível para ele, que sempre fez o melhor possível sob as mais difíceis condições. Rolf ouviu a mesma defesa diretamente do pai. "Ele disse que Auschwitz já existia antes de sua chegada e que foi apenas uma peça pequena numa engrenagem enorme. Respondi que, a meu ver, Auschwitz é um dos mais horríveis exemplos de desumanidade e brutalidade e ele respondeu que eu não compreendia sua situação: fora mandado para lá, tinha de cumprir seu dever, obedecer às ordens. Todos precisavam fazer isso para sobreviver, tratava-se do instinto básico de autopreservação. Afirmou que não pensava no assunto. Não se sentia pessoalmente responsável pelo que acontecera no campo.

Sustentou que queria ajudar as pessoas, mas sua liberdade de ação era limitada. Usou, como analogia, um hospital de campanha em tempo de guerra. Se chegam ao mesmo tempo dez soldados gravemente feridos, o médico decide sem demora quem vai operar primeiro. A escolha de um significa, necessariamente, a morte de outro. Meu pai me perguntou: 'Quando as pessoas desembarcavam na estação, o que eu deveria fazer? Algumas estavam cheias de doenças, moribundas'. Explicou que descrever as condições daquele lugar está além da imaginação de qualquer pessoa. Sua função se restringia a escolher os prisioneiros 'aptos ao trabalho'. Disse que tentava colocar o maior número possível nessa categoria.

Procurou me convencer de que, agindo assim, salvou milhares de pessoas da morte certa. Garantiu que não mandava ninguém para as câmaras de gás e não era responsável por isso. Além disso, os gêmeos no campo lhe deviam a vida. Jurou que, pessoalmente, nunca havia prejudicado ninguém." A despeito das justificativas do pai, Rolf é o único membro da família Mengele que não aceita seus protestos de inocência.

Quando o exército russo se aproximou de Auschwitz, no início de janeiro de 1945, Mengele não agiu como um homem inocente. Colegas e prisioneiros se lembram de que ele ficou muito deprimido porque seu trabalho logo cairia nas mãos dos russos. Foi visto muitas vezes perambulando pelo consultório médico da SS, calado, melancólico, com as mãos na cabeça. Tinha trabalhado até 5 de dezembro de 1944, mas tomando medidas para disfarçar seus experimentos. Desmontou o laboratório de patologia; os crematórios e câmaras de gás foram dinamitados. Mengele pôs na mala o máximo possível de papéis pessoais e médicos, destruindo o resto. A 17 de janeiro de 1945, a artilharia russa troou a pouca distância e Josef Mengele fugiu da loucura de Auschwitz.

Dirigiu-se para oeste, para Günzburg, buscando a segurança da família. Mas antes que chegasse à porta da casa da esposa, em setembro de 1945, foi preso duas vezes pelo exército dos Estados Unidos e posto em campos de detenção americanos sob seu próprio nome. Embora constasse de uma dezena de listas como um dos "principais criminosos de guerra", a administração Aliada era muito caótica e ninguém percebeu que Mengele havia sido capturado. Após a segunda libertação, conseguiu enfim se encontrar com a família, que lhe arranjou trabalho sob nome falso numa fazenda de Rosenheim. Ali, em plena zona de ocupação americana, passou os próximos quatro anos. Apesar do risco de ser seguida, Irene saía de Günzburg para visitá-lo. Mengele estava muito deprimido e ela achou que a importância de suas visitas compensava o perigo. Seus encontros eram em geral tempestuosos, pois o humor de Mengele variava assustadoramente. Ora pensava em entregar-se para provar sua inocência; ora temia que os americanos o apanhassem; e sempre se mostrava irritado por trabalhar como um camponês, longe de sua vida normal e da família. Muitas vezes, discutia com Irene sobre as amizades dela, sobretudo homens. "Era insanamente ciumento", diz Rolf. "Durante seus encontros na floresta, fazia cenas que a deixavam amargurada. Exigiu que ela evitasse os conhecidos, não visse mais os amigos e não saísse de casa. Não levava em conta o perigo que minha mãe corria quando ia visitá-lo."

Em algumas dessas visitas, Irene levava Rolf.[29] Mengele gostava de ver o filho, que entretanto não se lembra de nenhuma delas: "Nada. Olho para as fotos da época e tento forçar a memória. Não consigo".

No final dos anos 1940, Mengele se preocupava com os julgamentos dos crimes de guerra. Era citado nos principais processos de Nuremberg e alguns médicos que fizeram experimentos semelhantes foram condenados e executados. Esses fatos o atormentavam a tal ponto que decidiu sair da Alemanha. Com a ajuda financeira da família e o apoio organizacional de ex-membros da SS, adquiriu documentos de viagem falsos e atravessou os Alpes até a Itália, de onde pretendia partir para a América do Sul. Irene decidiu não acompanhar Mengele. Rolf descreve o dilema que sua mãe enfrentou: "Ela simplesmente não queria viver escondida. Amava a Alemanha e a Europa, apreciava a cultura e estava perto de seus familiares. Além disso, em 1948, conhecera Alfons Hackenjos, que seria seu segundo marido. Mas a decisão era difícil, pois ainda amava meu pai. Assim, fez um esforço consciente para tirá-lo da cabeça e sufocar seus sentimentos por ele."

Rejeitado pela mulher e perseguido pelos Aliados, Mengele fugiu da Alemanha, sozinho e lamentando que seus serviços em Auschwitz não houvessem sido "devidamente recompensados". Em Gênova, foi preso pela polícia italiana quando esta descobriu que seu passaporte da Cruz Vermelha era uma falsificação grosseira. Encarcerado pela terceira vez após o fim da guerra, Mengele saiu dois dias antes da viagem marcada para a América do Sul: seu pai enviara um executivo da empresa com um suborno de quinhentos dólares. Em meados de julho, partiu para a Argentina.

Na América do Sul, começou a escrever um diário. Nele, vê-se que, embora perturbado por sua existência de fugitivo, adaptou-se a Buenos Aires muito mais facilmente do que ele próprio e a família poderiam prever. Com um nome falso, Mengele passou a frequentar sem problemas uma grande e poderosa comunidade alemã. O ditador fascista Juan Perón era declaradamente simpatizante do pró-nazismo e fornecera 10 mil passaportes argentinos em branco para o Reich prestes a entrar em colapso, nos últimos dias da guerra. Considerando-se o antissemitismo entranhado na vida argentina, Mengele tinha ali um ambiente bem mais agradável que a Alemanha do pós-guerra. Logo fez contato com outros fugitivos importantes, inclusive uma figura-chave na rede de fugas nazista, o coronel Hans-Ulrich Rudel, o piloto mais condecorado de Hitler, e Adolf Eichmann, o coronel da SS que se encarregava de transportar os judeus da Europa para os campos de extermínio. Rudel se tornou um bom amigo e ajudou Mengele durante seus anos de fugitivo; mas Mengele considerava Eichmann um perdedor patético. Encontraram-se várias vezes num café do centro de Buenos Aires, mas nunca estreitaram laços de amizade. Eichmann, com mulher e três filhos para sustentar, era capataz na fábrica da Mercedes. Seu baixo astral aborrecia Mengele.

Ao contrário de Eichmann, Mengele tinha ideias muito diferentes para começar vida nova. Depois de fazer importantes contatos com o submundo nazista, montou seu primeiro negócio, vendendo equipamentos agrícolas da empresa da família na Argentina e no Paraguai. Logo abriu uma carpintaria e investiu numa companhia farmacêutica.

Enquanto Mengele se adaptava bem à América do Sul, Irene resolveu pôr fim a seu casamento. Pediu o divórcio e ele consentiu, nomeando um procurador, e o processo se encerrou em março de 1954. Afastando-se da família Mengele de Günzburg, Irene anunciou orgulhosamente que não queria um centavo dela. Pouco depois do divórcio, casou-se com Alfons Hackenjos, proprietário de uma loja de calçados em Freiburg. Esse novo marido tornou-se o verdadeiro pai de Rolf, então com 10 anos de idade. "Hacki [como o chamava] foi mesmo um pai para mim. Era um homem muito especial e criou-me como um filho. Quando penso num pai, é em Hacki que penso, embora saiba que ele não me gerou."

Foi fácil para Rolf se apegar ao padrasto, pois julgava que seu pai biológico havia morrido. "Minha mãe e o resto da família sempre disseram que Josef Mengele, meu pai, desapareceu em ação e que ele foi um herói na Frente Oriental. Contavam que era um homem culto, conhecedor de grego e latim, e havia lutado bravamente pela Alemanha. Essa era a imagem que eu tinha de meu pai. Para a família, era melhor eu não saber que ele estava vivo até ter idade suficiente para entender com mais clareza as coisas."

Em 1956, Mengele fez sua primeira e última viagem de volta à Europa. Instado pela família, voou para a Suíça. Queriam que ele se casasse de novo e propuseram como noiva sua cunhada, Martha, viúva de seu irmão mais moço, Karl. Essa foi considerada a melhor maneira de manter o controle da empresa nas mãos da família, bem como o segredo da vida de Mengele na América do Sul entre pessoas confiáveis. Receberam-no em Engelberg, Suíça, Irene e Rolf, além de Martha e seu filho, Karl Heinz, da mesma idade de Rolf (12 anos). Rolf se lembra de que sua tia Martha era "encantadoramente bela" e de que gostava de Karl Heinz, "embora não fôssemos muito íntimos; [ele era] apenas um primo que eu via nos feriados".

O mistério da morte de seu pai persistiu durante esse encontro, a primeira vez que Josef Mengele via Rolf com mais de 7 anos. Disseram ao menino que o imponente visitante da América do Sul era o "tio Fritz". "Para ser franco, nunca pensei muito no assunto", diz ele. "Eu só tinha 12 anos e não me pareceu estranho existir outro membro da família que morava fora da Alemanha. Achei que era um tio pelo lado de meu pai. Na verdade, ele não me era totalmente estranho. Em anos anteriores, eu havia recebido várias cartas do tal 'tio Fritz'. Eram afetuosas, mas nada especiais. Lembro-me de que me mandava selos da Argentina."

Mengele passou um bom tempo com Rolf e Karl Heinz, divertindo os garotos com histórias de aventuras dos gaúchos sul-americanos e de suas supostas experiências na luta contra guerrilheiros, durante a Segunda Guerra Mundial. "Ele era um homem muito interessante", reconhece Rolf, "e nós o achávamos bastante simpático. Estava sempre brincando. Gostava de esquiar e era bom nisso. Vestia-se com apuro, formalmente, para jantar. E sempre dava uns trocados a mim e a Karl Heinz, os primeiros que ganhei na vida. Quando íamos ao restaurante, pedíamos ao garçom qualquer coisa que quiséssemos comer ou beber. Essa também era uma experiência nova, pois minha mãe e meu padrasto nos ensinavam que, no restaurante, crianças não podiam fazer pedidos.

Ele foi também, lembro-me perfeitamente, o primeiro homem que ouvi falar sobre a guerra. Ninguém fazia isso, na época. Era tabu. E como garotos, é claro, adorávamos histórias de ação, de luta. Eu gostava muito dele – como um tio."

Rolf notou que o "tio Fritz" dava bastante atenção a Martha, mas achou que aquilo era apenas afeto familiar comum. Depois de uma semana na Suíça, Mengele visitou sua cidade natal, Günzburg, onde passou mais alguns dias, e em seguida partiu para Munique, onde sofreu um acidente de carro. A polícia questionou seus documentos de identidade sul-americanos e ordenou-lhe que não deixasse a cidade até o fim da investigação. "Meu avô foi a Munique e subornou à polícia para que não se falasse mais no acidente", conta Rolf. Pela quarta vez depois do fim da guerra, Josef Mengele evitava a captura graças às mazelas burocráticas ou ao suborno.

Retornando à América do Sul, Mengele decidiu abandonar sua vida de fugitivo e preparar a vinda de Martha e Karl Heinz. Em 1956, sentiu-se confiante o bastante para se apresentar com seu próprio nome. Estava nas listas de procurados, mas ainda não havia uma acusação formal. Obteve uma certidão com seu verdadeiro nome na embaixada da Alemanha Ocidental em Buenos Aires. Ninguém, na embaixada, perguntou ao visitante de 45 anos por que ele vivera com um nome falso durante seus primeiros sete anos na Argentina. Solicitou aos tribunais argentinos a mudança de nome e não se fizeram perguntas. Mengele obteve até um passaporte da Alemanha Ocidental em seu nome, numa época em que constava de pelo menos uma dezena de listas de procurados.

Em outubro de 1956, Martha e Karl Heinz foram morar com ele em Buenos Aires. Pelos quatro anos seguintes, Mengele se comportou como pai de Karl Heinz e os dois desenvolveram laços estreitos. Era um relacionamento bem mais firme do que com Rolf, seu próprio filho, que ele só vira em umas poucas ocasiões. "Anos depois, ele me criticaria por não ser tão bom quanto Karl Heinz", diz Rolf. "Sempre me comparava a Karl Heinz e perguntava por que eu não conseguia fazer isto ou aquilo tão bem quanto ele."

Mengele se sentia seguro em sua nova vida. Emitiu ações de sua empresa, conseguiu um empréstimo e casou-se, tudo com seu próprio nome.

Em 1958, este aparecia até na lista telefônica. Um caçador de nazistas poderia encontrar o médico fugitivo ligando para o serviço de informações – mas não havia nenhum caçador de nazistas em Buenos Aires.

Justamente quando parecia que a pior parte de sua vida de fugitivo passara, sérios esforços para levá-lo à justiça começaram tanto na Alemanha Ocidental quanto em Israel. E, em agosto de 1958, ele foi detido pela Polícia Federal de Buenos Aires sob a alegação de prática da medicina sem licença. O detetive encarregado do caso admitiu mais tarde ter aceitado 500 dólares de suborno para libertá-lo e lacrar o arquivo.

Mengele, porém, ficou assustado com esse primeiro encontro com a polícia argentina, temendo que seu passado em Auschwitz fosse descoberto. Montou um negócio no Paraguai, o paraíso direitista do general Alfredo Stroessner. Em maio de 1959, mudou-se para aquele país e só ocasionalmente voltava à Argentina para visitar Martha e Karl Heinz. Foi um lance de boa sorte: a 5 de junho de 1959, um Tribunal Federal alemão, premido pelos fatos assustadores compilados por um único sobrevivente do campo, por fim expediu uma ordem de prisão por dezessete acusações de assassinato premeditado. Os alemães concentraram seus esforços na Argentina, sem saber que Mengele já se mudara. Ele teve sorte também no ano seguinte, quando uma equipe do serviço secreto israelense raptou Adolf Eichmann diante de sua residência em Buenos Aires e levou-o às escondidas para Israel, onde foi julgado e enforcado. Os israelenses também procuravam Mengele em seus antigos endereços. Encontraram Martha, mas não o fugitivo.

A acusação da Alemanha Ocidental, mais o rapto de Eichmann, significavam que os crimes de Mengele eram agora de conhecimento público. A imprensa se interessou pelo caso e ele começou a aparecer nos noticiários.

A família já não podia esconder a verdade de Rolf, então com 16 anos. "Foi meu padrasto, Hackenjos, que se sentou comigo e me contou tudo", lembra-se Rolf. "Ele assumiu a responsabilidade e me contou que meu pai na verdade estava vivo, que era o tio Fritz e que pesavam sobre seus ombros aquelas acusações. Foi muito estranho para mim. Hacki me considerava seu filho e agora eu ficava sabendo que meu pai biológico ainda vivia, um pai que eu mal conhecia por suas poucas cartas e o encontro na Suíça. Eu não conseguia senti-lo como pai. Hoje, que sei a verdade, gostaria de ter tido outro."

A família de Rolf tentou suavizar o impacto da revelação minimizando as acusações contra seu pai. "Garantiram-me que não eram verdadeiras. Ele não fora um assassino nos campos, não matara ninguém com as próprias mãos. Sabíamos de Auschwitz, um campo de concentração, e de tudo o mais; meu pai, porém, tinha sido apenas uma pequena peça da engrenagem. Bloqueei o resto, perguntas ou pensamentos.

Aquilo, no entanto, me afetou profundamente. Na época, eu pensava que meu pai, soldado na frente russa, tinha sido um herói. Agora compreendia que ele estivera em Auschwitz e, embora dissessem que nunca matara ninguém ali, pertencera ao lugar. Não era fácil para mim. As pessoas falavam sobre o assunto. Eu era incomodado na escola por colegas: 'Ei, filho de Mengele, seu pai é um assassino'; 'Nazistinha'; 'Filho de Mengele'; e por aí além. Nunca fui incomodado pelos professores, só pelos alunos. Isso durou algum tempo e me aborreceu muito. Contei tudo à minha família; ela me pediu que não levasse a coisa tão a sério e tentou me ajudar a superar o problema. Depois do colégio, não sofri esse preconceito de maneira tão direta. Nunca mais."

Enquanto Rolf procurava se acostumar à ideia de que seu pai não apenas estava vivo, mas era procurado como criminoso, Martha e Karl Heinz decidiram voltar para a Alemanha. Embora amasse Mengele, Martha não queria ser a esposa de um fugitivo. Em novembro de 1960, deixou-o em seu novo esconderijo, o Brasil. A partida dos dois deixou Rolf ainda mais confuso com relação a seu pai verdadeiro: "Karl Heinz morara com meu pai, de quem gostava realmente. Insistia em que era um homem maravilhoso. Pensei: 'Não é o pai dele, é o meu'". Na escola, os professores se queixavam da preguiça de Rolf, que atribuíam ao "trauma paterno".

Sem saber das dificuldades do filho para aceitá-lo, Josef Mengele instalou-se em seus novos esconderijos brasileiros com o apoio de famílias húngaras e austríacas neofascistas. Cada vez mais se ocupava de seus diários e cartas. Começou um romance autobiográfico para que "meus filhos, R e K [Rolf e Karl Heinz] saibam mais sobre a família". Até sua morte, enviou centenas de cartas longas aos familiares. Muitas, para Rolf. Esses eram contatos com o pai que ele não desejava. "Eu lia as cartas", lembra-se Rolf, "e me pareciam sempre as mesmas. Só depois de muito tempo me decidia a responder a elas e o fazia apenas por insistência de minha mãe ou outra pessoa próxima: 'Ele está longe e as coisas são difíceis por lá; então, diga-lhe alguma coisa'. Eu lhe escrevia como se escreve a um prisioneiro. Não, não gostava de responder àquelas cartas."

Pai e filho não concordavam em suas discussões políticas ou históricas, de sorte que as cartas de Josef Mengele foram se tornando aulas, vigorosamente contestadas por Rolf. "Travávamos algumas discussões normais entre pai e filho, entre gerações. Mas, em se tratando de assuntos políticos e históricos, tínhamos visões diferentes. Discutíamos e debatíamos por carta. No final, porém, eu percebia que aquilo era fútil, pois ele distorcia tudo e não dissuadi-ase de suas posições."

As posturas políticas de Rolf eram de centro-esquerda e ele ficava chocado com as opiniões nacional-socialistas do pai, que pareciam congeladas nos anos 1930. Em uma das cartas, Mengele chamava Hitler de "o Homem do Século" e comparava seu regime "aos de Alexandre, o Grande; Carlos XII da Suécia; Frederico, o Grande (da Prússia); ou Napoleão".

"Eu não partilhava em nada das opiniões de meu pai. Ao contrário, minhas ideias eram diametralmente opostas. Não tinha paciência sequer para ouvi-lo ou refletir sobre suas concepções. Simplesmente rejeitava tudo o que ele dizia. Minha atitude pessoal frente à política e à história nunca me deixou dúvidas."

Josef Mengele não gostava dessas discussões com o filho, mas via nelas uma prova de que Rolf não evoluíra tanto quanto Karl Heinz, a quem considerava mais agradável. Raramente uma carta a Rolf deixava de mencionar seu primo nos termos mais elogiosos. Depois que o irmão mais novo de Mengele faleceu, Karl Heinz assumiu a direção da empresa, na qual Rolf não tinha participação nem cargo. Isso aumentou ainda mais o prestígio de Karl Heinz aos olhos de Josef Mengele. Ele vivia passando sermões em Rolf e comparando seus reveses aos sucessos do primo, ao mesmo tempo que o criticava por sua aparente falta de ambição acadêmica. Tudo isso apenas afastava ainda mais o filho.

Rolf entrou na faculdade em 1964, com 20 anos. Frequentou universidades em Freiburgo, Hamburgo, Munique e Genebra. Sempre recebendo cartas do pai. "Esquecia-me dele até receber uma carta. Na época, a imprensa ainda não falava muito a seu respeito e, portanto, eu nunca precisava realmente me ocupar de meu pai. Era quase um estranho para mim e eu quase não pensava nele. Estava bastante envolvido com meus estudos." Em 1969, Rolf fez a primeira série de exames de Direito e, após três anos de estágio, recebeu licença plena para advogar nos tribunais alemães. Embora houvesse jurado defender a lei, não se sentiu pressionado pela obrigação de entregar o pai às autoridades que o procuravam em dois continentes.

"Isso não era sequer um problema. Basicamente, meu tio, meu avô e minha mãe decidiram tudo por mim. Por isso, cresci entendendo que a questão não me dizia respeito. Sem dúvida, do ponto de vista das vítimas, um julgamento público seria a solução ideal. Entretanto, concluí que a prisão de meu pai prejudicaria a família e convinha evitá-la. Teria sido bem difícil para nós ouvir diariamente os depoimentos, os testemunhos, as acusações contra meu pai. Seria diferente se ele fosse preso sem minha ajuda. Refleti muito desde que o caso começou a aparecer constantemente no noticiário e até hoje, com tudo o que sei sobre seus crimes, agiria do mesmo modo. Ele, de um modo ou de outro, era meu pai e ninguém devia esperar que eu o entregasse."

Caso Mengele fosse capturado, Rolf concluiu que deveria defendê-lo no tribunal. "Isso não seria de muita valia para meu pai, mas ele tinha direito à defesa e, se ninguém mais quisesse assumir a tarefa, eu assumiria. Contudo, li as declarações das testemunhas e acho que, se ele estivesse com saúde suficiente para enfrentar o julgamento, teria sido condenado à prisão perpétua."

Entretanto, o problema de seu pai não preocupava Rolf em 1972. Ele queria consolidar sua carreira e planejava casar-se. Mas até nisso Mengele encontrou razões para criticá-lo. Comentando as fotos do casamento que Rolf lhe enviara, observou: "Infelizmente, mal conheço a noiva, ou melhor, só a conheço pelo pouco que as fotografias revelam. Mas conhecerei melhor o filho?... A descrição que acompanha as fotos... bem, você deveria ter se esforçado um pouco mais. Eu saberia então que são seus amigos, não seus inimigos, é que o acompanharam ao cartório!" Mengele então não resiste à tentação de lembrar Rolf de seu próprio problema: "Mais uma pequena contribuição que, ainda assim, quero dar a seu novo começo: esquecerei a dor e a amargura de não receber notícias suas por anos". Rolf ignorou as queixas. Estava acostumado com elas.

Uma das poucas coisas em que ambos concordaram foi a decisão de Rolf de informar à noiva sobre a vida de fugitivo de seu pai. "Achava que a conhecia bem. Iríamos nos casar, afinal, portanto confiei nela. Minha noiva tinha o direito de saber das coisas antes de nossa união." Estava certo em confiar na jovem. Mesmo após se divorciarem, um ano depois, ela manteve o segredo do paradeiro de Josef Mengele.

Mengele, porém, viu no divórcio mais um motivo para implicar com o filho: "O desfecho não me surpreendeu, é claro. A rapidez com que você arruinou seu casamento só tem um lado favorável: acabar com uma união sem filhos é menos complicado do que acabar com uma união com filhos... Quanto a mim, perco em Irmi [esposa de Rolf] uma correspondente que, de forma indireta, me mantinha em contato com você. Não era muita coisa, mas quem tem pouco lamenta qualquer perda".

Tratou então da decisão de Rolf de não fazer doutorado. O doutorado fora um ponto sensível entre eles por mais de um ano e agora Mengele tinha certeza de que a "preguiça" do filho estava na raiz do problema. "Você me decepcionou. Foi a única coisa que lhe pedi durante toda a minha vida. Ser advogado nunca me satisfaria. Se eu comparar essa condição com a de um médico ou de qualquer tipo de Ph.D., minha conclusão será negativa."

O relacionamento desandou quando Rolf comunicou ao pai, pouco antes de começar a advogar, que não poderia ajudá-lo financeiramente. Mengele respondeu com amargura: "Não se preocupe comigo. Deixemos as coisas como estão. De qualquer modo, não tenho sido um peso financeiro para você até agora. Mas estou certo de que, pelo menos, conseguirá me escrever uma ou duas cartas por ano".

As cartas de Mengele ao filho quase sempre continham uma farpa ou uma queixa. Continuou a humilhá-lo por sua incapacidade de obter um Ph.D. Quando a firma em que Rolf trabalhava foi à falência, Mengele achou novos motivos para recriminá-lo. Para Rolf, era cada vez mais decepcionante comunicar-se pelo correio. As disputas e diferenças pareciam exageradas e jamais se resolviam.

Essa frustração convenceu-o de que apenas um encontro pessoal poderia remover a barreira que se erguera entre ele e seu pai. "Uma solução, na verdade, bastante natural", diz Rolf. "As cartas eram fúteis e eu queria falar com ele cara a cara, achando que assim poderia saber mais alguma coisa a seu respeito. Essa foi a principal razão da visita. A princípio, minha família não se entusiasmou muito pela viagem. Havíamos concluído que não convinha correr riscos nem fazer contato com ele diretamente. Ignorávamos até que ponto alemães e outros estavam empenhados em encontrá-lo. Tive de convencer minha família de que não era um garoto estúpido, de que tudo fora bem preparado e de que poderia ir lá correndo um mínimo de riscos."

Rolf demorou três anos para fazer os arranjos finais. Durante esse tempo, continuou trabalhando como advogado no sul da Alemanha, enquanto o pai se mudava para São Paulo sob a proteção de uma nova família austríaca. Em cartas ocasionais, Rolf tentou montar a agenda da viagem. Em uma delas, criticou o pai por suas posturas racistas e Mengele ridicularizou as "explicações didáticas" do filho sobre "a inexistência de diferenças raciais na espécie humana. Preparei para você uma longa exposição sobre o assunto". Mas Mengele mudou de ideia: "Parece-me um tanto absurdo que justamente eu tenha de esclarecer meu filho a respeito de algo que os judeus sabem há quatro mil anos".

Além de objetar à agenda de Rolf, Mengele impôs, para a viagem, condições que lembravam uma lista de ordens militares, inclusive que o filho conseguisse um passaporte falso e um "álibi perfeito". Enquanto aguardava os últimos preparativos de Rolf, Mengele passava o tempo vendo novelas e *O Mundo Maravilhoso da Disney* com um jardineiro brasileiro de 16 anos. Poucos de seus amigos sul-americanos suportavam ficar perto dele, devido a seu mau humor. Cansado de fugir, Mengele mergulhou fundo na depressão. "Era muito infeliz na América do Sul", lembra-se Rolf. "Achava difícil estar longe de sua família e de seu país. Não tinha luxo. A vida em São Paulo não era a que ele teria escolhido. A seu ver, não havia civilização num lugar onde se misturavam tantas culturas num verdadeiro cadinho de raças. Achava isso um castigo, um castigo muito pessoal, muito doloroso. Era como se estivesse vivendo uma vida inútil, sem família, sem cultura, sem pesquisas. Trinta anos de fuga haviam acabado com ele."

No fim de 1975, Mengele escreveu a um amigo alemão, Hans Sedlmeier, queixando-se: "Nada pode melhorar meu humor". Falou no suicídio como uma solução para aliviar suas dores e achaques, para escapar a um mundo que não se preocupava com ele. Em maio do ano seguinte, sua ansiedade levou-o a um derrame. Embora este fosse leve, convenceu Rolf de que não poderia adiar mais a viagem. "Meu pai estava doente e não me parecia que pudesse melhorar. Não tivera uma vida fácil e era importante para ele me ver. Aquela poderia ser sua última chance. Decidi, pois, ir vê-lo. Estava farto de discussões por carta. Queria confrontá-lo pessoalmente."

A perspectiva de ver o filho após vinte e um anos deu a Mengele forças para se recuperar. Estava tão ansioso pelo encontro que até se disporia a travar as discussões que Rolf desejava – com algumas restrições. Mengele disse-lhe numa carta: "Você quer dialogar. Muito bem. Por um lado, não posso contar com sua compreensão e compaixão pela existência que levo; por outro, não tenho a menor vontade de justificar ou mesmo desculpar quaisquer decisões, atos e atitudes referentes à minha vida.... Quando se trata de valores tradicionais inquestionáveis e de riscos para meus entes queridos ou a unidade do povo, minha tolerância tem limites". Embora temesse o confronto com o filho, Mengele ainda assim desejava que a visita fosse longa: "Não será fácil para mim explicar quanto desejei esse encontro. Talvez o consiga se confessar que ele representa o próximo objetivo de minha vida. Quero, pois, que concorde em não encurtar muito essa visita".

Apesar de seu pedido sincero, Mengele não resistiu a criticar o filho na mesma carta. Rolf o cumprimentara por seu sexagésimo sexto aniversário, mas o fugitivo censurou-o por "se importar mais com o aniversário de sua mãe do que com o meu". Também se queixou de não ter sido informado de um recente acidente de carro envolvendo Irene. Para Rolf, essa era a prova cabal de que seu pai, no fundo, não mudara nada, apesar de parecer desejar ansiosamente vê-lo.

A viagem fora planejada com muito sigilo e minúcia, mas a verdade é que a família não precisava tomar tantas precauções. As autoridades da Alemanha Ocidental não haviam posto nenhum membro da família Mengele sob vigilância. Rolf partiu para o Brasil a 12 de outubro de 1977, com um passaporte que roubara de um amigo muito parecido com ele. Após pouco mais de uma hora de voo, começou a ter dúvidas. "Lembro-me de perguntar a mim mesmo: devo mesmo ir, se isso não vai mudar coisa alguma? Mas a hesitação era mera consequência do nervosismo. Sabia que não iria voltar imediatamente tão logo pusesse os pés no Brasil. Aquilo era algo que eu precisava fazer. Havia pensado no assunto por muito tempo."

Mengele também aguardava o filho com nervosismo. Seu amigo Hans Sedlmeier lhe escrevera advertindo-o de que, em Rolf, encontraria um representante da nova geração alemã, cuja ideologia e valores eram bem diferentes dos dele. As palavras de Sedlmeier pareceram muito duras a Mengele: "O mundo, especialmente aqui, mudou tremendamente e essas mudanças deixaram você para trás.... Você não nos acompanhou e, de longe, não tem o direito de criticar. As precondições que toma por base de todos os seus atos e pensamentos simplesmente já não existem. Você se congelou em conceitos dos velhos tempos, que infelizmente (sim, infelizmente) não valem mais nada".

A advertência era correta, mas para Mengele, empedernido após metade de uma vida em fuga, veio muito tarde. Não podia mudar poucos dias antes da chegada do filho. Rolf descobriu isso logo depois de entrar na pequena casa do pai. Suas discussões começaram com certo tato. "Eu lhe disse que queria saber sobre seu tempo em Auschwitz. O que era Auschwitz segundo sua versão dos acontecimentos? O que ele fazia ali? Era de algum modo responsável por aquilo de que o acusavam? Por razões táticas e psicológicas, abordei o assunto com bastante cuidado, tentando analisá-lo e rebater os argumentos mais obscuros e complexos que ele apresentava."

A discussão varou a noite. Mengele se esquivava aos pontos essenciais, justificava suas teorias racistas, enfeitava seus argumentos com verborragia filosófica e pseudocientífica, bem como chegou a tecer para Rolf uma detalhada crítica da evolução. "Ele não conseguia responder a muitos questionamentos", diz Rolf. "Seus motivos para pensar que certas raças são superiores a outras não tinham nada de científico. Fez rodeios quando lhe observei que muitos deficientes físicos possuem mentes brilhantes. Estava tão seguro de ter razão em tudo que lhe perguntei por que não se entregava. Replicou: 'Porque não há juízes, apenas vingadores'." Mengele foi ficando irritado com os rumos da discussão. A certa altura, ante a incredulidade de Rolf, gritou: "Não vá me dizer que você, meu único filho, acredita no que escrevem sobre mim! Por tudo o que há de mais sagrado, eu nunca machuquei ninguém!" Então, pai e filho reconheceram que o debate não levaria a lugar nenhum. Conforme explicou Rolf, "Constatei que aquele homem, meu pai, era rígido demais. A despeito de todo o seu conhecimento e intelecto, não queria reconhecer as bases e regras humanas aplicáveis aos prisioneiros de Auschwitz. Não entendia que sua simples presença o tornara um acessório dentro do significado mais profundo da desumanidade. Não havia por que insistir. Aceitei esse fato. Ele prometeu lançar tudo por escrito. Insistiu em que eu lhe daria razão se reservasse um tempo para estudar seus motivos. Mas, infelizmente, nunca fez isso".

No fim das contas, era impossível debater os conceitos de mal ou culpa porque seu pai não se sentia de modo algum culpado. "Tentei. Aquelas alegações, aqueles fatos me deixavam sem fala. Esperava que ele dissesse: 'Insisti em minha transferência para a frente de combate. Fiz isto, fiz aquilo'. Mas não foi o que ocorreu em nosso acordo preliminar. Infelizmente, percebi que ele jamais mostraria o mínimo sentimento de remorso ou culpa em minha presença."

Embora os dois visitassem amigos de Mengele e as residências anteriores dele no interior do Brasil, Rolf sabia que a barreira em torno do assunto Auschwitz jamais seria forçada. Após duas semanas, ele decidiu que era hora de partir. As despedidas no aeroporto de São Paulo foram breves e meramente formais. Mengele receava que alguém o estivesse seguindo. "'Devemos tentar nos encontrar de novo o mais breve possível, todos nós', foram suas últimas palavras", lembra-se Rolf. "Mas eu sabia que nunca mais iria vê-lo."

Depois de voltar para a Alemanha, Rolf se ocupou de seus planos de casamento com uma nova noiva, Almuth. Outra vez o pai lhe escreveu, mas agora sem nenhuma das críticas que fizera por ocasião do primeiro casamento. A viagem de Rolf mudara a opinião do pai sobre seu filho. Mengele justificava o fato de Rolf não estar sujeito à sua influência alegando uma educação precária, a propaganda do pós-guerra e a atuação de um padrasto fraco. Poupou as censuras. Sentia orgulho do filho, pensando nele como um soldado que havia voltado de uma missão de reconhecimento bem-sucedida. Resumiu seus sentimentos na frase final da carta: "Agora posso morrer em paz".

O relacionamento podia ter melhorado para Mengele, mas não para Rolf. Embora a visita reforçasse seus laços de sangue como filho, não resolveu nenhum dos conflitos gerados por uma correspondência difícil durante vinte anos. "Eu gostaria de descobrir que as acusações eram falsas e que havia um lado humano em meu pai. Não, ele não me deu nada disso. Não se arrependia de nada."

Dezesseis meses depois, num feriado com seus amigos austríacos, Mengele teve outro derrame enquanto nadava nas ondas suaves da praia de Bertioga, sul de São Paulo. Foi tirado da água e recebeu ressuscitação boca a boca, mas era tarde demais. O nazista mais procurado do mundo morreu aos 67 anos de idade. A reação de Rolf ao episódio foi de enorme alívio. "Eu, basicamente, tinha um conflito que talvez não fosse jamais resolvido", diz ele. "Por um lado, ele era meu pai; por outro, havia aquelas acusações, aquelas imagens horríveis de Auschwitz. Senti-me bastante aliviado por ter sido esse o desfecho e não outro, como um julgamento, embora isso pudesse ser muito importante."

Josef Mengele foi sepultado no cemitério de Nossa Senhora do Rosário, no Embu, Brasil, com o nome de um de seus antigos protetores, Wolfgang Gerhard. Nove meses depois da morte do pai, Rolf voltou ao Brasil. Passou o Natal com os amigos de Mengele e deu-lhes a velha casa onde ele passara os últimos anos. Levou o relógio de ouro, cartas, diários e fotografias do pai. Antes de voltar para a Alemanha, passou pelo elegante hotel Othon Palace, no Rio de Janeiro, onde dois anos antes se hospedara com um nome falso. Ali, enfrentou uma situação das mais constrangedoras. Viajava agora com seu próprio nome. Quando fez o *check-in*, o gerente exclamou: "Ah, Mengele! Você sabia que tem um nome famoso por aqui?" Rolf esboçou um sorriso débil, mas por dentro estava agitado. Escondeu a mochila cheia de papéis pessoais de Mengele num vão do teto de seu quarto. "Uma busca profissional encontraria a mochila em menos de um minuto", reconhece Rolf. "Mas era o melhor que eu podia fazer."

Como a morte de Mengele permaneceu um segredo de família, a caçada ao fugitivo continuou. Pelos seis anos seguintes, as especulações sobre o caso atraíram por fim a atenção da mídia mundial. De 1984 a 1986, ele foi tema de uma série de reportagens de capa em revistas e especiais de televisão. Para se ter uma ideia de sua notoriedade, chegou a aparecer na capa da revista *People* e a constar da lista da edição anual como uma das "25 pessoas mais interessantes do ano". Ver Mengele em algum lugar se tornou um esporte corriqueiro, com a revista *Life* e o *Post* de Nova York relatando que ele morava numa casa perto de um *yeshiva* (seminário ou escola diurna judaica) em Bedford Hills, a cerca de 50 quilômetros de Nova York. Até relatórios internos da CIA enriqueceram essa mitologia, especulando que Mengele se tornara uma figura-chave no tráfico internacional de drogas. De modo mais sério, os governos da Alemanha Ocidental, Israel e Estados Unidos lançaram seu primeiro esforço conjunto para capturar um nazista. Recompensas por informações que conduzissem a Mengele, vivo ou morto, foram alardeadas por governos e organizações privadas, totalizando mais de 3,5 milhões de dólares. É irônico que a caçada só tenha despertado entusiasmo e reunido esforços apenas depois de Mengele estar morto.

Agora, a história parecia adquirir vida própria. Mas o interesse do público criou problemas para Rolf e o resto da família. Karl Heinz temia que a publicidade negativa prejudicasse a empresa familiar, ainda operando com o nome Mengele & Sons. A família decidiu, em 1979, não revelar a morte a fim de proteger as pessoas que, na América do Sul, haviam ajudado Mengele. Mas, como os lucros estavam sendo ameaçados pela constante publicidade negativa associada ao nome, Karl Heinz teve uma ideia. A 23 de março de 1985, chamou Rolf a Günzburg. Ali, na presença de outro primo, Dieter Mengele, Karl Heinz propôs comunicar a morte de Josef, desde que a família não fosse incriminada. Achava que, caso o fato não se tornasse público, a caçada prosseguiria indefinidamente. Dieter tinha um esquema mais ambicioso. Queria trazer os ossos de São Paulo e deixá-los na porta do promotor alemão com um bilhete dizendo: "Estes são os restos mortais de Josef Mengele". Rolf descartou imediatamente a sugestão. "Objetei: 'E quem vai lá pegar os ossos? Eu, suponho, pois ele era meu pai. Não, obrigado'". Rolf se opôs a qualquer vazamento da informação, alegando que proteger as pessoas que haviam ajudado seu pai era o mais importante. "Depois que morrerem, contaremos tudo", disse aos primos.

Entretanto, mesmo sem a ajuda da família Mengele, as autoridades governamentais fizeram progressos na investigação. A 31 de maio de 1985, irromperam pela casa do velho amigo de Mengele, Hans Sedlmeier, e, após horas de busca, encontraram cópias de algumas cartas do fugitivo escondidas no fundo falso de um guarda-roupa. As cartas levavam a São Paulo e aos protetores de Mengele. A 6 de junho, os investigadores, juntamente com um pequeno grupo de jornalistas da imprensa, cercaram o cemitério do Embu. Depois que os ossos foram encontrados, uma grande discussão explodiu entre os governos e os caçadores privados de nazistas sobre se os ossos pertenciam mesmo a Josef Mengele. Várias equipes de peritos forenses se reuniram a fim de voar para o Brasil e examinar os restos mortais.

A pessoa que poderia fornecer provas da morte de Mengele era seu filho. Mas Rolf não fazia a menor ideia do que estava acontecendo, pois saíra de férias com a esposa e o filho. Excursionando pela Espanha, ficou longe dos jornais e da televisão por cerca de duas semanas; e, como não tinha itinerário certo, a família não conseguia encontrá-lo.

Na noite de 7 de junho de 1986, uma sexta-feira, Rolf voltou para sua casa em Freiburg, ligou a televisão e viu as últimas notícias. Imediatamente compreendeu que o segredo fora revelado. "Percebi que a coisa era séria", lembra-se. "Pensei que Dieter tivesse falado e que tudo desandara." Mas um telefonema revelou que Dieter não era a fonte do vazamento, no caso. Logo, uma equipe de filmagem da NBC acampava diante da casa de Rolf e repórteres de jornais batiam à sua porta ou ligavam sem parar para seu escritório. "Estava tudo vindo à tona", diz Rolf. "Na América do Sul, o assunto era amplamente comentado. Como logo os fatos se esclareceriam, propus que a família fizesse uma declaração. Mas Dieter e Karl Heinz se recusaram. Ninguém abria a boca em Günzburg."

Rolf decidiu ir a público. "Esperei por muito tempo", diz ele. "Mesmo depois da morte de meu pai houve conflito sobre a decisão de manter silêncio. Embora eu achasse que meu primeiro dever era para com as pessoas que o haviam protegido, tinha consciência de que as vítimas ainda o procuravam e sentia-me mal por elas estarem perdendo tempo, uma vez que o fugitivo morrera. Não foi fácil ficar quieto. Mas agora já era demais, chegara a hora de falar."

Rolf divulgou uma curta declaração pública admitindo que tinha visitado o Brasil em 1979 para "confirmar as circunstâncias da morte de meu pai". Combinou também de doar as cartas e diários de Mengele à revista *Bunte*, de Munique, com a condição de que, se ela publicasse uma série de artigos, os lucros da circulação aumentada seriam doados às vítimas dos campos de concentração.[30] "Dieter e Karl Heinz se opunham veementemente a qualquer declaração e sobretudo à minha aparição na *Bunte*", diz Rolf. "Achavam que a família não devia se ligar ao caso de maneira nenhuma. Desde então, não falaram mais comigo. O cartão em que eu comunicava a Dieter o nascimento de nossa filha, em 1985, voltou intacto; ele havia lido nosso nome no envelope. Minha tia Martha atende à vontade do filho e também não me procura. Eles me rejeitaram totalmente por eu ter falado sobre meu pai. Não gosto de rompimentos, é muito ruim ser ignorado. Mas minha família não quer que cada um aja por si. Tenta me punir afastando-se."

Rolf é o único membro da família que ousou encarar a magnitude do que seu pai fez. Enquanto o resto do clã de Günzburg faz de tudo para racionalizar o papel de Mengele em Auschwitz, convencido de que boa parte das acusações é exagerada, Rolf o condena sem misericórdia. Só ele, na família, pediu desculpas publicamente pelos crimes do pai e admitiu que sentia "vergonha" de ser seu filho. As diferenças fundamentais no julgamento dos crimes de Mengele deixaram à família pouco espaço para a reconciliação.

Rolf não sente a "piedade" que outros filhos de nazistas de destaque sentem por seus pais: "Não fico triste por ele. Teve o que merecia. Não o lamento como pai, apenas como uma pessoa que desperdiçou sua vida. E desperdiçou por ser muito cego ou então porque... não, não sei o que aconteceu com ele. Não o entendo. Não aprendeu a ser pai, a ter filhos, a viver realmente essa experiência. E sei, por suas cartas, que ele queria muito isso e sofria por não conseguir."

Entretanto, Rolf não chega a ser como Niklas Frank, que odeia o pai. "Para mim, é definitivo. Ódio me parece uma palavra forte demais. Talvez ele sinta isso, mas, no meu caso pelo menos, seria exagerado. O que sinto é, antes, indiferença. Sou indiferente a ele. Meus sentimentos para com meu pai não chegam a ser de ódio."

Em franco contraste com os filhos de Hess, Dönitz e outros que acham uma vantagem ter nacional-socialistas como pais, Rolf considera essa situação "uma desvantagem, em definitivo. É diferente de ser filho ou filha de um famoso militar nazista, o que não seria tão ruim nem tão prejudicial", diz Rolf. "Após o rearmamento da Alemanha, os militares passaram a ser bem-vistos, mas a SS permaneceu de fora. É pior ser filho de um membro inferior do partido e melhor se o pai foi importante. Mas pior ainda é ter, como pai, um nazista implicado em extermínios nos campos de concentração. Após a guerra, a grande maioria da população alemã comprometida com o Partido Nazista deu um jeito de negar sua participação. Dizem 'Sim, elegemos Hitler, mas só para melhorar as estradas. Foi péssimo para os judeus, mas pessoas como Mengele e Eichmann, uma minoria, é que devem ser responsabilizadas. Eram gente má'. Assim, mesmo na Alemanha, a culpa é posta num pequeno número.

Do meu ponto de vista, foi uma grande desvantagem ser filho de Mengele. A única vantagem talvez seja que, com esse peso nos ombros, eu sempre precisei refletir sobre a essência da vida, sobre o conflito entre o bem e o mal. Mas temo que 80% do que aconteceu em minha vida e profissão não resultaram dessas reflexões. Um exemplo: sempre me interessei por política e sempre fiquei fora dela, pois não queria que ninguém me mandasse calar a boca por ser filho de meu pai. Há inúmeros aspectos negativos no fato de ser um filho assim. Acho que foi meu destino ser filho de Josef Mengele, assim como o de outros é ter uma enfermidade ou deficiência. Há, portanto, vantagem e desvantagem segundo o senso comum, tanto econômica quanto profissionalmente, não sei ao certo. Nem sempre concluo que alguém me evita ou não quer fazer negócios comigo porque diz 'Esse aí é filho de Mengele, vamos ficar longe dele'. Às vezes, tratando com empresários judeus ou outras vítimas da guerra, nunca fico sabendo da objeção ou do motivo pelo qual o negócio não foi concluído. Talvez eu esteja procurando desculpas para mim mesmo quando não alcanço determinado objetivo em minha carreira. Ou apenas ache que a culpa é de meu pai. Essa é, provavelmente, minha fuga psicológica."

O legado do pai não afeta apenas Rolf: com três filhos, ele precisa agora passar a informação a uma geração nova. "É difícil", confessa, "é muito difícil para nós. Minha filha mais velha [12 anos] sempre nos faz perguntas. Contudo, entendem o problema quando explicamos que éramos crianças também. Estávamos na mesma posição que eles, apenas separados por uma geração. Não fizemos nada. Seria ótimo dizer-lhes que meu pai foi um grande cientista ou soldado, mas temos de contar a verdade. E meus filhos devem ouvi-la de nós, não de amigos ou professores. É minha obrigação para com eles."

Em 1987, Rolf mudou de nome por causa dos filhos. "Merecem crescer sem arcar com o que seu avô fez", explica. Não tem receio de que as motivações criminosas do pai estejam nele ou nas crianças. "Não somos iguais. Procuramos edificar nossas vidas de um modo bem diferente. O que quer que tenha motivado meu pai não é genético. Nosso ambiente é outro." Como se esforçou bastante a fim de criar uma vida nova para si mesmo, fica desapontado ao ver que muitas pessoas o associam a seu famoso pai. Ele não pode ignorar o legado recebido de um homem que foi mais um estranho que um pai. "Nós, filhos dessas pessoas, temos de lidar com o problema", diz Rolf. "Mais que qualquer outro grupo alemão até agora, não podemos fugir dele. Os outros alemães dizem 'Sim, aconteceu e foi muito ruim. Mas está feito e a vida continua'. Não se envolvem como nós, os filhos dos participantes diretos. Parece que sempre preciso ter uma resposta para o que ele fez. Meu pai se foi, mas me deixou incumbido de explicar seus atos e motivações. Ele se foi e eu devo suportar o fardo."

◆ Josef Mengele (indicado pela seta) em uma de suas raríssimas fotos na plataforma da estação de trem de Auschwitz. Os judeus que acabaram de chegar já foram separados em grupos de homens e mulheres, antes da seleção que significaria a vida ou a morte de muitos nas câmaras de gás.

◆ Mengele escapou à prisão após a guerra e escondeu-se numa fazenda isolada do sul da Alemanha durante quatro anos. Esta é uma das duas fotos conhecidas de Rolf Mengele, com 3 anos, visitando o pai em 1947. As visitas eram raras para não revelar o esconderijo de Mengele.

◆ Em março de 1956, Rolf, com 12 anos, em companhia de seu primo Karl Heinz durante as férias numa estação de esqui dos Alpes Suíços. Ali, foi apresentado ao "tio Fritz", um parente vindo da Argentina. Na foto, Fritz abraça os dois garotos enquanto olha para Rolf. Desconhecido para Rolf, o visitante era de fato seu pai, Josef Mengele. Rolf, que o julgava morto na guerra, descobriu a verdade quatro anos depois.

◆ A primeira página de um livro infantil ilustrado com desenhos a pastel, feito para Rolf por Josef Mengele, então fugitivo na América do Sul.

CAPÍTULO 7

O Último Führer

Pouco antes de morrer, às 4 horas da madrugada de 30 de abril de 1945, uma segunda-feira, Adolf Hitler terminou de redigir seu testamento. Os soldados russos estavam a apenas 500 metros de distância e o troar da artilharia penetrava as paredes grossas do Führerbunker quando ele chamou Josef Goebbels e Martin Bormann para testemunhas. O testamento era um discurso desconexo e cheio de ódio pelo "judaísmo internacional", pelos Aliados que em sua opinião haviam provocado a guerra e pelo exército alemão que se deixara vencer. Embora exortasse o povo alemão a prosseguir na luta, o Führer se preparava para abandonar a guerra. No dia seguinte, resolvido a não ser capturado vivo, a não servir de "espetáculo" oferecido pelos judeus às suas massas histéricas, ele colocou o cano de uma pistola Walther na boca e matou-se com um único tiro.

O Terceiro Reich estava à beira do colapso, mas o testamento de Hitler instalava um novo governo. Destituiu os sucessores mais prováveis, Himmler e Göring, de todos os seus títulos, patentes e cargos, criando um novo gabinete de catorze burocratas nazistas veteranos. Entretanto, a seção que nomeava o sucessor chocou seus auxiliares berlinenses: proclamava como próximo Führer o reservado chefe da Marinha, grande almirante Karl Dönitz, que não era sequer membro do Partido Nazista, mas era o único oficial do Reich em quem Hitler confiava para levar a Alemanha à batalha final.

Muitos pensavam que a morte de Hitler daria fim instantaneamente à guerra, mas, de início, pareceu que Dönitz tinha outra ideia. Após sua nomeação, ele gabou a "morte heroica" do Führer, exigiu lealdade das forças armadas e, de maneira aparentemente inequívoca, exortou-as a continuar lutando. Todavia, nos bastidores, era um realista para quem a guerra acabara. Discretamente, contrariou as ordens peremptórias de Hitler para a destruição da Alemanha, determinou retiradas militares em vez de batalhas finais e tentou ganhar tempo suficiente para que milhões de soldados e civis alemães se deslocassem para oeste, evitando a tenaz soviética que se fechava a leste. O governo de Dönitz durou apenas uma semana, até o general Alfred Jodl assinar o armistício a 8 de maio, embora os britânicos só detivessem o grande almirante a 23 do mesmo mês.

O homem que sucedeu a Hitler teve três filhos. Peter e Klaus morreram com 21 e 24 anos em ação, servindo na armada do pai. Sua filha, Ursula, nasceu a 3 de abril de 1917 e é a pessoa mais velha entrevistada para este livro. Era também a favorita do pai. "Eu tinha uma relação das mais afetuosas com ele", lembra-se Ursula, que estava com 63 anos quando Dönitz morreu, em 1980. Ao longo dessas seis décadas, ela o estudou a fundo, chegando a entender bem sua natureza e motivação.

Karl Dönitz nasceu a 16 de setembro de 1891, em Grünau, uma pequena cidade a cerca de 12 quilômetros da capital alemã. Era o segundo filho de uma família luterana de classe média. O pai era engenheiro óptico e, quando a mãe morreu, em 1895, o velho Dönitz passou a governar uma casa estritamente prussiana. Não se casou de novo. Dönitz tornou-se discípulo dessa dura filosofia, absorvendo um senso absoluto de dever e obediência ao Estado e à autoridade.

"Quase não falava sobre sua família", lembra-se Ursula. "Era reservado. Não acho que amasse muito seus familiares. Tinha apenas 3 anos quando a mãe faleceu. Isso o afetou e creio que ele reprimiu certas coisas. Não conseguia externar suas emoções. Ele as tinha, mas nunca as exibiu publicamente. Gostava muito do pai e sempre conservou em sua escrivaninha uma foto que tirou dele. Essa foto foi roubada no fim da guerra."

Depois de concluir uma educação semiclássica, Dönitz graduou-se com 18 anos e entrou para a Marinha. Como muitos alemães do começo do século XX, ele estava convencido de que seu país interior só poderia rivalizar com a Grã-Bretanha como potência mundial se desenvolvesse uma Marinha forte. Na academia naval, uma única filosofia era impingida aos cadetes: o cumprimento do dever é o mais alto valor moral. Dönitz concluiu o curso de cadetes em segundo lugar.

Seu pai morreu em 1912, quando Karl embarcou pela primeira vez para um batismo de fogo de dois anos como membro de uma força multinacional que apoiou a Turquia na Guerra dos Bálcãs. Serviu com coragem, foi muito condecorado e rapidamente promovido. Seus oficiais superiores consideravam-no um marinheiro-modelo. Em 1915, conheceu Ingeborg Weber, de 21 anos, filha de um general de exército, e se casaram no ano seguinte. No mesmo período, Dönitz foi designado para o barco submarino que se tornou seu favorito pelo resto de sua carreira, o U-boat. Os primeiros modelos eram pouco mais que cilindros de aço apertados, que não permitiam nenhuma privacidade e praticamente nenhum conforto. Cinquenta homens partilhavam o mesmo chuveiro e o mesmo vaso sanitário. Cada U-boat carregava um grande suprimento de colônia barata para disfarçar os odores do corpo dos homens, que raramente trocavam de roupa durante a viagem inteira. O barco submarino de Dönitz, o U-39, logo ganhou reputação por suas emboscadas a curta distância aos navios aliados. Ele obteve licença só uma vez, em abril de 1917, por ocasião do nascimento de Ursula. Mas não tardou a voltar para a guerra aberta no Mediterrâneo. Foi então que quase perdeu a vida.

Em outubro de 1918, Dönitz comandava o U-68 quando este caiu sob o fogo pesado dos britânicos na costa da Sicília. Ele e a tripulação foram capturados. Os interrogadores britânicos descreveram o primeiro-tenente de 27 anos como "temperamental e quase violento", esmagado pelas notícias dos termos humilhantes da derrota alemã. Permaneceu prisioneiro dos britânicos até parecer estar enlouquecendo, o que o levou a um curto internamento no Manchester Lunatic Asylum, antes de ser mandado de volta para a Alemanha. Ursula Dönitz diz que seu pai lhe confidenciou ter enganado seus captores britânicos ingerindo uma mistura de óleo e fumo para cair doente e fingir problemas mentais. "Nunca falava sobre a Primeira Guerra Mundial, mas certa vez, já idoso, contou-me como ludibriara os britânicos a fim de ganhar a liberdade e regressar à Alemanha. Sabia que precisava se fingir de doente caso quisesse voltar para casa. A crise não foi verdadeira."

Após seu regresso à Alemanha, alistou-se na nova Reichsmarine. Embora o Tratado de Versalhes houvesse privado a Alemanha de grande parte de sua força militar, Dönitz esperava que essas restrições não durassem muito. No verão de 1920, estava com a frota de torpedeiros em Swinemünde, para onde se mudara com a esposa e Ursula, que agora tinha três anos e meio, e seu filho recém-nascido, Klaus. As primeiras imagens nebulosas que Ursula conserva de seu pai datam dessa época.

"Tenho ótimas lembranças de Swinemünde. Era uma bela cidade costeira, onde os berlinenses iam passar férias. Na época, eu dividia o quarto com meu irmão. Morávamos num apartamento confortável, de que eu gostava muito.

As primeiras lembranças que guardo de meus pais também são bastante positivas. Mais tarde, compreendi que eles tinham um bom casamento e isso se refletia na casa, embora eu percebesse depois que minha mãe se deixava dominar demais por meu pai. Ele tentava insuflar valores sólidos nos filhos. Era rigoroso, mas não muito comigo. Só me lembro de ter batido em mim uma vez. Esse fato é interessante, pois ele nunca levantava a voz nem gritava. Controlava-se ao máximo. Contudo, por volta dos 5 anos, lembro-me de ter levado uma boa surra. Peguei um bolo de um prato e, quando me perguntaram se eu havia feito isso, neguei. Mas tinha migalhas em volta da boca e apanhei tanto por roubar o bolo quanto por mentir. Foi uma lição especial que me serviu a vida inteira, muito importante para mim. A criação que meu pai nos dava pressupunha dizer sempre a verdade e isso significava tudo para ele. Desde então, tive dificuldade em contar mentiras."

Ursula se sentia bastante próxima do pai, mesmo em tenra idade. "Nós nos dávamos muito bem. Quando meu pai estava irritado, minha mãe pedia que eu fosse falar com ele. Eu, não ela. Conversando, acabava deixando-o de bom humor. Ninguém mais na família conseguia fazer isso."

No entanto, a despeito desse vínculo especial, Ursula não se lembra de muitas manifestações de afeto por parte de seu pai. "Era muito difícil para ele demonstrar carinho." Faz uma pausa, um pouco triste. "Acho que nunca me deu um beijo. Mas pegava minha mão e apertava-a. Jamais disse 'Ursula, eu te amo'; eu, porém, sabia que me amava. Sua natureza inteira tendia ao silêncio. Parecia sempre reservado para comigo e mais tarde aprendi que sua rígida disciplina interior o impedia de fazer observações impetuosas ou dar mostras de emoção."

Até os camaradas da esquadra achavam Dönitz um homem retraído. Nunca jovial ou efusivo, concentrava-se em fazer carreira na Marinha. Seus superiores apreciavam essa determinação. Em 1921, ele foi promovido a *Kapitänleutnant* (tenente); e em 1923, transferido para Kiel, ficou encarregado de técnicas de perseguição submarina. Sua designação para

Kiel coincidiu com um período de hiperinflação na Alemanha. A família Dönitz foi uma das muitas que viram seu capital destruído. O soldo mal cobria as despesas da casa.

"Meu pai gostava de coisas boas", lembra-se Ursula. "Possuía uma rica coleção de tapetes orientais, que eram muito importantes para ele. Comprou vários em Constantinopla [hoje Istambul] e um vendedor lhe disse que uma das peças tinha centenas de anos, podendo mesmo figurar num museu. 'Deve ficar na parede', sugeriu o vendedor. 'Não convém pisar nele.' Meu pai não podia comprar outro para estender por cima. Como se sabe, um oficial de Marinha não ganha muito. Ele tinha três filhos e ficávamos felizes quando o soldo vinha mensalmente. Mas nossa situação não era tão ruim quanto a de outras famílias." Em 1924, Dönitz subiu na hierarquia naval, indo para o Marineleitung (comando do Estado-Maior) em Berlim, onde passou a administrar os assuntos militares gerais.

"Berlim foi minha terceira escola em três anos", conta Ursula. "Na verdade, acho que foram oito ao todo. Estávamos sempre sendo transferidos e sempre para comunidades navais dentro das cidades. Meu pai, que por motivo de seus deveres tinha que embarcar frequentemente, ficava muito longe de casa quando eu era jovem. Às vezes, durante meses. Isso me parecia normal. Era nova demais para entender o que se passava e para sentir saudades dele. Meus amigos pertenciam, quase sem exceção, a famílias ligadas à Marinha, de modo que o fato parecia normal a todos."

A vida em Berlim era simples. "Foi uma boa época, com visitas a museus, passeios pelo lago Wannsee ou caminhadas com a família", lembra-se ela. Os pais de Ursula passavam quase o tempo todo em casa. "Às vezes, ele tocava flauta à noite. Tínhamos um gramofone, mas ele pouco ouvia música. Também não me lembro de vê-lo ler muito. A noite, a seu ver, era uma hora de se descontrair do trabalho. Quando nos preparávamos para dormir, ele nos lia poemas. Ficávamos deitados, ouvindo-o declamar com veemência e emoção; em conjunto com as ilustrações do livro, a impressão era tão profunda que ainda hoje consigo recitar alguns versos."

Em 1927, Dönitz foi transferido para um posto que atendia a seu desejo de prestar serviço ativo no mar. Tornou-se navegador a bordo de um cruzador. Para celebrar seu novo posto, saiu com a família de férias. "Foram as primeiras que tivemos juntos", diz Ursula. "Nunca havíamos pensado em ir a nenhuma outra parte, pois morávamos sempre junto ao mar, mas com

10 anos fomos para as ilhas do mar do Norte. Viajamos de trem na quarta classe, o que significa bancos de madeira para dormir durante o trajeto." Embora as férias sejam uma boa lembrança, um rompimento na família, no mesmo ano, deixou uma impressão ruim em Ursula. "Meu pai e seu único irmão tiveram um desentendimento. Foi péssimo porque eu gostava muito de meu tio, dois anos mais velho que meu pai. Depois dessa discussão, nunca mais se falaram. Não vi mais meu tio nem fiquei sabendo a causa do rompimento. Meu pai não me contou e eu não lhe perguntei. Se quisesse me contar, teria contado. Seu irmão foi morto num bombardeio já quase ao fim da guerra e meu pai trouxe a viúva para nossa casa. Mas ninguém mencionou o problema entre os dois irmãos."

Um ano depois, Dönitz foi promovido novamente e recebeu o comando de seu próprio torpedeiro, com cerca de vinte oficiais e seiscentos homens. Ganhar um posto desses com 37 anos era um feito notável numa Marinha com um dos corpos de oficiais mais velhos da Europa.

No outono de 1928, a família se mudou de novo, agora para ele assumir o alto comando da estação do mar do Norte, em Wilhelmshaven. "Foi a primeira vez que moramos num lugar por bastante tempo", lembra-se Ursula. "Antes, nos mudávamos a cada ano ou dois. Gostei muito dali, onde passei meus melhores anos quando jovem. Não creio que meu pai tivesse um lugar favorito, pois gostava mesmo era do trabalho; o lugar não importava. Para mim, no entanto, tudo era ótimo. Foi meu melhor tempo na escola. Não precisava mudar de amigos de ano para ano. Sim, tudo era muito bom."

Embora esses fossem dias turbulentos na Alemanha, Ursula garante que, na época, o nacional-socialismo não influenciou seu pai. "Estávamos sempre em setores navais nas cidades e os nazistas marcavam pouca presença nesses lugares. Nunca vimos seus comícios. O partido era muito pequeno e quase inativo em nossa área. Pode ser difícil acreditar, mas não tínhamos *nada* a ver com a política. Como você sabe, meu pai nunca foi membro do partido. E nesse período, quando eu estava com 12, 13 e 14 anos, não me lembro de ouvi-lo falar de política. Ele era um marinheiro e pouco lhe importava quem fossem os políticos."

"Em retrospecto, todas essas mudanças estavam ocorrendo na Alemanha, mas, para mim, éramos apenas uma família normal e tranquila. Eu não percebia que aqueles eram tempos diferentes. Se meu pai alguma vez falou de política, não me lembro, pois não estava interessada. Muito jovem, não prestava atenção a essas coisas. Quer dizer, sabia que nem tudo ia bem na Alemanha, sobretudo na época da Depressão. E sabia que o Tratado de Versalhes era ruim não apenas por meu pai, pois todos diziam isso."

O testemunho dos colegas e superiores de Dönitz confirma as lembranças de Ursula. Durante a virada dramática da Alemanha para o nazismo, Dönitz se mostrava totalmente apolítico. Como soldado, estava preparado para seguir os ditames de qualquer líder político que controlasse o país. No entanto, a plataforma fortemente anticomunista e crítica do Tratado de Versalhes podem tê-lo atraído. Hitler prometia expandir as fronteiras alemãs e construir uma máquina militar capaz de rivalizar com a da Grã--Bretanha. Embora Dönitz não desse nenhum sinal de antissemitismo nessa época, mais tarde parece ter aceitado a teoria nazista de que os judeus eram uma ameaça interna para a Alemanha. Ursula não se lembra de nenhuma conversa com o pai "sobre judeus". Afirma que, após a *Kritallnacht* (Noite dos Cristais), ele oficialmente prestou queixa às patentes superiores. Não há, porém, nenhum registro desse protesto.

Em 1933, os superiores de Dönitz perceberam que ele era um oficial bastante promissor e lhe financiaram uma viagem de seis meses ao exterior. Ou seja, ele estava fora da Alemanha quando os nazistas conquistaram o poder naquele ano e, brutalmente, acertaram as contas com seus adversários. Quando Dönitz voltou, no verão, uma revivescência nacionalista estava a caminho. Aumentava cada vez mais a confiança. A Marinha se sentia particularmente grata a Hitler, que estabelecera um plano de cinco anos para reconstruir a frota inteira. No outono, Dönitz foi nomeado comandante e teve uma brilhante avaliação. Para um suboficial de 42 anos, o futuro parecia promissor.

Um acontecimento importante se deu na vida de Ursula, então com 16 anos, enquanto a carreira do pai avançava a passos largos: ela conheceu seu futuro marido, Günther Hessler. "Era oito anos mais velho que eu e o amei à primeira vista. Estava na Marinha e meu pai também gostou dele. Namoramos por seis meses, mas eu era muito nova para casar. Casamo-nos quatro anos depois. Foi ótimo que meu pai o estimasse; mas, mesmo que não fosse assim, eu continuaria namorando [Günther], pois era muito independente."

Ursula continuou seus estudos e, no verão seguinte, a dedicação de seu pai à Marinha foi recompensada: recebeu seu próprio comando. A 2 de novembro de 1934, como era de praxe na véspera da partida de comandantes para o exterior, Dönitz se encontrou com Hitler pela primeira vez. Ursula não se lembra se seu pai discutiu o encontro com a família. Anos depois, Dönitz disse a um historiador britânico que sua impressão inicial do Führer foi a de que ele era "honesto e digno".

Sua viagem a serviço durou perto de um ano. Ele percorreu a Ásia e a Índia bem como contornou as costas da África. Ao voltar, em julho de 1935, o grande almirante Erich Raeder, chefe da Marinha, nomeou-o comandante da pequena frota de submarinos (Dönitz foi logo chamado de "Führer der U-Boote"). "Meu pai era muito jovem [43 anos] quando ficou encarregado dos submarinos", diz Ursula. "Era então apenas comandante de unidade e passava a exercer um cargo de grande importância. Fiquei orgulhosa."

No entanto, os U-boats foram a princípio ignorados pelo rearmamento alemão. No início da Segunda Guerra Mundial, a Alemanha contava com apenas 22 submarinos para cobrir todo o Atlântico – e Dönitz queria trezentos. Mas, mesmo com essa frota minúscula, seus U-boats se mostraram altamente eficientes, reivindicando o afundamento de mais de 21,5 milhões de toneladas de navios aliados antes que os progressos do radar limitassem sua eficiência. Dönitz mudou radicalmente a natureza da guerra submarina ao organizar os U-boats em "matilhas" mortais, cuja única missão era emboscar navios inimigos.

Por essa época, seus dois filhos haviam ingressado na Juventude Hitlerista. Ursula foi instada a entrar para o equivalente feminino, a Bund Deutscher Madchen (Liga das Moças Alemãs), mas saiu em 1936, no último ano do colégio. "Achei aquilo um pouco esquisito", diz ela, "pois meus pais não eram do partido. Gostávamos de ser apolíticos. Quanto aos nossos sentimentos para com o nacional-socialismo, estávamos na média de então na Alemanha."

Ursula tinha mais planos em mente em 1937 do que ficar na Liga das Moças Alemãs. Por fim, casou-se com seu noivo da Marinha, Günther Hessler, em novembro. Ele, embora muito dedicado à corporação, não era membro do Partido Nazista. Dönitz deu sua cordial aprovação. "Meu pai voltou para casa em Kiel a fim de assistir ao casamento. Meu marido e eu moramos lá até 1939. Era a primeira vez que eu vivia longe da minha família. Estava entusiasmada pelo casamento, mas sentia saudades dos meus pais. Eles moravam perto e eu os via umas três vezes por semana.

Era uma jovem esposa, que logo seria mãe, e estava muito feliz. Com a anexação dos Sudetos e a Alemanha forte de novo, todos nos sentíamos orgulhosos. Foram bons tempos para mim."

No ano seguinte, Ursula e o marido foram esquiar com Dönitz. Embora comandasse a frota de U-boats, sua patente relativamente modesta mantinha-o longe do círculo interno do nazismo. Estava esquiando quando Hitler anexou a Áustria. "Aquelas eram nossas férias anuais e, dessa vez, como muitos alemães, ele foi surpreendido pelos fatos. Mas esses fatos não interferiram em nosso passeio. Meu pai era bom esquiador e eu, o único outro membro da família que praticava esse esporte. Assim, íamos só nós dois, sem minha mãe e meus irmãos. Foram ótimas férias, a única vez que meu pai teve uma oportunidade real de se descontrair."

Mas, como os acontecimentos estivessem conduzindo inexoravelmente à guerra em grande escala, Dönitz não tirou suas férias de inverno em 1939. Em vez disso, publicou um livro, *Die U-Bootswaffe* (A Arma Submarina), uma amostra de como pretendia usar sua frota na guerra. Infelizmente, a inteligência britânica só conseguiu um exemplar em 1942. Por essa época, os Aliados já haviam tido a experiência das táticas de Dönitz em mar aberto.

Pouco antes do início da guerra, Ursula teve seu primeiro filho, Peter. Dönitz "ficou muito orgulhoso de ser avô com apenas 47 anos", diz ela. Ursula se lembra também de que foi por essa época que o pai a advertiu da iminência do conflito. "Isso aconteceu quando, uma noite, ele me levou para casa após uma visita que fiz à família. Meu marido estava longe, no mar, e meu pai me disse, pela primeira e última vez: 'Haverá guerra e será longa. Os britânicos não deixarão que a Alemanha se torne poderosa demais'. Fiquei um pouco surpresa porque não sabia que a guerra era tão certa."

Quando eclodiu o conflito, em setembro de 1939, Ursula não temia pela vida nem de seu pai nem de seu marido. "Nunca fiquei nervosa por causa de meu pai. Nunca. Tinha certeza de que ele voltaria. Pensava o mesmo do meu marido, mas com uma diferença: uma noite, lembro-me claramente, acordei em pânico, pensando: 'E se ele não voltar?' Mas foi a única vez que me preocupei."

Nos primeiros meses da guerra, a frota de U-boats de Dönitz obedeceu à Lei Prize, um tratado que exigia avisar o alvo antes de disparar torpedos. Mas, com a intensificação do conflito, Raeder e Hitler ordenaram-lhe que ignorasse a lei. Ataques irrestritos com U-boats em meados de 1940 obtiveram resultados impressionantes. Os britânicos perderam porta-aviões e contratorpedeiros; toneladas de navios mercantes aliados acabaram no fundo do oceano. Hitler estava em êxtase com essa arrojada frota de elite, que espelhava o orgulho e o entusiasmo de Dönitz.

Em junho de 1940, a França caiu. Isso convenceu muita gente na Marinha de que a dominação mundial estava ao alcance da Alemanha. Ursula não se lembra se seu pai partilhava a certeza na vitória final. "Recordo-me de uma conversa, durante a guerra, quando ele disse com realismo: 'Vai ser uma guerra longa, longa e muito difícil'. Fiquei perplexa, pois me parecia na época que tudo ia bem e estávamos vencendo. Talvez ele já tivesse dúvidas, mas nunca as confessou."

Ursula foi a única pessoa a perceber a hesitação do pai. Para seus colegas, Dönitz personificava o militar otimista. Em 1940 e 1941, ele levou sua frota de U-boats ao limite físico. As permanências nos portos foram reduzidas ao mínimo e a pressão para afundar cada vez mais navios aliados aumentou. Mas seus homens o adoravam. Sentiam que Dönitz era um deles e retribuíam com lealdade inabalável. Os impressionantes sucessos dos U-boats, combinados com sua imensa popularidade, impressionaram favoravelmente a hierarquia nazista e o Führer.

No verão de 1942, Dönitz tirou umas férias prolongadas em Badenweiler, um balneário de montanha na Floresta Negra, com a esposa e Ursula. Essa viagem durou três semanas. "Como eu não o via mais com frequência em Kiel, foi bom passar algum tempo a seu lado. Ele estava muito sério, nervoso. Então levei meu filho também e isso o deixou contente."

Por essa época, o marido de Ursula conquistara uma reputação de excelente comandante de U-boat. Bateu o recorde de afundamentos em uma única viagem: catorze navios, num total de 87 mil toneladas. Após as férias, Hessler juntou-se à equipe de comando de Dönitz no quartel-general de U-boats na França, deixando Ursula e o filho na Alemanha. Trabalhando sob as ordens do sogro, Hessler pôde testemunhar a dedicação total e o empenho na guerra que todos os colegas de Dönitz já conheciam.

Em setembro de 1942, enquanto Dönitz preparava um relatório da situação para Hitler, ocorreu um incidente que, mais tarde, se tornou parte importante do processo contra ele em Nuremberg. Um submarino alemão, o U-156, torpedeou um transporte de tropas britânico, o *Laconia*, com mais de 2 mil homens a bordo.

Quatro U-boats se aproximaram para recolher os sobreviventes e, com os conveses repletos de soldados aliados, navegaram na superfície rumo a um porto seguro. Todas as embarcações atearam grandes bandeiras da Cruz Vermelha. Após três dias, com tempo claro e visibilidade perfeita, aviões americanos sobrevoaram a esquadrilha por uma hora e depois bombardearam os submarinos. Um destes ficou seriamente avariado. Contra o parecer de sua equipe, Dönitz não suspendeu a operação de resgate. Quando Hitler soube do bombardeio aliado, telefonou furioso, bradando que vidas alemãs nunca poderiam correr riscos por causa de soldados inimigos resgatados. Dönitz respondeu com uma diretiva, mais tarde conhecida como Ordem *Laconia*, que proibia quaisquer tentativas de salvamento de sobreviventes no mar. Proclamou: "O resgate contraria as exigências mais fundamentais da guerra, que são o aniquilamento de navios e tripulações". Terminava instando seus homens a "serem duros. Lembrem-se de que o inimigo, ao bombardear cidades alemãs, não poupa mulheres ou crianças".

Embora não ordenasse o fuzilamento de sobreviventes, a diretiva *Laconia* podia ser interpretada assim pelos comandantes das unidades. Os Aliados acusaram Dönitz de ter usado uma linguagem ambígua, que permitia à sua esquadra resolver a questão recorrendo ao assassinato. Ursula conversou mais tarde com o marido sobre a ordem e garante que esta nunca deu permissão para matar sobreviventes.

Mas é indiscutível que a diretiva *Laconia* deixou Dönitz numa situação favorável aos olhos de Hitler. O Führer apreciava seu entusiasmo e disposição absoluta para seguir ordens. À medida que a sorte da guerra se voltava contra os nazistas, a personalidade de Dönitz convinha mais a Hitler do que a reserva formal e um tanto depressiva do grande almirante Raeder. Quando este se demitiu em janeiro de 1943, após uma perda significativa num comboio do Ártico, Dönitz, com 51 anos, atingiu o ápice de sua carreira: Hitler o nomeou grande almirante e comandante supremo da Marinha alemã. "Ele era jovem e de patente inferior quando recebeu a nomeação", diz Ursula. "Mas eu não me surpreendi. Ele nunca me surpreendia com o que era capaz de fazer. Fiquei feliz e muito orgulhosa, embora nunca houvesse me interessado por patentes ou promoções. Quando eu era adolescente, todas as outras garotas falavam de seus namorados em termos de divisas. Um dia, lembro-me bem, meu marido voltou e perguntou: 'Não está vendo nada de diferente?' e, erguendo o braço, disse: 'Mais uma divisa'. Aquilo não me importava."

Em seu papel de comandante em chefe, Dönitz começou a comparecer a conferências regulares com Hitler. Esses contatos próximos reforçaram a sólida confiança que o Führer depositava nele. A resposta positiva de Dönitz a quase todas as perguntas era exatamente o que Hitler precisava para reparar suas energias vacilantes.

Como grande almirante, Dönitz mudou-se para uma casa ampla, construída na virada do século, em Dahlem, um afluente bairro de Berlim. Com a promoção, ganhou um subsídio de 300 mil marcos alemães, que usou para mobiliar luxuosamente a nova residência. Agora escoltado em tempo integral por todo um contingente da SS, Dönitz emitiu sua primeira diretiva de equipe, que revelava uma criação prussiana ainda em pleno vigor: "Nossa vida pertence ao Estado. Nossa honra reside no cumprimento do dever e na prontidão para agir. Ninguém tem direito à vida privada. Para nós, o que importa é vencer a guerra, um objetivo a perseguir com devoção fanática e determinação incansável".

Ele empregou essa devoção fanática em sua função de comandante em chefe. Seus hábitos de trabalho eram extenuantes a despeito da nova função, com visitas à Ursula reduzidas a umas poucas por ano. Logo se viu sob pressão por causa da guerra no Atlântico. Embora os alemães ainda não o soubessem, os britânicos haviam quebrado o código Enigma usado nos U-boats para comunicação. As perdas navais aumentaram vertiginosamente. Os afundamentos de U-boats chegaram a mais de vinte por mês em 1943. Por fim, cerca de 25 mil dos 40 mil alemães que serviam nos U-boats haviam sucumbido. Um deles, morto em maio de 1943, era o filho de Dönitz, Peter. O grande almirante não mostrou nenhuma emoção quando lhe deram a notícia. "O que se sente quando um filho morre em combate?", pergunta Ursula.

Dönitz se entregou ainda mais ao esforço de guerra. Em 1943 e 1944, o grande almirante passava dias no quartel-general do Führer. Não era um mero bajulador sob o feitiço de Hitler, mas um líder que tomava as rédeas das discussões e arrancava inúmeras concessões do chefe supremo.

Durante seu serviço militar, Dönitz praticamente não teve contato com o programa de extermínio de judeus encabeçado pela SS. Embora desse algumas palestras antissemíticas, condenando "o veneno judaico no Reich", mais tarde alegou que as mais virulentas eram escritas para ele pelo ministro da Propaganda, Goebbels, e que, em alguns casos, nem chegou a proferi-las.

Ficou distante dos excessos perpetrados no Leste, mas em Nuremberg foi acusado de utilizar 12 mil trabalhadores dos campos de concentração nos programas de construção naval. Entretanto, o emprego de trabalho escravo não prova que Dönitz conhecesse os detalhes da Solução Final. É certo que esteve presente na conferência em Posen, no outono de 1943, quando Himmler informou os membros mais antigos do partido sobre o programa de extermínio; mas alguns ministros afirmaram que Dönitz saíra antes da fala do Reichsführer. Ursula não se lembra de que seu pai fosse antissemita e não acredita que ele soubesse dos pormenores da Solução Final até o julgamento de Nuremberg. "Embora meu pai ocupasse uma posição elevada, seu trabalho, mesmo com Hitler, só dizia respeito à Marinha", garante ela. "Em minha opinião, ficou chocado com o que aconteceu no Oeste."

Em Nuremberg, depois de assistir a um filme sobre os campos de concentração com a cabeça enterrada nas mãos, disse, transtornado, ao psiquiatra da prisão: "Como podem me acusar de saber dessas coisas? Perguntam-me por que não procurei Himmler a fim de saber sobre os campos de concentração. Que absurdo! Himmler me poria para fora, tal como eu o teria posto caso ele viesse investigar a Marinha! Por Deus, o que tenho a ver com tudo isso? Só por acaso é que alcancei um alto posto e jamais entrei para o partido". O mais provável é que Dönitz se dispunha a seguir as políticas nazistas contra quaisquer inimigos do Estado, externos como a Grã-Bretanha ou os Estados Unidos, ou internos como os comunistas e os judeus. Não achou que cabia a ele investigar o que quer que tenha ouvido sobre o programa de extermínio durante os últimos anos da guerra.

No final de 1943, Dönitz tinha muito o que fazer para se preocupar com os inimigos internos do Reich. Perfilhara a ideia de Hitler de defender a "Fortaleza Europa" de uma invasão aliada. Empenhado em deter o ataque iminente, ordenou aos U-boats que "golpeassem sem descanso", o equivalente a diretivas suicidas. Conclamou-os a deter os navios de desembarque aliados a qualquer custo, ainda que isso significasse perder suas próprias unidades.

Em maio de 1944, pouco antes da invasão aliada, Dönitz passou por outra tragédia pessoal. Seu filho Klaus foi morto ao largo da costa sul da Inglaterra quando um barco de reconhecimento, onde ele era convidado do comandante, recebeu o impacto direto de um contratorpedeiro francês. Depois de vários dias, seu corpo apareceu na costa francesa.

Quando Dönitz recebeu a notícia, a 14 de maio, não deu mostras de emoção e continuou trabalhando, conforme lembram seus auxiliares. Após o relatório matinal das operações submarinas, foi para casa a fim de contar à esposa, mas voltou ao quartel-general com ela a tempo de almoçar, às 13 horas, com o embaixador japonês. O almoço decorreu sem uma demonstração sequer de que o casal acabara de perder seu segundo filho. Quando os japoneses partiram, Ingeborg Dönitz desmaiou.

Duas semanas depois, Dönitz se encontrou com Ursula e a família dela para umas férias em Badenweiler. De novo, não falou sobre a morte do filho. "O hotel que escolhemos tinha, na ocasião, a política de não aceitar crianças", conta Ursula. "Meu pai lhes disse: 'Sou o avô e, se não aceitarem meus netos, não me aceitarão também'. Mudaram a política para nós. Ele precisava daquele descanso por causa de suas preocupações e problemas. Evitamos falar sobre a guerra porque nossa finalidade era proporcionar a meu pai uma pausa em seu trabalho desgastante."

Mas ele não diminuir a tensão. Após quatro dias, foi acordado no meio da noite: os Aliados haviam invadido, obtendo total surpresa tática e estratégica. Para Ursula, foi o sinal de que a guerra estava perdida. "O noticiário do rádio era otimista, mas não passava de propaganda. Quando ocorreram os desembarques na Normandia, eu soube pela reação de meu pai que a coisa era séria."

As notícias da invasão enfureceram Dönitz. Os U-boats não fizeram nada. O fato lançou por terra o conceito de "Fortaleza Europa", mas fortaleceu sua decisão de lutar. As declarações de Dönitz de 1944 são das mais inflexíveis. Com a situação piorando, ele fez eco aos apelos do Führer para resistir até o amargo fim. Sua criação prussiana nunca esmoreceu. Quanto mais adversa era a situação, mais luzente era sua confiança revestida de aço. O entusiasmo de Dönitz contagiava o Führerbunker. Mesmo Goebbels, com sua língua ferina, reconheceu que ele sempre causava uma "impressão boa, altiva" e que Hitler o considerava "o melhor homem em sua esfera de atuação". A importância de Dönitz aumentou e Hitler protegeu-o com um Mercedes blindado de cinco toneladas, proibindo-o além disso de voar, pois o risco era muito grande.

Dönitz conquistou a confiança de Hitler. Mesmo em fevereiro de 1945, quando Albert Speer o chamou à parte durante uma conferência e confidenciou-lhe que algo precisava ser feito dada a gravidade da situação,

Dönitz não lhe deu ouvidos. Disse a Speer: "O Führer sabe o que está fazendo".

No mesmo mês, Ursula mudou-se para a área norte de Berlim com os filhos. "Fui para a casa dos meus pais", diz ela. "E estava lá quando uma criada entrou correndo em meu quarto, de manhã, gritando que os russos se aproximavam com seus tanques. Meu pai então me mandou, com as crianças, para o Schleswig-Holstein. Ninguém queria cair nas mãos dos russos. Todos ouvíamos as histórias de suas atrocidades.

Cheguei ao Schleswig-Holstein com quatro malas e dois filhos, um na barriga [Ursula deu à luz seu segundo filho no mês seguinte]. Minha mãe chegou também e fez as vezes de minha enfermeira no hospital. Não trazia nada. Meu pai nos mandou alguns talheres, tapetes e objetos de uso pessoal; pouca coisa, que aliás foi roubada. A caminho do hospital para dar à luz, aviões inimigos sobrevoaram a área e nos obrigaram a buscar abrigo numa trincheira. Nessa ocasião, a guerra se espalhara por toda parte. Eu tinha como único consolo o fato de meu pai e meu marido permanecerem juntos. Saber que o destino deles estava ligado me fazia sentir melhor."

Mas Ursula ignorava que, em abril, seu pai era o único oficial de alta patente decidido a entregar relatórios otimistas a Hitler. Em meados do mês, lançou uma incisiva proclamação apoiando o Führer e convocando as tropas para a última batalha com o grito: "Agora, é vencer ou morrer!". Ignorou todos os esforços para entabular negociações de paz e secundou a visão de Hitler de que a nação e o povo alemães deveriam ser destruídos caso capitulassem. Esse otimismo inabalável certamente contribuiu para a decisão de Hitler de nomeá-lo seu sucessor.

Às 6h35 da manhã de 30 de abril, Bormann enviou a Dönitz uma mensagem urgente. Não mencionava a morte de Hitler, mas dizia com todas as letras: "Grossadmiral Dönitz. Em lugar do Reichsmarschall Göring, o Führer o nomeia, Grossadmiral, seu sucessor. Autorização escrita a caminho. O senhor deve tomar imediatamente todas as medidas que a atual situação exige. Bormann".

Dönitz ficou perplexo, mas Ursula não se impressionou quando, no dia seguinte, ouviu a notícia. "Não me lembro de como soube da nomeação de meu pai para chefe do Reich. Nessa ocasião, não era impossível conversar com ele, mas era muito mais difícil. Quanto à nomeação... nem sei como dizer, mas eu achava que meu pai era capaz de quase tudo e agora, simplesmente, ocupava outro posto, apenas mais elevado. Tudo virara de cabeça para baixo e a morte de Hitler era só mais um acontecimento."

Embora ciente de que a guerra estava perdida, Dönitz tentou adiar a rendição a fim de que os alemães pudessem fugir para o leste, escapando aos russos. Seu governo durou até 23 de maio, quando ele pessoalmente se rendeu. Convencido de que travara uma luta dura, mas leal, esperava ser libertado sem demora e voltar para reconstruir a Alemanha do pós-guerra. "Nem eu nem meu pai jamais imaginamos que ele seria acusado de algum crime", diz Ursula. "Isso nem passava pela nossa cabeça." Mas logo perceberam que os Aliados tinham outras ideias. Dönitz foi inicialmente transferido para Bad Mondorf, onde estavam detidos Göring e o resto da hierarquia do partido e da SS. No final do verão, removeram-no, com alguns outros prisioneiros, para Nuremberg. Ali, esperou notícias sobre o destino que o aguardava, furioso por não receber o tratamento especial de prisioneiro de guerra que sua alta patente merecia.

Sem que Dönitz e sua família o soubessem, um acalorado debate entre os Aliados ocorrera sobre sua inclusão na lista dos principais criminosos de guerra em Nuremberg. O almirantado britânico emitiu uma longa opinião argumentando que, enquanto Raeder, o primeiro chefe da Marinha, deveria ser indiciado, Dönitz apenas conduzira operações navais de acordo com as regras internacionais aceitas. Os britânicos não viam diferença entre sua conduta e a de qualquer outra Marinha aliada. Franceses e russos se mostravam ambivalentes quanto à inclusão de Dönitz. Só por insistência dos americanos é que ele foi inscrito como réu e indiciado por três das quatro acusações: conspiração para mover guerra agressiva, crimes contra a paz e crimes de guerra. Quando foi informado das acusações, Dönitz ironizou: "Nada disso me diz respeito em absoluto; típico humor americano".

Ursula soube do indiciamento pelo rádio e ficou "chocada. Não sabia o que pensar, dizer ou fazer. Tudo era absurdamente anormal". Tentou entender as acusações depois de recomeçar a vida na Alemanha ocupada do pós-guerra. "Estávamos na zona britânica. A situação era boa ali. Ninguém veio nos fazer perguntas. Mas eu sabia que, na zona americana, todas as viúvas e filhos estavam sendo levados para campos de internamento. Os americanos eram bem piores. Corria na época a história de que um diretor musical geral (*general*) foi internado pelos americanos por causa de seu título de *general*.

Muita coisa mudou para todos nós. Nunca mais vimos minha casa e a de meus pais no Norte, que as autoridades de ocupação requisitaram intactas. Nossos pertences foram leiloados. Não havia como reclamar disso. Mas eu ainda era feliz. A guerra acabara, meu pai e meu marido estavam vivos."

A preocupação de Ursula era com as acusações contra seu pai. Mas a promotoria não teve vida fácil nesse processo. Dönitz não apenas era defendido por um dos melhores advogados de todo o julgamento, um jovem oficial naval chamado Otto Kranzbühler, como a acusação teve dificuldades em encontrar provas contra ele. Era difícil falar em crimes contra a paz quando só depois de três anos e meio de guerra é que ele assumira um cargo de poder. Em consequência, o grosso da acusação se concentrou nos crimes de guerra.

Aqui, as dificuldades aumentavam. As leis da guerra naval são ambíguas. O indiciamento se referia a "assassinato e mau tratamento... de prisioneiros em alto mar", mas não citava nenhum incidente. O elemento principal do caso era a Ordem *Laconia* de 1942, cuja ambiguidade, entretanto, beneficiava Dönitz.

Kranzbühler fez uma defesa agressiva. Dönitz, porém, não ajudou em nada. Como testemunha, mostrou-se empertigado e arrogante, discutindo muitas vezes com os promotores. Os fatos por trás do uso, pela Marinha, de 12 mil trabalhadores dos campos de concentração exasperaram o tribunal. Ao justificar seu discurso em tempo de guerra na qual condenou a "disseminação do veneno judeu", ele disse que "esse veneno poderia ter tido um efeito desagregador na disposição do povo a resistir". Tais palavras não provocaram nenhuma simpatia por ele. Felizmente para Dönitz, o tribunal não possuía uma cópia de outro discurso em tempo de guerra no qual ele disse que preferiria comer terra a permitir que seu neto fosse criado "no espírito e na imundície judaica". Das 52 cópias feitas para distribuição, 51 foram destruídas. A única que escapou à detecção só foi descoberta após Nuremberg.

Por todo esse tempo, Ursula ouvia diariamente o noticiário pelo rádio. "Eu queria resumos dos procedimentos do tribunal. Os programas alemães eram controlados pelos britânicos e pelos americanos. Havia um correspondente de que me lembro em especial por ele ser muito mesquinho e isso era bem difícil para mim. Pela primeira vez ouvi falar dos excessos cometidos no Leste, dos assassinatos. Fiquei chocada, como sem dúvida meu pai ficou no tribunal."

Ursula se sentiu mais animada quando Kranzbühler convocou várias testemunhas de peso, inclusive seu marido, Günther. "Meu marido compareceu escoltado pelos britânicos. Depois que testemunhou, os americanos o prenderam sem nenhum motivo! Mantiveram-no preso por um ano e nunca nos disseram onde estava ou por que tinha sido detido. A cada um ou dois meses eu recebia uma carta sua, mas quando respondia ele já se encontrava em outro campo."

Enquanto o marido de Ursula estava detido, o caso de seu pai recebeu apoio de uma fonte inesperada: o almirante Chester Nimitz, o comandante altamente respeitado da frota americana do Pacífico durante a guerra. Suas opiniões sobre as leis navais tinham autoridade. Às perguntas por escrito que Kranzbühler lhe enviou, Nimitz respondeu de um modo que tranquilizava Dönitz. Disse que, depois de Pearl Harbor (7 de dezembro de 1941), os Estados Unidos haviam praticado uma "guerra irrestrita" no Pacífico. Os submarinos americanos tinham ordens quase idênticas às dos U-boats alemães: não socorrer náufragos se essa ação os colocasse em risco. A declaração de Nimitz desferiu um golpe violento na promotoria. Aparentemente, o tribunal deveria decidir se ambas as Marinhas haviam cometido crimes (e, portanto, se os dois comandantes teriam de ser julgados) ou se cada lado interpretara razoavelmente as leis em vigor e nenhum crime havia sido cometido.

Por essa época, Ursula visitou o pai em Nuremberg. "Foi a primeira vez que o vi depois da guerra. Já sabíamos que não poderíamos ir ao julgamento e aquela era nossa única oportunidade de visitá-lo.

Havia uma grade entre nós e guardas postados em volta. E uma fila de cadeiras de cada lado da minha, para outras famílias de acusados por crimes de guerra. A visita foi curta, durou menos de uma hora. Só me deixaram ir lá uma vez. Eu queria vê-lo com mais frequência. Lembro-me de termos levado conosco a filha de Göring. Ela era pequena e gostou muito de viajar em nosso carro.

Também me encontrei com Kranzbühler na mesma ocasião. Ele era jovem e parecia muito honesto. Defender meu pai foi um trabalho de grande importância para sua carreira. Inspirou-me confiança."

Ursula esperava que o testemunho de Nimitz livrasse seu pai. Esse dilema dividiu os juízes. O magistrado americano, Francis Biddle, sustentou que Dönitz deveria ser inocentado devido ao depoimento de Nimitz.

Disse: "A guerra da Alemanha foi mais limpa que a nossa". Mas os outros juízes acabaram convencidos pelo argumento britânico de que, embora os dois lados houvessem infringido a lei, isso não justificava Dönitz. Dos juízes que o consideraram culpado de guerra agressiva e crimes de guerra, a maioria optou por uma sentença de dez anos.

Ursula ficou muito desapontada com o veredito. "Ouvi a notícia no rádio", lembra-se ela. "Foi um choque para mim. Parece estranho dizer isto, mas eu achava que meu pai sairia livre. Em minha opinião, ninguém provou que ele fez alguma coisa errada. Parecia um pesadelo, uma situação irreal. Mais tarde, porém, soube que ele esperava ser condenado à morte."

Numa reviravolta curiosa, o tribunal encarregou Biddle, que votou pela absolvição, de redigir o veredito de Dönitz. É a peça mais precária do julgamento, que criou considerável polêmica porque não estabelece a base da condenação, provavelmente devido ao fato de o próprio Biddle desconhecê-la. Quando Dönitz ouviu a sentença, seus olhos fuzilaram os juízes. Atirou os fones de ouvido na tribuna e, furioso, deixou a sala. Kanzbühler usou o veredito mal redigido para apelar da sentença, mas nada conseguiu.

Enquanto isso, Ursula tentava se adaptar à vida do pós-guerra. "Minha família estava em situação melhor que a maioria. Tínhamos abrigo, lenha e mais de 320 quilos de batatas. As crianças gozavam de boa saúde e o local era bonito, não uma cidade devastada. Mas seu pai havia sido condenado como criminoso de guerra e seu marido continuava perdido nos campos de internamento americanos. "Minha mãe trabalhava como assistente no hospital local", lembra-se Ursula. "Os homens da família estavam longe. Esse tempo também foi difícil."

Depois da execução dos condenados, sete prisioneiros continuaram em Nuremberg. Em suas memórias do pós-guerra, Albert Speer recordou conversas com Dönitz no pátio da prisão; o almirante se queixava amargamente da falta de justiça em Nuremberg, achando que os alemães haviam agido como os vencedores.

Em meados de 1947, Ursula finalmente se reuniu ao marido. "Kranzbühler procurou os ingleses e disse: 'Ele foi testemunhar por vontade própria e vocês deixaram que o prendessem'. Então um oficial inglês se dirigiu à zona americana e procurou de campo em campo pelo meu marido. Eu morava no interior nessa época, um lugar que não era sequer uma cidadezinha ou aldeia, e uma noite fui despertada de um sono profundo pelo som de um motor de automóvel, mais precisamente um jipe. Quando olhei pela janela, vi meu marido. O oficial inglês o trouxe para mim depois de um ano. Günther me contou que o tratamento nos campos americanos não era nada bom."

Em julho de 1947, os prisioneiros de Nuremberg foram transferidos para Spandau, onde Dönitz se tornou o Prisioneiro Número Dois. "Em Spandau, ele parecia horrível", lembra-se Ursula. "Na primeira visita, fui sozinha. Mais tarde, ia com meu filho ou minha filha. O menino se entusiasmava com todos aqueles guardas etc. Tinha apenas 7 anos e, quando eu lhe disse que iríamos visitar seu avô na prisão, ele retrucou: 'Quem perde a guerra vai para a cadeia'. Achava isso normal.

Meu pai usava tamancos e suas roupas eram horríveis. Quando os russos administravam a prisão, os homens passavam fome. Doía-me vê-lo naquele estado. Não me permitiam estender a mão para tocá-lo. No começo, só podíamos conversar por meia hora. Havia sempre um guarda por perto e a conversa devia se limitar à família ou a assuntos gerais, não se mencionando nada de política. Eu não queria vê-lo naquela prisão. A experiência era comovente demais para mim." Ursula lamentava tanto ver o pai preso que o visitou poucas vezes: onze em sete anos.

Embora irritado com sua prisão e longe da família, Dönitz se adaptou rapidamente ao duro regime de Spandau. Ele teve a sentença mais curta de todas e estava mais acostumado que os demais a um regime espartano e a um trabalho disciplinado. Além disso, animavam-no as notícias "contrabandeadas" de que uma organização de ex-oficiais navais havia orquestrado uma campanha de publicidade maciça para apagar o estigma de sua condenação e transformá-lo em herói nacional. Dönitz gostava da vida pública e até planejava voltar à política, inclusive como chefe de Estado.

Todavia, com Dönitz ainda longe da libertação, sua família mal conseguia pagar as contas. "O salário de minha mãe no hospital não era grande coisa. Eu tinha algumas economias. Os britânicos nunca apareceram para perguntar o que possuíamos."

A mãe de Ursula, Ingeborg, indignava-se pelo fato de o governo lhe ter concedido apenas a pensão equivalente ao posto de capitão. As autoridades alegavam que Dönitz devia suas promoções acima dessa patente a Hitler. Quando a notícia chegou até ele em Spandau, Dönitz se enfureceu. Além da raiva pelo tratamento que o governo dispensava à sua família, era claro que sua atitude em relação a Hitler não havia mudado. Repetidas vezes disse aos colegas de prisão que faria tudo de novo e exatamente da mesma maneira. Certa vez, recriminou Speer ao ouvi-lo falar mal do Führer. Nas anotações desse dia em seu diário da prisão, Speer observou: "Até hoje Hitler é o comandante em chefe de Dönitz".

Dönitz conservou o equilíbrio em Spandau envolvendo-se em trabalho árduo e tarefas disciplinadas. Em cartas à família, ele se mostrava cada vez mais decepcionado com seu tratamento no pós-guerra. Durante a tensão da Guerra Fria, o bloqueio de Berlim e o rearmamento da Alemanha Ocidental pelos Aliados, Dönitz e alguns outros prisioneiros acharam que logo seriam libertados. Apelos aos americanos para reduzir as penas foram contestados em 1952 pelos russos, que exigiam o cumprimento integral das sentenças. "Eu nunca pensei que a de meu pai fosse ser comutada", diz Ursula.

No ano seguinte, correram boatos de uma tentativa neofascista para obter a libertação de Dönitz e torná-lo o novo líder da Alemanha. Quando Speer o consultou sobre esses boatos, Dönitz declarou: "Sou e serei o chefe de Estado legal até morrer". Quando Speer observou que já havia um presidente na Alemanha Ocidental, ele retrucou: "Foi instalado sob pressão das potências que ocupam o país". Outro prisioneiro, Konstantin von Neurath, disse que a ideia de liderar a Alemanha se tornou em Dönitz "uma obsessão".

Em meados de 1953, Dönitz se animou quando uma pesquisa de opinião revelou que 46% dos alemães tinham boa opinião sobre ele e só 7%, má. (Surpreendentemente, 24% ainda admiravam Hitler.)

Dönitz não se relacionava bem com a maioria dos outros prisioneiros. Passava quase todo o tempo sozinho, lendo bastante e preparando suas memórias. No último dia de seu encarceramento, 10 de setembro de 1956, insurgiu-se contra Speer, acusando-o de recomendar sua nomeação para substituto do Führer. "Que tinha eu a ver com a política? Se não fosse você, jamais ocorreria a Hitler me fazer chefe de Estado. Todos os meus homens voltaram a ocupar cargos de comando. Mas olhe para mim! Minha carreira acabou!" Speer reagiu acusando Dönitz de preocupar-se mais com sua carreira do que com os 50 milhões de mortos durante a guerra. Só na última noite Speer sentiu alguma simpatia pelo ex-almirante. Dönitz foi de cela em cela para cumprimentar os outros prisioneiros; Speer afirma que logo depois o ouviu chorar na cela adjacente. Só então percebeu que as pressões no cárcere foram tão fortes que até aquele homem de "nervos de aço" não conseguiu conter as lágrimas durante suas derradeiras horas de confinamento.

É impossível cotejar a história de Speer com a versão de Dönitz de suas conversas, pois nos anos seguintes o grande almirante se recusava a ler os livros de Speer ou falar sobre ele. Ursula também não leu o relato de Speer, mas encara-o com "ceticismo".

Ao soar da meia-noite, Dönitz saiu da prisão. "Minha mãe foi buscá-lo e eu o encontrei pouco depois", lembra-se Ursula. "Sentia-me maravilhosa! Foi um dos dias mais felizes de minha vida." Mas Ursula não precisou de muito tempo para constatar que os dez anos na prisão haviam mudado bastante seu pai. "Uma cortina havia descido", diz ela. "Depois de Spandau, ele estava mais retraído, menos capaz de mostrar sentimentos."

Após a libertação, Dönitz se instalou em dois cômodos alugados numa vila dos arredores de Hamburgo. Não era um lugar espaçoso, mas ele gostava da paisagem campesina e ali poderia se reunir à vontade com seus camaradas dos U-boats. Sua pensão tinha sido atualizada para a quantia paga à patente de almirante, só duas abaixo de seu último posto. A família não dispunha de muito dinheiro, mas vivia confortavelmente. Dönitz, mal saiu da prisão, começou a redigir suas memórias. Em 1958, elas foram publicadas com o título *10 Jahre und 20 Tage* (Dez Anos e Vinte Dias), versando exclusivamente sobre suas ações como oficial naval. O que se dizia no livro sobre o Terceiro Reich tinha por objetivo separar a Marinha alemã do lado criminoso do regime nazista e reforçar a reputação ascendente de Dönitz como um oficial rigoroso, mas honrado. As críticas positivas na Grã-Bretanha e Estados Unidos indicavam que ele havia alcançado plenamente esse objetivo.

Um dos críticos mais acirrados do livro foi Speer, que leu um exemplar contrabandeado em Spandau. Achou-o "a obra de um homem sem noção. Para ele, a tragédia do passado recente se resume à tarefa miserável de descobrir os erros que levaram à derrota na guerra. Mas deveria isso me surpreender?"

No início dos anos 1960, Dönitz abandonou a ideia de entrar para a vida política depois de finalmente perceber que era parte de um passado que a Alemanha moderna não mais aceitava. Começou então a frequentar reuniões do pessoal dos U-boats, a visitar antigos camaradas e a dar entrevistas a inúmeros historiadores. Ursula se lembra de que seu pai tinha bons motivos para ajudar estes últimos: esperava que alguns vissem o passado como ele próprio o via.

Em maio de 1962, sua querida Ingeborg faleceu. "Se já era retraído antes da morte de minha mãe", constata Ursula, "ficou ainda mais depois. Em retrospecto, vejo que ele estava feliz por ter sido libertado, feliz por estar livre. Mas a República Federal o ignorou e a Marinha não queria nada com ele. Isso o amargurou. Agiam como se meu pai nunca houvesse existido. Ele havia dedicado toda a sua vida à Marinha. Mesmo hoje, com Kohl governando, nada mudaria. Os políticos exigiram que ninguém se aproximasse dele por causa da condenação de Nuremberg. Isso o magoou profundamente."

Dönitz, 71 anos, agora sozinho exceto por três ou quatro visitas anuais de Ursula, concentrou-se em seus grandes anos durante a guerra. "Remoía esse tema", revela Ursula, "mas achava difícil falar sobre ele. Em vez disso, lia muitos livros que abordavam o período e considerava-os pela maioria horríveis, ficando assim mais amargo e mais fechado." Sua frustração induziu-o a trabalhar num novo volume de memórias. *Mein wechselvolles Leben* (Minha Vida Mutável), uma diatribe contra os processos de Nuremberg, foi publicado em 1968. Em outro volume, *40 Fragen an Karl Dönitz* (Quarenta Perguntas a Karl Dönitz), cita trechos de centenas de cartas não solicitadas que havia recebido de ex-inimigos. Essas cartas, obviamente, exprimiam grande simpatia por sua sentença, que muitos classificavam como uma paródia de justiça. Revelou também a opinião de autoridades navais britânicas e americanas, segundo as quais ele foi seu mais perigoso inimigo.

Entretanto, no início dos anos 1970, vários livros que reexaminaram o papel da Marinha na guerra agressiva comprometeram a reabilitação política de Dönitz. Expuseram a total identificação do grande almirante com Hitler. Quando a BBC o entrevistou em 1973 para um documentário sobre os U-boats, ele pareceu bastante ambíguo em relação a quaisquer perguntas sobre o nacional-socialismo ou o Führer. Recusou-se a responder a muitas sem consultar os livros que cobriam suas paredes.

Isso não surpreende Ursula, que acompanhou a deterioração espiritual do pai a partir de Spandau. Além de sua natureza intolerante, ele estava ficando cada vez mais surdo. Quase não visitava os Hesslers. Ursula achava mesmo que se sentia aliviado quando eles o deixavam após suas visitas ocasionais.

Uma luz brilhou em 1976, depois que dois autores americanos publicaram um livro intitulado *Dönitz at Nuremberg: A Reappraisal* (Dönitz em Nuremberg: uma Reavaliação). A obra, muito favorável, inspirou um breve esforço para limpar o nome do grande almirante de 85 anos. Dönitz e seus ex-colegas pensaram que o livro fosse vital para a reabilitação dele. Mas, como já acontecera várias vezes, a República Federal nem quis ouvir falar no assunto. Proibiu-o de manter qualquer contato com a Marinha da Alemanha Ocidental. Ignorou todas as tentativas de recuperar seu nome. De novo, Dönitz se sentiu amargurado com a rejeição. No outono de 1980, sua saúde piorou. Após várias semanas num hospital, o ancião quase cego e surdo de 89 anos voltou para casa. A cada manhã, seus leais camaradas do serviço de U-boats visitavam-no e davam-lhe comida, liam-lhe os jornais e datilografavam suas cartas. No Natal, apareceram em grupos, entoando hinos e canções marítimas.

Ursula chegou logo no início da Noite de Natal, quando o coração de Dönitz finalmente cedeu. "Eu estava sentada ao lado da cama, acariciando sua fronte. Após algum tempo, ele pousou a cabeça e dormiu. Compreendi que havia partido." Ursula fica emocionada ao relembrar a morte do pai. "Teve uma vida boa, mas difícil."

Dönitz e seus ex-colegas esperavam fervorosamente ter um funeral de Estado. Ele disse muitas vezes a seu pastor que orava todos os domingos para o governo permitir a bandeira negra, vermelha e amarela da Alemanha Ocidental estendida sobre seu caixão. Estendeu-se a bandeira, mas nenhuma autoridade do governo compareceu. Envergar qualquer uniforme da Segunda Guerra Mundial não foi permitido. "Todos os conhecidos ainda vivos gostavam dele", afirma Ursula. "Muita gente esteve em seu funeral, mais de mil pessoas, mas nenhum membro do governo alemão." Os enlutados, de todos os ramos das forças armadas alemãs e do Partido Nazista, atulharam a igreja luterana local para o serviço fúnebre, no início de janeiro. Wolf Hess foi o único filho de outro nacional-socialista proeminente a comparecer. Ele compareceu para prestar tributo a um "verdadeiro soldado" do esforço de guerra alemão.

"Revendo minha vida, posso afirmar que nunca foi uma desvantagem ser filha do grande almirante", pondera Ursula. "Ninguém jamais me disse alguma coisa negativa. Ao contrário, as pessoas às vezes têm palavras muito gentis a me confidenciar quando ficam sabendo quem sou. Não poucas já me garantiram que ele foi um grande homem. Meu filho mais velho, cujo sobrenome era obviamente Hessler, começou a assinar Dönitz-Hessler desde os 14 anos de idade. Nunca em sua vida teve problema com isso, ninguém jamais lhe disse uma palavra negativa sobre seu avô. Seria diferente caso meu pai houvesse pertencido à SS (embora nem todos os SS fossem maus), mas trabalhou na Marinha e era muito respeitado.

Sinto orgulho de meu pai. Ninguém mudará minha opinião a esse respeito. Não gosto que tenham impingido a ele o rótulo de 'criminoso de guerra', mas quanto a isso nada posso fazer. Pouco importa. Sei que meu pai não foi um criminoso e é o que basta."

A filha do último Führer é vizinha de uma família turca; alguns dizem que os turcos são os novos judeus da Alemanha. "Muita coisa mudou desde o tempo de meu pai", disse-me Ursula. Quando me despedi dela, notei que o viaduto perto de sua casa tinha sido pichado com grandes letras pretas: "*Auslander Raus!*" (Fora com os Estrangeiros!). Muita coisa não deve ter mudado tanto quanto pensa Ursula Dönitz.

◆ Karl Dönitz, comandante da Marinha alemã e mais tarde nomeado no testamento de Hitler seu sucessor, saúda o Führer após uma conferência sobre estratégia.

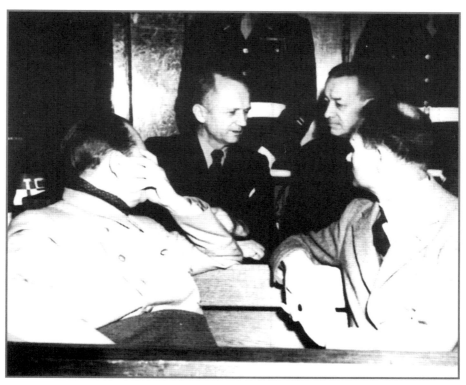

◆ Karl Dönitz (sentado, no centro) conversando com outros acusados durante uma pausa no julgamento de Nuremberg. Hermann Göring, comandante da Luftwaffe, esconde o rosto do fotógrafo. À direita de Göring, está Rudolf Hess, cujo comportamento no tribunal foi tão incoerente que os outros acusados recearam ser comprometidos por ele.

◆ Ursula Dönitz (segunda a partir da direita) comemorando a libertação de seu pai da prisão de Spandau, a 1º de outubro de 1956. Está de pé entre seu marido, Günther Hessler, comandante condecorado de U-boat, e sua mãe. Os filhos de Ursula rodeiam o grande almirante. "Foi um dos dias mais felizes de minha vida", lembra-se ela.

CAPÍTULO 8

Operação Valquíria

A OPOSIÇÃO ALEMÃ PLANEJOU UM ATENTADO CONTRA A LIDERANÇA NAZISTA para março de 1943. Dois generais se encarregaram dos detalhes da revolta; após o assassinato de Hitler, o exército estaria preparado para esmagar a resistência nazista, tomar as rédeas do governo e fazer um acordo de paz com os Aliados. O importante era matar Hitler – uma tarefa nada fácil. Sempre rodeado por uma guarda de elite da SS, o Führer mudava sua agenda constantemente a fim de evitar possíveis armadilhas. Não aparecia em público desde 1942 e apenas oficiais de alta patente, confiáveis, tinham acesso a ele. Até seu quepe exageradamente grande era forrado com lâminas de aço que pesavam quase um quilo e meio.

Os conspiradores decidiram mandar pelos ares o avião do Führer. A vantagem era que a explosão pareceria um acidente, eliminando a reação dos sectários de Hitler. Essa decisão foi tomada depois que os conspiradores conseguiram obter várias bombas britânicas de última geração. Uma delas foi usada em 1942 para eliminar Reinhard Heydrich, o oficial da SS encarregado de implementar a Solução Final. Os explosivos ingleses eram considerados superiores porque seus estopins não emitiam o chiado característico dos dispositivos alemães.

Dois pacotes de explosivos foram disfarçados de garrafas de conhaque e um coronel não suspeito levou-os para bordo do avião do Führer no dia 13 de março de 1943. Ao passar a bomba para o coronel, um conspirador enfiou a mão no pequeno pacote e acionou o mecanismo de tempo.

Não havia relógio. O aparelho engenhoso possuía um frasco que, quando quebrado, liberava uma substância química corrosiva que derretia um fio e fazia saltar a mola do detonador. Esperava-se que a explosão ocorresse 30 minutos após a decolagem. No entanto, duas horas depois, os conspiradores souberam, perplexos, que Hitler havia desembarcado em segurança em Rastenburg. A bomba não foi descoberta e dois dias depois um dos conspiradores recuperou-a, correndo grande risco pessoal. O fio havia derretido, mas o detonador falhara.

Os conspiradores, temendo que a SS de Himmler estivesse perto de pôr a perder seu esforço de anos, imediatamente se reorganizaram para outra tentativa contra Hitler. Oito dias depois, a oportunidade se apresentou quando o Führer, Göring e Himmler compareceram a uma cerimônia em homenagem aos heróis de guerra alemães. Após um discurso, Hitler teria meia hora para ir ver alguns troféus de guerra capturados aos russos. Um coronel da conspiração se ofereceu para uma missão suicida: colocaria duas bombas sob seu casaco e ficaria perto do Führer até elas explodirem. Os estopins foram acionados para 10 minutos, mas o tempo frio naquele dia impediria que eles fossem consumidos antes de 15 ou 20 minutos. Hitler mudou seus planos no último instante: passaria em revista os troféus por apenas 8 minutos. As bombas não puderam ser acionadas.

Houve mais três "operações casaco" em 1943, todas frustradas. Tentativas de lançar bombas contra o Führer durante reuniões de Estado-Maior foram perdidas em outras três ocasiões, devido a mudanças de agenda na última hora.

No final da primavera de 1943, a conspiração se achava na defensiva, com vários implicados do círculo íntimo detidos pela Gestapo. Dois eminentes marechais de campo, cortejados pela resistência, acabaram por desmoralizar o movimento reafirmando sua lealdade e confiança em Hitler. Os conspiradores iam perdendo o entusiasmo e a coragem. Pareciam desorganizados e incapazes de montar um atentado bem-sucedido para limpar a mancha do nacional-socialismo.

No outono de 1943, um homem reverteu quase sozinho a morna situação: o coronel Claus von Stauffenberg. Oficial do exército de 36 anos, extremamente talentoso, usou sua personalidade dinâmica, sua perspicácia e sua considerável capacidade de organizador para insuflar vida nova no movimento contra Hitler. Stauffenberg não apenas retomou o esforço para eliminar o Führer como, menos de um ano depois, se ofereceu para empreender em pessoa o assassinato. Seu nome passou a simbolizar, com justiça, o movimento contra Hitler.

Stauffenberg tinha cinco filhos. Franz Ludwig Schenk, o terceiro, nasceu a 4 de maio de 1938. Como o pai, ele e os irmãos são condes alemães.[31] Aos 34 anos, foi eleito para o Bundestag e hoje é membro do Parlamento Europeu, além de presidente de seu comitê jurídico. Lembra-se muito bem dos acontecimentos do tempo da guerra e analisou cuidadosamente o papel de seu pai na conspiração contra Hitler, tanto quanto seus próprios sentimentos como filho de um oficial alemão cuja fama se deve não ao que fez pelo Terceiro Reich, mas ao que tentou fazer para lhe pôr fim. A experiência de Franz Ludwig está em flagrante contraste com as dos filhos cujos pais progrediram na carreira graças à sua dedicação ao Führer.

Claus Philip Schenk von Stauffenberg nasceu a 15 de novembro de 1907, o mais novo de três filhos de uma das famílias mais antigas e distintas do sul da Alemanha. Pelo lado da mãe, condessa Von Uxküll-Gyllenband, era bisneto de Neithardt von Gneisenau, um dos heróis da guerra de libertação contra Napoleão e cofundador do Estado-Maior prussiano. Pelo lado materno, ele descendia ainda de Yorck von Wartenburg, outro general famoso da era Bonaparte. O pai de Claus foi Oberhofmarschall – camareiro privado – do último rei do Württemburg. A família era profundamente católica e muito culta.

Stauffenberg cresceu num castelo renascentista, amplo e provido de torres, que já fora domicílio de condes e duques. Atraente e com um belo físico, destacava-se nos estudos e nos esportes. Apaixonado por cavalos, o que lhe valeu um lugar na equipe olímpica alemã, tinha uma mente inquisitiva e perspicaz, dada à literatura e às artes; falava fluentemente grego e latim.

"Meu pai foi criado num ambiente em que as ideias liberais humanitárias eram muito fortes", diz Franz Ludwig. "Não digo 'liberal' na acepção americana, mas na da Europa Continental. Não faltavam em Stuttgart professores, literatos, filósofos etc. Esse ambiente proporcionou a ele um leque de concepções que, a meu ver, foi muito importante para sua formação e, também, para seu relacionamento com a Igreja Católica.

Não há nenhuma dúvida de que meu pai recebeu a influência de Stefan George [poeta alemão do final do século XIX e início do XX]. Sim, foi muito influenciado por ele e suas primeiras experiências tiveram a marca dos escritos de George. Entretanto, penso também que, em muitos escritos sobre meu pai, a influência do poeta foi exagerada. George pode ser considerado uma parte decisiva em sua vida, mas não explica tudo o que ele fez. Não foi sua principal influência; apenas uma influência importante."

Durante algum tempo, o jovem Stauffenberg sonhou com uma carreira na música e depois na arquitetura; mas aos 19 anos, em 1926, entrou para o exército como cadete no famoso Regimento de Cavalaria de Bamberg. Nos anos agitados da crise econômica alemã e da ascensão dos nazistas ao poder, Stauffenberg permaneceu um oficial apolítico. Em 1930, conheceu Nina von Lerchenfeld, então com 17 anos, de uma família aristocrática da Baviera. Casaram-se após um noivado de três anos. "Nem se discute que o deles foi um ótimo casamento", assegura Franz Ludwig. "Ela também era de uma boa família, parecida na linhagem e na educação com a de meu pai. Detalhe: meu pai era católico e minha mãe, luterana. Já a mãe do meu pai também era luterana, de modo que o arranjo não era totalmente estranho ou desconhecido para ele. Os filhos foram criados como católicos. Em famílias como a minha, era essa a tradição. A religião, o nome e os costumes vinham do pai."

Em 1936, quando cursava a academia de guerra em Berlim, Stauffenberg e a esposa já tinham formado uma família: o primeiro filho havia nascido em 1934. Na capital, o brilho do oficial chamou a atenção de seus superiores e em dois anos, com 29 de idade, ele já trabalhava no alto-comando. Era um patriota dedicado e, segundo Franz Ludwig, "basicamente um monarquista, mas não dogmático. Achava a monarquia um tipo melhor de constituição do que a vigente na República de Weimar.

Não foi dos primeiros adeptos de Hitler, ao contrário do que já vi publicado. Mas eu não teria problema algum com isso, caso fosse verdade. Nada seria mais natural para um jovem muito decente e entusiasmado, que depois mudou de ideia ao constatar fatos novos. As coisas, porém, não se passaram assim. Meu pai não se opôs no princípio ao nazismo, mas isso não significa que fosse um discípulo ou fanático. Isso não estava em sua personalidade ou caráter. A tal publicação sobre ele é simplesmente falsa."

Franz Ludwig está certo. Seu pai, embora não se opusesse ao nacional-socialismo em meados dos anos 1930, certamente não era, nem de longe, um adepto servil de Hitler. Suas primeiras dúvidas sobre os programas nazistas surgiram durante as virulentas campanhas contra os judeus em 1938, ano em que Franz Ludwig nasceu. Entretanto, quando a guerra eclodiu em setembro de 1939, Stauffenberg não hesitou em cumprir seu dever. E o fez com tanta energia e talento que adquiriu sólida reputação lutando com a Sexta Divisão Panzer na Polônia e na França. No início de junho de 1940, pouco antes do ataque a Dunquerque, foi transferido para o alto-comando do exército. Pelos dezoito primeiros meses da Operação Barbarossa, a campanha da Rússia, passou a maior parte do tempo em território soviético. Ali, assistiu em primeira mão à brutalidade da SS. Seu serviço na Rússia o deixou desiludido com o Terceiro Reich.

Durante esse tempo na frente de combate, Stauffenberg conseguia licença para os grandes feriados, sobretudo o Natal. As primeiras lembranças que Franz Ludwig conserva do pai datam dessas breves visitas à família, quando ele tinha 3 anos, em 1941. "Lembro-me bem dele porque, quando aparecia para o curto feriado do Natal, essas eram sempre ocasiões importantes, muito especiais. Minhas primeiras recordações remontam a Wuppertal, onde a família morou até 1942. Fugimos dali quando surgiu o perigo real de bombardeios aéreos. O local entrou no raio dos bombardeiros britânicos em 1942 e, como estaríamos mais seguros no sul da Alemanha, fomos para a casa de minha avó paterna. Era uma bela propriedade, mas não extraordinária, e considero-a meu primeiro lar. Tenho boas lembranças de lá e sou mais ligado àquele lugar do que a qualquer outro de minha infância. Após a guerra, permanecemos na propriedade até 1953.

As reuniões na casa de minha avó eram grandes acontecimentos familiares. Todos adorávamos meu pai. Ele era *a* pessoa importante da família, em nossa opinião, porque só aparecia raramente, em feriados; e, pelo que me lembro, dava muita atenção aos filhos – passeando, brincando na caixa de areia conosco, explicando-nos o funcionamento dos brinquedos, coisas assim. Tenho recordações bastante positivas de meu pai na época."

As visitas de Stauffenberg à família eram um alívio para a situação cada vez mais grave da frente russa. A catástrofe desnecessária em Stalingrado, em fevereiro de 1943, deixou o oficial ainda mais desgostoso com a estratégia de Hitler. Finda a luta por Stalingrado, ele pediu transferência para outra frente e foi integrar a Décima Divisão Panzer, na Tunísia, bem a tempo de assistir aos últimos dias da feroz batalha pelo passo de Kasserine.

Em 7 de abril de 1943, seu carro esbarrou numa mina e ele ficou gravemente ferido. Perdeu o olho esquerdo e teve lacerações na orelha e no joelho esquerdos. Perdeu também a mão direita e os cirurgiões precisaram amputar parte desse braço, bem como os dedos anular e mínimo da mão esquerda. Achavam que ele não sobreviveria; e que, se sobrevivesse, não recuperaria a visão. "Lembro-me muito bem de quando meu pai estava ferido, com o tapa-olho e o coto do braço, e sem os dois dedos da outra mão. Objetava firmemente a que outros o ajudassem com as bandagens e os curativos", conta Franz Ludwig. "Durante muito tempo, permaneceu num hospital e não em casa, mas voltou para nós no início do outono de 1943, a fim de se recuperar. Tinha estado todo esse tempo num hospital em Munique. A princípio, a convalescença foi lenta. E aproveitou-a para fazer os primeiros contatos com as pessoas que preparavam o atentado. Quando concordou em trabalhar no Estado-Maior em Berlim, tornou-se uma peça importante para os conspiradores.

Eu era muito novo [5 anos] para entender a gravidade de sua condição. Sabíamos que ele fora ferido e se encontrava num hospital, mas só mais tarde entendi que seu estado era sério e que ele corria risco de morte. Na época, porém, ignorávamos isso. Apenas achávamos que, mais cedo ou mais tarde, ele voltaria e o esperávamos. Nem meus irmãos mais velhos nem eu o visitamos no hospital militar, que ficava muito longe.

As reuniões familiares com meu pai só se tornaram mais longas quando ele já estava se recuperando, no verão de 1943. Foi uma boa fase para sua recuperação. Chegou no Natal de 1943, lembro-me perfeitamente, quando estávamos em Bamberg. Apareceu na véspera, para fazer surpresa. Minha mãe sabia, mas nós não, e grandes foram a excitação e a alegria, que nunca me saem da memória."

Qualquer outro homem, semimorto devido aos ferimentos, com certeza se retiraria do exército e da conspiração. Stauffenberg não fez nada disso. Em meados do verão, após muita prática com os três dedos de sua mão esquerda enfaixada, escreveu cartas a seus superiores informando-os de que pretendia voltar à ativa dentro de três meses. Também confidenciou à esposa que se sentia obrigado a agir para salvar a Alemanha. "Nós, oficiais do Estado-Maior, devemos aceitar nossa parcela de responsabilidade", disse-lhe.

Em setembro de 1943, Stauffenberg estava de volta a Berlim como tenente-coronel e chefe do Estado-Maior do general Friedrich Olbricht, no centro administrativo do exército. Agora com um tapa-olho preto, o várias vezes condecorado oficial de quase um metro e noventa de altura havia se tornado um soldado lendário no comando berlinense. Tão logo assumiu as novas funções, começou a exercer controle político sobre os conspiradores desanimados. Insistia em que o novo governo tivesse um gabinete antinazista e sugeriu uma lista de líderes potenciais. Reconhecendo que a conspiração precisava de militares jovens, capazes de mobilizar com rapidez seus comandados, persuadiu alguns dos mais importantes oficiais alemães a apoiar o golpe iminente.

No início de 1944, um oficial de alto nível deu a conhecer que poderia se juntar aos conspiradores: o famoso marechal de campo Erwin Rommel, conhecido como a "Raposa do Deserto". Stauffenberg e muitos outros envolvidos não confiavam em Rommel, considerando-o um nazista que queria abandonar Hitler apenas porque a guerra estava sendo perdida. Qualquer que fosse sua motivação, Rommel diferia dos outros conspiradores em um ponto importante: era contra o assassinato do Führer, achando que isso o transformaria em mártir. Propunha, ao contrário, que Hitler fosse julgado perante um tribunal alemão por seus crimes, enquanto se assinasse um tratado de paz em separado com o Ocidente e a luta contra os russos prosseguisse.

Mas Stauffenberg e muitos outros de seus amigos tiveram de reconhecer que o Ocidente jamais aceitaria o tratado de paz em separado. Como a situação da guerra piorasse cada vez mais, eles apressaram seus planos para remover Hitler e assumir o controle do governo. O novo esforço recebeu o nome de Código de Valquíria" – mais conhecido como "Operação Valquíria" – uma alusão às belas virgens da mitologia norueguesa que voavam sobre os campos de batalha para selecionar aqueles que iriam morrer. No caso, Hitler.

Em junho de 1944, Stauffenberg e muitos outros foram pegos de surpresa pelo desembarque bem-sucedido dos Aliados nas praias da Normandia. Alguns conspiradores sugeriram abandonar os planos de assassinato, pois o fim era inevitável, para não serem acusados de provocar a derrota alemã. Mas, em discussões acaloradas, Stauffenberg convenceu-os de que era absolutamente vital matar Hitler para evitar perdas desnecessárias de vidas e provar ao mundo que os homens da resistência alemã se dispuseram a dar o passo decisivo contra o ditador nazista, a despeito dos tremendos riscos pessoais.

Em julho, Stauffenberg foi promovido a coronel e chefe do Estado-Maior do comandante em chefe do exército do interior. Esse foi um golpe de sorte para os conspiradores, já que permitia a Stauffenberg contatos pessoais frequentes com Hitler. Ele era agora o homem-chave da conspiração. As chances de sucesso dependiam de sua habilidade para eliminar Hitler. E Stauffenberg assumiu sua nova missão com o mesmo zelo e firmeza que haviam assinalado toda a sua carreira. Praticou intensamente, com os três dedos que lhe restavam, a técnica de armar as bombas inglesas.

Foi durante essa atribulada preparação para o ataque à máquina nazista que Stauffenberg se reuniu pela última vez com a família. "Lembro-me claramente de um passeio de fim de semana a um lugar onde um velho tio-avô meu morava, perto de Bamberg. Isso deve ter acontecido na época de Pentecostes [o sétimo domingo depois da Páscoa] ou, talvez, um pouco antes. Meu pai estava em casa para uma curta licença e pudemos fazer aquela viagem de fim de semana prolongado. Os automóveis eram muito raros ainda, de modo que foi preciso tomar um trem e depois uma carroça para subir a montanha. Ele esteve conosco nessa longa jornada. Deve ter sido a última vez."

No dia 11 de julho, Stauffenberg levou uma bomba para Berchtesgaden; mas, embora ficasse com Hitler e Göring por meia hora, não a acionou porque Himmler não estava presente. Os conspiradores haviam decidido que seria melhor eliminar os três principais nazistas ao mesmo tempo. A segunda chance surgiu a 15 de julho, dessa vez em Rastenburg. Himmler e Göring não apareceram. Stauffenberg deixou a sala e telefonou para os conspiradores em Berlim, informando-os de que apenas o Führer se encontrava no local e que ele iria plantar a bomba de qualquer modo. Quando voltou à sala de reuniões, Hitler já tinha ido embora.

A 20 de julho, Stauffenberg deveria se reunir de novo com Hitler, agora na Toca do Lobo, o quartel-general do Führer na Prússia Oriental. Dessa vez, os conspiradores decidiram acabar com Hitler estivesse ele acompanhado ou não dos outros chefes. Em vez de ocorrer no abrigo subterrâneo, onde a área fechada ampliaria a explosão, a conferência se deu num barracão do qual as dez janelas tinham sido abertas por causa do calor. Dirigindo-se para o local com o marechal de campo Wilhelm Keitel, Stauffenberg se desculpou a pretexto de ter esquecido o quepe e o cinto na antessala. Ali, com seus três dedos, abriu rapidamente a valise, quebrou a cápsula que acionava o mecanismo de tempo rudimentar e, muito calmo, se juntou aos outros nazistas que o esperavam. Em 10 minutos, a bomba explodiria.

Na sala de conferências, Stauffenberg tomou seu lugar à direita de Hitler, a menos de um metro de distância. Colocou a valise no chão, apoiando-a contra o pé da mesa, feito de carvalho sólido. Quatro minutos depois, saiu discretamente da sala, alegando estar à espera de uma importante chamada de Berlim. Então um dos oficiais se inclinou para ver melhor o mapa das operações e sentiu a valise de Stauffenberg atrapalhando-o. Removeu-a para longe do maciço suporte da mesa, involuntariamente protegendo Hitler da onda de choque da explosão. Às 12h43, a bomba explodiu. De pé a cerca de 200 metros de distância, Stauffenberg observava a cena e viu o edifício ir pelos ares num turbilhão de fumaça e chamas. Destroços voaram para todos os lados e alguns corpos foram lançados pelas janelas. Stauffenberg não teve dúvidas de que todos no recinto tinham morrido ou estavam morrendo.

Embora o alarme soasse imediatamente, ele passou por quatro guardas armados da SS em postos de controle. No aeroporto próximo, embarcou num avião cujos motores já estavam girando e iniciou a viagem de três horas até Berlim. "Foram momentos cruciais", diz Franz Ludwig. "Ele ficou sem comunicação com os outros conspiradores em terra na hora de maior perigo para todos."

Sem que Stauffenberg o soubesse, Hitler escapou à explosão. Recebeu um corte nas costas, de uma viga que desabara, queimaduras nas pernas e chamuscados no cabelo, ficando com o braço direito temporariamente paralisado e com os tímpanos perfurados – mas nenhum desses ferimentos era grave. Quatro pessoas morreram e muitas ficaram gravemente feridas. Enquanto isso, com Stauffenberg no ar, os conspiradores perderam o ímpeto e a liderança. A mensagem emitida da Toca do Lobo não deixava claro se Hitler estava vivo ou morto e, em resultado, ninguém em Berlim deu as ordens da Operação Valquíria para iniciar as operações militares de tomada do poder. Todos aguardaram o desembarque de Stauffenberg e, quando ele chegou a Berlim, constatou que as horas mais críticas haviam sido perdidas. Ninguém se apossara sequer das emissoras de rádio ou das centrais telefônicas. Stauffenberg reuniu os conspiradores, que conseguiram pelo resto do dia defender uns poucos edifícios importantes e aprisionar algumas forças nazistas leais – mas as linhas de comunicação abertas logo transmitiram a informação de que o Führer sobrevivera. Stauffenberg não queria acreditar nessa notícia. Mas, depois que ela se espalhou, alguns oficiais de alta patente que haviam ficado indecisos voltaram a apoiar Hitler. A notícia garantiu também que forças leais a Hitler recobrassem o ânimo para uma luta acirrada.

Às 9h, os conspiradores ficaram perplexos ao ouvir pelo rádio que Hitler dali a pouco falaria à nação. Às 23h, a hesitante liderança da conspiração acabou encurralada no Ministério da Guerra quando um grupo de nazistas leais irrompeu no local. Na confusão, Stauffenberg foi ferido no braço que lhe restava. Meia hora depois, seu ex-oficial superior, general Friedrich Fromm, anunciou que Stauffenberg e mais três outros haviam sido sentenciados à execução imediata por uma corte marcial sumária. Stauffenberg, com a manga do braço ferido empapada de sangue, foi levado para um pátio nos fundos do ministério. Ali, os faróis de um caminhão do exército iluminaram o muro onde os condenados se perfilaram para o fuzilamento. "Vida longa à nossa sagrada Alemanha!", gritou Stauffenberg ao cair no chão. Tinha 36 anos.

"Obviamente, nós, crianças, não soubemos de nada antes do atentado", diz Franz Ludwig. "Qualquer informação desse tipo teria sido absolutamente irresponsável e suicida. Assim, ignorávamos que alguma coisa fosse acontecer. No dia seguinte, 21, minha mãe entrou em nosso quarto. A casa era grande, de três andares, e nossos quartos ficavam numa espécie de biblioteca, adaptada para esse propósito enquanto estivéssemos lá. Brincávamos quando ela entrou e disse que tinha algo terrível para nos contar – 'Papai morreu.' Disso eu me lembro com clareza, embora, é claro, levasse algum tempo para captar bem o significado daquelas palavras. Não era difícil entender o que a morte significava, mas foi difícil aceitar que se tratava realmente de meu pai. Minha mãe não chorou. Disse mais alguma coisa a meu irmão mais velho, que tinha então 10 anos – não, sem dúvida, toda a verdade, apenas que tinha havido um terrível equívoco ou erro.

Dois dias depois, à noite, minha mãe e meu tio-avô, que se encontrava ali na ocasião, foram presos quando estávamos todos dormindo. Quando descemos na manhã seguinte para o café, soubemos o que havia acontecido. Tínhamos uma babá e acho que foi ela que nos contou. Dois dias depois, minha tia foi a Berlim para tentar ver o irmão mais velho de meu pai, Berthold. Disso, porém, não me recordo bem. Uma lembrança bastante clara, no entanto, foi que dois dias depois nos disseram que minha avó e sua irmã, uma enfermeira aposentada da Cruz Vermelha, também tinham sido presas e levadas para longe. De novo, só ficamos sabendo do acontecido porque nos contaram. A casa era grande, moravam ali seis crianças, quatro irmãos e dois primos, além de uma criada de minha avó que também cozinhava e uma garota que cuidava dos dois primos. Em suma, uma família mais numerosa que o normal."

Sem que os Stauffenbergs o soubessem, Hitler e Himmler, isolados em sua vasta propriedade no sul da Alemanha, iniciaram uma campanha brutal de vingança para apagar os mínimos vestígios da resistência. Desencadeou-se uma onda selvagem de prisões seguidas de torturas atrozes, julgamentos apressados e execuções sádicas, inclusive com as vítimas dependuradas em ganchos de açougue. Parentes e amigos dos suspeitos foram arrebanhados aos milhares e enviados para campos de concentração. A prisão dos Stauffenbergs foi apenas o começo em toda a Alemanha. Em dois meses, a Gestapo deteve mais de 7 mil suspeitos e os "tribunais do povo" proferiram 4.980 sentenças de morte.

Um dos executados foi o conde Berthold von Stauffenberg, o irmão mais velho de Claus. "Lembro-me de meu tio", afirma Franz Ludwig. "Recordo-me perfeitamente de sua aparência e por isso sei dizer se ele saiu bem nas fotografias ou não. Nós o víamos em alguns fins de semana. Era advogado e juiz naval, por isso vestia uniforme da Marinha, que nos deixava maravilhados."

O terceiro irmão Stauffenberg era professor de História Antiga na universidade e estava acima de qualquer suspeita. Mas, de qualquer modo, a Gestapo o prendeu porque era um Stauffenberg. Com dois dos irmãos mortos e os adultos da família presos, os nazistas decidiram avançar contra as crianças.

"Mais ou menos por essa época... não sei bem se antes da detenção de minha avó, mas acho que sim, dois homens apareceram em nossa casa e nos foram apresentados", conta Franz Ludwig. "Logo tomaram conta da casa. Comiam conosco, levavam-nos para passear. Eram agentes da Gestapo. Um deles, um sujeito alto e corpulento, devia ser o chefe. O outro era menor e magro. Naquela idade, uma criança percebe muita coisa e se lembra de quase tudo, mas não deduz logicamente o significado daquilo que o cerca. A criança apenas toma as coisas pelo que são, sem pedir explicações sobre o que está acontecendo. Há um fato puro e simples, os adultos lhe dizem que está tudo bem e ela aceita. Sem dúvida, a situação era estranha e me lembro de não gostar dos dois intrusos, mas também não posso dizer que os detestasse. Só achava que não pertenciam à nossa família. Eles, porém, se instalaram e agiam como se fossem donos da casa. Então, após alguns dias, fomos novamente informados de que faríamos uma viagem de carro. De carro porque assim seria mais excitante... pois os carros eram raridade.

Aconteceu então algo de que me lembro perfeitamente. A criada de minha avó era católica devota. Quis levar-nos ao padre da aldeia, que conhecíamos bem, e lá fomos nós, os seis, em curta caminhada até sua casa. Ele conversou conosco, abençoou-nos e explicou que experiências ruins ou mesmo terríveis nos aguardavam e que poderíamos até acabar numa pocilga. Mas ainda assim deveríamos sempre nos lembrar de que nosso pai fora um grande homem e fizera a coisa certa. Isso era, é claro, um ato muito perigoso e corajoso para um padre: se contássemos aquela conversa aos homens da Gestapo, ele seria fatalmente aprisionado num campo de concentração. Lembro-me bem da caminhada e da criada chorando. Desconfiei que algo muito tocante havia acontecido, mas não sabia o que era.

No dia seguinte, um carro veio nos buscar, uma limusine preta, enorme. Por um lado, a aventura era excitante; mas, por outro, parecia um tanto amedrontadora, pois não sabíamos o que estava acontecendo nem para onde estávamos indo. No que me dizia respeito, um ponto era muito importante: eu tinha dois irmãos mais velhos. Fiquei o mais perto possível deles, que pareciam totalmente confiantes. Se aceitavam a situação, então estava tudo bem para mim. Acho que tudo seria completamente diferente se eu fosse o único filho, ou o mais velho. Mas, como não era, pautava meus sentimentos pelas reações deles, que não entraram em pânico em momento algum. Assim, senti-me seguro."

As crianças Stauffenberg foram as primeiras a ser levadas pela Gestapo. Por ordem de Himmler, ficaram no principal centro de detenção até a SS decidir o que fazer com elas. Franz Ludwig se recorda de parte da viagem até aquele local. "Um dos homens da Gestapo foi conosco, provavelmente o menor, mas não tenho muita certeza. A primeira parte da viagem não está muito clara em minha memória. Chegamos primeiro a uma cidade, acho que Stuttgart. Em seguida, fomos para um lugar onde ficamos até depois da guerra. Era uma espécie de jardim da infância nas montanhas Harz, perto de Gottingen. O lugar se chama Bad Sachsa, uma cidadezinha nas encostas sul das montanhas, agora bem na fronteira entre a Alemanha Ocidental e a Oriental. Um lugar bonito, construído mais ou menos na época da Primeira Guerra Mundial, um tipo de clube de campo para crianças de Bremen.

Fora planejado de modo inteligente numa vasta propriedade e tinha várias casas, cada qual para abrigar de 30 a 35 crianças, conforme a idade e o sexo.

Isso foi no final de julho ou início de agosto. Aconteceu muito rapidamente. Fiquei ali por cerca de um ano, até junho de 1945. Ao chegarmos, três de nós – meu segundo irmão, meu primo e eu – fomos colocados juntos em uma casa, a número três, destinada a esse grupo etário. Meu irmão mais velho ficou em outra casa, enquanto minha prima e minha irmã, em outra. Fomos os primeiros a chegar. Pouco depois, no entanto, as casas se encheram de mais e mais crianças. Eram todos filhos de envolvidos na conspiração ou membros da resistência."

De repente, no final de 1944, a SS começou a reduzir o número de crianças detidas. "Soubemos mais tarde que haviam sido entregues a uma avó ou tia, ou algo parecido", diz Franz Ludwig. "Logo só restavam dez de nós, seis de nossa família e quatro estranhos. Soubemos que, dos outros, três eram nossos primos distantes. Seu pai era primo do meu e atuara como membro de ligação para a resistência entre Berlim e Paris. Tinha sido um verdadeiro confidente de meu pai e, obviamente, foi executado. Então, ficamos todos juntos numa casa só e reencontrei meus irmãos, minha irmã e meus primos."

No outono de 1944, Franz Ludwig, com 6 anos de idade, contraiu uma infecção crônica no ouvido médio, que foi piorando aos poucos. O serviço médico do campo tentou sem sucesso tratá-lo; em seguida, ele foi enviado a um especialista na cidade vizinha de Nordhausen e depois a um hospital em Erfurt. "Passei cerca de quatro ou cinco semanas no departamento de otorrinolaringologia do hospital", lembra-se Franz Ludwig. "E um dos melhores especialistas da Alemanha estava lá para cuidar de mim. Passei por uma cirurgia e saí totalmente curado. Em retrospecto, acho estranho que não soubessem o que fazer conosco. Em vez de ficar contentes por ter um de nós a menos se o pior me acontecesse, deram-me o melhor tratamento médico possível na época. Talvez isso seja típico dos alemães. Enquanto ninguém tomava uma decisão final, todos levaram suas responsabilidades muito a sério, pois não sabiam o que seria finalmente decidido e não queriam ser acusados de nada. Assim, recebi a melhor das atenções.

Porém, não fui levado ao hospital com meu nome verdadeiro. Esse incidente me revelou que todos, no acampamento, tínhamos nomes falsos. Meus irmãos, minha irmã e meu primo receberam o de Meister.

No hospital, isso não funcionou para mim na chamada. Eu era muito bobo. Por exemplo, fomos à sala dos raios X e fiquei esperando do lado de fora com muitas outras pessoas. Uma enfermeira entrava e chamava 'Müller, por favor' ou 'Meyer, por favor'; quando disse 'Meister, por favor', não reagi. Ela insistiu: 'É a sua vez' e eu repliquei: 'Por quê? Chamaram Stauffenberg?' Isso aconteceu em várias ocasiões. Nunca me castigaram pelo lapso. Mais tarde, descobri que o hospital inteiro sabia exatamente quem eu era. Mas não houve danos nem, portanto, consequências.

O motivo da mudança de nomes era camuflagem. Já então todos conheciam o nome Stauffenberg, que havia se tornado um sinônimo de 'mal' na propaganda nazista, um rótulo para 'traidor'."

Franz Ludwig foi mandado ao hospital com uma enfermeira idosa e gentil, em parte guarda e em parte criada, cuja companhia ele apreciava. Mas, em Erfurt, ele teve também seu primeiro contato com a guerra real. A cidade era um alvo para os bombardeios dos Aliados e ele se lembra de que certa vez, após sair do abrigo, viu "os danos infligidos ao lugar. Era assustador e ao mesmo tempo excitante. Não me recordo de ter ficado horrorizado."

Franz Ludwig voltou ao acampamento de Bad Sachsa após o dia de São Nicolau (6 de dezembro). Durante essa época de Natal, as crianças Stauffenberg, afastadas da família por cinco meses, receberam a primeira visita de um parente, uma tia muito especial. Franz Ludwig se lembra bem dela e da ocasião. "Alexander, o irmão de meu pai que era professor universitário, tinha uma esposa bastante interessante, Melitta, a quem chamávamos de tia Lita. Pilotava aviões, o que não era uma profissão comum para as mulheres na época. Não se podia dizer que fosse apenas aventureira: formara-se em Engenharia e inventara diversos instrumentos importantes para voos noturnos. Göring tinha uma personalidade das mais esquisitas, com traços muito peculiares, e mal se pode entender como Hitler ou Himmler o toleravam. Era, em suma, um homem grotesco. Em volta dele, havia um círculo bem especial de pessoas apaixonadas por aviões, com um certo espírito de equipe e camaradagem, mas não necessariamente nazistas. Muitas delas encontraram um meio de ficar perto de Göring sem ser afetadas pela ideologia nazista. Algumas nem tinham nada em comum com o nacional-socialismo, mas eram entusiastas do voo.

Essa minha tia era conhecida por todos os pilotos e por quem se relacionasse de alguma forma com a aviação. Tinha vários amigos no grupo.

Quando seu marido foi preso, tentou ajudá-lo, mas ela própria acabou presa. Os amigos, movidos pelo espírito de equipe, se empenharam em libertá-la e o conseguiram. Disseram à Gestapo que, com certeza, ela não participara em nada do conluio dos Stauffenbergs, apenas se casara com um deles, era insubstituível e absolutamente necessária na esfera da aviação: ninguém poderia ocupar seu lugar. Ao ser libertada, ela agradeceu, mas impôs duas condições para voltar ao trabalho. Primeira, ficaria sempre sabendo onde estava seu marido e o resto de seus familiares (considerava-nos a todos da família). Segunda, teria licença para visitar qualquer um de nós. As duas exigências foram atendidas. Mostrou-se muito corajosa; assumiu um grande risco e venceu. Não apenas lhe deram as informações pedidas como ela própria as buscou. Sabia para onde tínhamos sido levados, para onde minha mãe tinha sido levada e onde nossa família se encontrava – e visitava a todos. Para nossa surpresa, apareceu no Natal de 1944. Nesse feriado, fomos convocados à casa da diretora do acampamento e lá estava a tia Lita. Trouxe uma árvore de Natal e quis celebrar conosco do modo como costumávamos, mas, como era difícil arranjar presentes, descobriu um lugar onde se guardavam medalhas, pegou um monte delas e distribuiu entre nós. Sentimo-nos verdadeiros heróis de guerra, é claro.

Em consequência dessa visita, ela pôde contar à minha avó onde nos encontrávamos e que estávamos bem.

Quem não iria gostar da tia Lita? Ela era vibrante e nos contou várias histórias sobre seus voos e aviões. Naquele ano e em sua companhia, o Natal foi ótimo."

Durante a permanência de Franz Ludwig e seus irmãos em Bad Sachsa, sua mãe, grávida no momento em que havia sido aprisionada, teve uma filha, nascida em janeiro de 1945. Embora a condessa Nina e o bebê ficassem gravemente doentes, recuperaram-se aos poucos num hospital de Potsdam. Melitta Stauffenberg visitou-a ali e garantiu-lhe que seus outros filhos estavam bem.

No início de 1945, Bad Sachsa foi convertida em quartel-general de uma divisão do exército, mudança que Franz Ludwig achou "muito excitante". O local se tornou também um ponto de passagem para hordas de refugiados que fugiam do Leste.

Na época de sua prisão, Franz Ludwig não se dava conta de que as coisas podiam ser bem piores. Bad Sachsa era um centro de detenção para crianças de até 13 anos. Aquelas de 14 ou mais iam para um campo de concentração perto de Dantzig. Quando a Frente Oriental se aproximou demais, esse grupo todo começou a ser transferido de acampamento em acampamento, sempre um passo à frente dos russos. Por algum tempo, os garotos ficaram em Buchenwald. Acabaram nos Alpes, sob a guarda de homens da SS, e, numa virada incomum, soldados alemães do exército regular os libertaram e os entregaram depois a tropas americanas, no norte da Itália. Franz Ludwig tinha vários parentes no grupo mais velho e aprendeu com a experiência deles.

As crianças Stauffenberg continuaram em Bad Sachsa até junho de 1945, embora o acampamento fosse libertado pelos americanos nos últimos dias de abril. "Ouvimos o som de grandes canhões, semelhante ao trovão, e soubemos que a guerra estava perdida da boca dos soldados alemães que estavam conosco", conta Franz Ludwig. "O inimigo se aproximava cada vez mais. Então, um dia, escutamos um fragor de luta nas imediações e tivemos de correr do térreo das instalações médicas para um quarto usado como depósito de ferramentas. Alguém entrou e disse que tanques haviam chegado e que os alemães haviam batido em retirada. Por fim, a porta se abriu e um soldado de baixa estatura entrou, de arma em punho, olhou em volta e ouviu que ali só havia crianças. Em seguida, entrou outro soldado e os dois pareceram satisfeitos. Foi tudo. Os americanos ocuparam o acampamento inteiro, exceto nossa casa. E essa foi a primeira vez que vi chocolate. Um soldado tinha feito amizade com uma garota que lhe levou água e, enquanto esteve no acampamento, deu a ela guloseimas, que para nós eram um luxo além de qualquer descrição.

A lembrança que tenho dos soldados americanos é inteiramente positiva e não apenas por causa do chocolate. Eram amistosos, cordiais e muito jovens. Brincavam e se divertiam conosco."

Após um curto período, a tropa deixou o local, mas logo a tia-avó de Franz Ludwig – irmã de sua avó, a ex-enfermeira da Cruz Vermelha – chegou com uma amiga. Encontrara as crianças graças à informação de Melitta. Haviam atravessado duas zonas aliadas, numa viagem de quase 500 quilômetros. Conseguiram até persuadir o comandante francês local a emprestar-lhes seu carro oficial, estampado com os símbolos do exército de seu país. A tia-avó não perdeu tempo para tirá-los de Bad Sachsa. Franz Ludwig se lembra da preocupação e da pressa da fuga. "Havia o medo real de que os russos se aproximassem mais e chegassem a Bad Sachsa.

E os russos eram a imagem do terror. Uma ameaça. Mencioná-los entre os alemães, mesmo de minha idade, provocava pânico. Sentíamo-nos seguros com os americanos e mais ainda com os franceses.

Em Bad Sachsa, na verdade, ninguém sabia coisa alguma. Corriam rumores e não se podia dizer quais fossem confiáveis. Assim, procuramos sair às pressas, o que não era fácil, pois agora éramos uns quinze a ser transportados e minha tia só tinha um carro. Ela então arranjou um ônibus movido a metanol: sua frente parecia um grande forno. Isso era muito comum logo depois da guerra, pois faltavam derivados de petróleo. O sistema de combustão não ajudava muito, levava muito tempo para começar a funcionar. Meus dois irmãos e eu fomos no carro do oficial francês. Paramos primeiro na casa de minha avó, em Lautlingen. O ônibus só chegou depois de vários dias e lembro-me de que minha avó estava muito preocupada, com receio de que os russos interceptassem aquele veículo tão lento."

Enquanto sua avó aguardava, inquieta, a chegada do ônibus, Franz Ludwig se entretinha com uma nova descoberta: soubera finalmente o que seu pai havia feito durante a guerra. "Recordo-me bem da primeira vez que alguém me contou sobre as atividades de meu pai", relata ele. "Foi a mulher que acompanhou minha tia-avó a Bad Sachsa para nos resgatar. Viajou com meus dois irmãos e eu, no carro do oficial francês, e no caminho nos contou tudo. Foi uma grande revelação para mim. Bastante perplexa. Explicou-nos o que havia acontecido. Depois, principalmente quando minha mãe voltou, eu soube mais a respeito do caso."

Mas, no momento em que Franz Ludwig pôs os pés na casa da avó, ninguém sabia o destino de sua mãe. Em julho, a família finalmente recebeu a notícia de que ela estava viva. Havia escapado de um guarda idoso pouco antes da entrada dos russos em Berlim. Um trem superlotado levou-a à Saxônia e depois ela fez o restante do trajeto a pé, com o bebê nos braços, até chegar à Baviera e à casa de alguns parentes.

"Enquanto isso, minha outra tia, esposa de Berthold, e meu tio Alexander voltavam para a casa de minha avó", lembra-se Franz Ludwig. "Apareceram num grande Mercedes, que nos deixou a todos boquiabertos. Pertencia ao cardeal de Munique, que o oferecera para aquela viagem. Infelizmente, recebemos notícias muito ruins sobre minha outra tia. Melitta não sobreviveu à guerra: foi abatida em seu avião nos últimos dias do conflito. Sabemos agora que quem alvejou o avião na Baviera, de propósito, foram tropas alemãs. O comandante das metralhadoras antiaéreas recebeu a informação de que ela tentava fugir para a Suíça com as joias da família Stauffenberg." A dor de Franz Ludwig pela perda da tia foi amenizada quando ele se reuniu com sua mãe no final de agosto. Não a via há mais de um ano. "Quando minha mãe voltou, foi um grande acontecimento para nós. Não notei nenhuma grande mudança nela; era minha mãe e eu estava muito feliz por vê-la. Não tinha sido muito maltratada na prisão, pois ali conheciam sua identidade. Por sorte, seus guardas eram funcionários regulares da prisão e não integrantes da SS.

Minha mãe se estabeleceu em Lautlingen porque a casa que havia herdado dos pais, em Bamberg, fora danificada e pilhada. Então, não podíamos ir para lá. Além disso, depois de 20 de julho, os nazistas ocuparam o local e o converteram num escritório da Gestapo. Para os moradores da região, o fato de a casa ter sido um quartel da Gestapo era justificativa suficiente para entrarem lá e levarem tudo de que precisassem. E, na época, se precisava de tudo. Até as vidraças das janelas e os canos foram levados. Passaram-se anos até que minha mãe conseguisse pôr a casa em ordem. Ela não tinha dinheiro."

Felizmente, a avó de Franz Ludwig dispunha de espaço suficiente. Findo o verão de 1945, todas as crianças Stauffenberg foram para a escola local. Franz Ludwig, então com 8 anos, lembra-se do julgamento de Nuremberg ao final daquele ano e início de 1946. Ouvia-o pelo rádio, de uma perspectiva bem mais despojada que a da maioria dos outros filhos entrevistados para este livro, cujos pais se encontravam no banco dos réus. "Sim, eu me lembro bem do julgamento de Nuremberg. Minha tia-avó, aquela que nos tirou de Bad Sachsa, sempre se interessara por política e escutava pelo rádio o que acontecia em Nuremberg. Esse interesse se devia ao fato de ter crescido em Stuttgart com um dos acusados, Konstantin von Neurath, ex-ministro das Relações Exteriores. Não achava que Neurath fosse capaz de fazer alguma coisa de mal, mas também tinha certeza de que o cargo de ministro das Relações Exteriores não estava à sua altura. Considerava-o um bom sujeito e basicamente honesto; não, porém, um gênio. Conhecia-o pessoalmente, mas não teve contato com ele por muito tempo. Assim, eu ouvia o noticiário do julgamento com frequência e ainda me lembro do locutor descrevendo a expressão dos réus quando os vereditos foram proferidos."

Embora os Stauffenbergs fossem uma família nobre e próspera, a era pós-guerra imediata se revelou difícil para eles. "Não gozávamos, é claro, de nenhum conforto", diz Franz Ludwig. "Mas, em comparação com muitos outros, tivemos alguma sorte. Isso se aplica também ao final da guerra no acampamento de Bad Sachsa. Havia escassez de tudo então e, aos domingos, serviam-nos uma espécie de sopa de beterraba, muito semelhante à que se dava ao gado, e eu detestava aquilo. Tínhamos escassez, não tínhamos roupas suficientes, mas conseguíamos viver de maneira mais ou menos decente.

Em casa, apesar da escassez normal, logo a vida melhorou. A zona americana era bem melhor que a francesa. Os americanos eram melhores. E havia intenso contrabando entre as zonas – cigarros, açúcar, trigo, farinha, tudo.

Quem se saía bem nessa época eram os fazendeiros. Infelizmente, nós não tínhamos fazenda. A comida estava racionada e não era nada boa; mas pelo menos não nos faltava. Lembro-me dos racionamentos; fome de verdade, porém, nunca passamos. Minha mãe precisou de algum tempo para arranjar dinheiro. Meu pai tinha sido oficial do exército e ela recebia sua pensão, que no entanto era insuficiente para uma viúva com cinco filhos. Não vivíamos no luxo de modo algum."

Com 13 anos, as crianças Stauffenberg foram mandadas para um internato perto do lago Constança, na Suíça. Franz Ludwig permaneceu ali até seus exames finais, o equivalente ao curso colegial, que concluiu em 1958. Ouvia falar do pai na escola, "mas não aprendi nada de novo sobre ele. Descreviam-no sempre em termos positivos. O nome Stauffenberg chamava a atenção e as pessoas sabiam quem eu era. A aldeia onde frequentei os primeiros anos da escola pertencia à cidade de onde vinha a família Stauffenberg. Eu não era o filho de um herói Stauffenberg porque Claus Stauffenberg também era oriundo da aldeia. Não passávamos de descendentes de uma família antiga local".

Em 1958, com 20 anos, Franz Ludwig entrou para a Universidade de Erlangen. Não foi aceito no exército devido à surdez do ouvido direito, provocada pela infecção durante a guerra. Estava preparado para servir, de acordo com uma longa e prestigiosa tradição de família, e inicialmente ficou surpreso e desapontado por não ser aceito no programa para oficiais da reserva.

Em três universidades, estudou Direito e História. Fez seu primeiro exame de Direito em 1962 e se casou em 1965. Em 1966, formou-se. Trabalhou inicialmente em uma companhia industrial, como assistente do diretor executivo e membro do departamento jurídico. Permaneceu ali por cinco anos. Em 1972, com 34 anos, Franz Ludwig Stauffenberg foi eleito para o Bundestag, onde ficou pelos próximos doze anos até passar para o Parlamento europeu.

O irmão mais velho de Franz Ludwig é general-brigadeiro no exército, tendo antes exercido as funções de adido militar alemão em Londres. O segundo irmão é um empresário de sucesso. A irmã mais velha casou-se e teve uma filha que morreu de leucemia em 1966. A irmã caçula casou-se com um advogado suíço e vive em Zurique com seus quatro filhos.

Embora seu pai seja um autêntico herói, Franz Ludwig encontrou também reações negativas a ele. "Várias vezes, ouvi acusações a meu pai, mas sempre anônimas. Ninguém jamais me disse, frente a frente, nada de abertamente negativo sobre ele. Conheci pessoas céticas ou hostis, mas mantiveram a boca fechada ou expressaram suas opiniões de maneira cautelosa. Fico intrigado ao saber que houve e ainda há quem não o aceite como herói e não o veja, ou ao que ele fez, a uma luz favorável. Entretanto, até hoje ninguém ousou ou achou apropriado me dizer isso.

Recebi muitas cartas anônimas. Em tom bastante sórdido. Algumas afirmam que sou tão ruim quanto meu pai. Você sabe, o mundo está cheio de idiotas. E quando alguém assume um cargo público, torna-se automaticamente vítima de mensagens desse tipo. Portanto, não convém exagerar na indignação. Há anos não recebo nenhuma carta anônima com esse teor. Depende: umas são casos para psiquiatras, outras são sórdidas porque querem sê-lo. Mostrei algumas para a polícia, quando desconfiei que tinham intenções criminosas.

Dado interessante, a pessoa não precisa ser nacional-socialista para criticar meu pai. Houve muitas que perguntavam 'Por que não matou Hitler com um tiro?', questionando a coragem do que ele fez. É uma abordagem das mais simplistas, que entretanto não chega a me surpreender. São abordagens, perguntas e críticas que apenas revelam um conhecimento insuficiente dos fatos. Em primeiro lugar, essas pessoas com certeza ignoram o papel de meu pai no complô. Seu papel não era preparar a bomba nem matar Hitler, mas ser o homem-chave da organização. Uma das grandes falhas do complô foi justamente essa, que o principal organizador se encarregasse também de colocar a bomba. Em segundo lugar, elas não levam em conta as limitações físicas, a perda da mão e os obstáculos que meu pai precisou superar para acionar a bomba.

Mas estou certo, com base em minha experiência, de que a grande maioria do povo alemão reage positivamente ao nome Stauffenberg.

Franz Ludwig reconhece que a herança paterna não constituiu um fator neutro para ele, mas acha impossível dizer se ser filho de Claus von Stauffenberg foi uma vantagem ou uma desvantagem. "É muito complicado", diz ele. "Não creio que a pergunta possa realmente ser respondida porque, para isso, eu precisaria saber o que aconteceria se fosse outra pessoa ou tivesse um nome diferente. Ignoro o que é não ser filho de Stauffenberg. Mas, sem dúvida, eu não carregaria o fardo negativo associado a meu pai."

Franz Ludwig Stauffenberg trabalhou duro para fazer sozinho uma carreira prestigiosa e independente – e conseguiu. "No fim das contas, é preciso acreditar que as pessoas com quem convive na carreira acadêmica e profissional não veem em você apenas o filho de fulano ou sicrano, mas alguém com caráter próprio", pondera ele. "Essa, porém, é a situação mais comum e a experiência inevitável para todos os filhos de pessoas muito conhecidas. Você, por exemplo, está me entrevistando há horas não por eu ser membro do Parlamento europeu, mas por ser filho de Stauffenberg. As coisas ainda são assim, de fato.

Entretanto, aceito bem a situação porque me orgulho de meu pai e o amo muito. Não o vejo como um deus perfeito na Terra. Em minha opinião, foi um homem inteligente e corajoso, mas que também tinha fraquezas como qualquer outra pessoa. Foi um grande homem e muito humano. Possuía qualidades extraordinárias, dignas de lembrança não apenas para seus filhos.

É compreensível que eu prefira ser filho de Stauffenberg a ser filho de Himmler ou qualquer outro desse tipo. A lembrança e o conhecimento do que meu pai fez serão sempre algo bastante especial para mim. Ele próprio é bastante especial para mim."

◆ Claus von Stauffenberg no quartel-general do exército (Ucrânia, 1942). Foi durante seu serviço na Rússia que ele presenciou as atrocidades da SS e decidiu se juntar à resistência contra Hitler.

◆ Stauffenberg com um tapa-olho se recuperando dos ferimentos quase fatais recebidos no norte da África. Está rodeado pelos filhos, além de alguns sobrinhos e sobrinhas. Franz Ludwig é o da extrema direita. Essa foto foi tirada poucos meses antes de Stauffenberg plantar a bomba que quase matou Hitler.

CAPÍTULO 9

O Adepto Autêntico

MAIS DE 10 MILHÕES DE ALEMÃES E AUSTRÍACOS ENTRARAM PARA O PARTIDO Nazista durante sua existência de vinte anos. Os números seriam certamente mais altos se Hitler não houvesse impedido a inscrição de novos membros de 1933 a 1937, temendo que as pessoas o fizessem devido a seu enorme sucesso e não por ideologia. No entanto, uma boa porcentagem dos que aderiram antes da proibição também o fizeram por ambição, tanto quanto por puro fervor nacional-socialista.

Os verdadeiros nazistas em espírito foram, quase sempre, os que se juntaram ao partido nos primeiros dias, quando os nacional-socialistas ainda eram um grupo político marginal. Esses seguidores se arriscaram a ficar fora da sociedade tradicional e a ser presos. Homens e mulheres capazes de enfrentar tamanhos perigos tinham a dedicação fanática à causa que Hitler procurava. Mesmo depois da devastadora catástrofe da Segunda Guerra Mundial, muitos desses zelotes continuavam acreditando firmemente no nacional-socialismo.

Um desses homens é Ernst Mochar, membro austríaco do NSDAP em 1927, quando os nazistas não passavam de algumas centenas. Foi soldado de primeira linha durante o conflito, mas não se envolveu em nenhum crime de guerra. Todavia, é um nazista dedicado, ainda convencido de que a filosofia do partido era a certa. A adesão à causa de Hitler criou dificuldades com sua filha Ingeborg, a mais nova de três filhos. Ela é psicoterapeuta em Viena. Entretanto, não foi apenas o estilo de vida de Ingeborg que causou disputas com o pai e suas crenças políticas; a briga teve início quando ela informou à família que iria se casar com um judeu. Essa decisão da filha de um nazista convicto levou a recriminações e amargura. Mas Ingborg estava determinada a não deixar que seu casamento separasse a família. Uma trégua tensa existe entre as famílias dela e do marido, que teriam sido inimigas durante a guerra. Ingeborg é uma de dois filhos, entrevistados neste livro, cujos pais ainda estão vivos.

Ernst Mochar nasceu na Caríntia, região rural do sul da Áustria, a 30 de outubro de 1909. Foi o terceiro de quatro filhos num lar católico muito pobre. "Moravam num único quarto, numa casa sem água corrente", diz Ingeborg. "O lugar era frio e úmido, e eles quase não tinham o que comer."

O irmão mais velho de Mochar tombou durante a Primeira Guerra Mundial. Seu pai, um ferreiro, foi libertado de um campo de prisioneiros de guerra da Sibéria apenas para ser preso de novo por iugoslavos em razão de um conflito étnico na Caríntia. Ali, foi espancado até a morte. Sozinha com os filhos, a mãe de Ernst, filha de um fazendeiro, mal conseguiu sobreviver. "Meu pai cresceu com a consciência de ser e querer ser alemão. Isso não era muito comum onde ele morava, pois ali havia muitos eslovacos. Quando criança, sentia-se desanimado porque via católicos orar a Deus num minuto e logo em seguida fazer coisas terríveis com as pessoas, em atos ou palavras. Por isso, em 1927, deixou a igreja e se inscreveu no NSDAP." Seus irmãos também se juntaram ao Partido Nazista.

Mochar, aos 18 anos, começou a trabalhar como eletricista, mas passava a maior parte do tempo treinando jovens nacional-socialistas numa ampla variedade de esportes. Quando a Áustria baniu o Partido Nazista, ele foi preso e ficou detido de 1929 até 1930. Depois de ser solto, as autoridades o deportaram para a Alemanha em plena Grande Depressão. Mas os alemães e os membros do partido acolheram-no bem e ele rapidamente se matriculou, em Berlim, num curso para se tornar instrutor esportivo. Não tardou e se transferiu para Freiburg, onde ensinou a filosofia nazista a grupos da Juventude Hitlerista. Em 1937, com 28 anos, conheceu sua futura esposa. Ela era também instrutora de ginástica do partido, mas vinha de uma classe bem diferente, a média-alta. Seu pai, morto na Primeira Guerra Mundial, era médico, e seu padrasto um ex-general de exército. "Minha mãe era a imagem perfeita da donzela alemã, com cabelos loiros e olhos azuis", diz Ingeborg. "Muito bonita e afável. Ainda é. Foram para a Caríntia, onde meu pai mantinha uma escola e minha mãe arranjou emprego na Bund Deutscher Madchen [Liga das Jovens Alemãs] como líder em um acampamento de garotas das imediações. Casaram-se numa grande cerimônia nazista."

Quando a guerra eclodiu em 1939, Mochar se alistou imediatamente no exército. "Pensou: 'Não servirei para nada a não ser que vá lutar'", conta Ingeborg. "Fez isso contra o conselho de quase todos os seus amigos." Foi mandado para a Frente Oriental, onde combateu bravamente e logo se viu promovido a tenente. Foi ferido gravemente quando um projétil atravessou sua mochila e se alojou em suas costas. Recuperado, voltou à frente de combate. Nunca foi capturado e por quase cinco anos colaborou com o esforço de guerra alemão, só voltando para casa ocasionalmente, em licença.

Nesse meio-tempo, os Mochars constituíram família. Em 1941, nasceu uma menina; em 1943, um menino; e, em 6 de setembro de 1945, Ingeborg. Quando Mochar regressou à Caríntia, na primavera de 1945, a polícia local e os britânicos estavam no seu encalço. Sua precoce filiação ao partido e seu entusiasmo por ele eram bem conhecidos, de modo que o procuravam para interrogatório e processo de desnazificação. Mas, na época, sua esposa estava grávida de Ingeborg e Mochar não queria entregar-se até a filha nascer. Suas fugas das tropas britânicas e da polícia austríaca tornaram-se histórias populares na região. Mochar voltou para casa quando Ingeborg nasceu e em seguida se entregou aos britânicos. Estes o colocaram num pequeno campo de prisioneiros, no sul da Caríntia, por dois anos e meio. Nunca o acusaram de nada. Certa vez, tentou escapar, mas sem sucesso.

"Estava numa péssima condição física e mental", relata Ingeborg. "Minha mãe só podia visitá-lo de vez em quando. Li as cartas deles durante esse tempo e todas falam de sobrevivência. 'Consegui algumas batatas, um pouco de açúcar', coisas assim. Eles não tinham nada. Tudo lhes foi tirado."

Mochar voltou para casa no começo de 1948. As primeiras lembranças que Ingeborg tem da família datam do ano seguinte. "Éramos muito pobres. Ele já não podia lecionar, suas credenciais tinham sido canceladas. Então, voltou a trabalhar como eletricista. Estavam sem nenhum tostão. Meu pai precisou se esforçar muito.

Ficou bastante deprimido após o fim da guerra. Sua vida política terminara. Estava amargurado. Todos os seus ideais haviam ruído e ele colecionava experiências que apoiavam seus sentimentos, como histórias sobre os crimes cometidos pelos comunistas. Ridicularizava as pessoas que, antes nacional-socialistas, agora se diziam socialistas e voltavam a ser católicas. Repetia: 'Eu disse sim antes e vou dizer sim agora. Não mudo!'

Por isso, teimava em rejeitar ou ignorar qualquer informação negativa sobre o nacional-socialismo. Replicava: 'Não, isso não é verdade', num processo que começou na época e não terminou ainda. Meu pai se identifica com o nacional-socialismo a ponto de não admitir nunca que esse regime foi um erro. Não consegue dizer: 'Se eu soubesse do que acontecia, não teria participado'. Não pode fazer isso. Não pode hesitar, não pode abrir exceções. É o seu pensamento. E é a maior dificuldade em meu relacionamento com ele. Sempre as mesmas ideias."

Logo depois da guerra, Ingeborg viu o pai tentar superar a destruição do Partido Nazista entregando-se ao trabalho. "Essa foi sua meta pelo resto da vida", conta ela. "Esforçava-se muito a fim de trazer dinheiro suficiente para casa e achava isso mais importante do que brincar com os filhos. Mas, mesmo assim, lembro-me dele como de um bom pai, que me amava. Era um homem forte e bonito. Eu também o amava muito. Recordo-me bem das poucas vezes que brincou conosco porque essas ocasiões eram uma festa para mim."

Ingeborg, embora se refira à sua família como "boa", observa também que ela era "controladora". Ambos os pais, muito determinados, criavam seus filhos com critérios rígidos. Não toleravam teimosia ou desobediência. "Na época, eu aceitava as ideias de meu pai sobre natureza, Deus, quase tudo", recorda-se ela. "Por exemplo, concordava com ele na questão da eutanásia: se uma criança é fraca ou pobre e mentalmente incapaz, faz sentido impedi-la de viver, já que uma pessoa assim não teria uma boa vida. Hoje, mudei minha maneira de pensar sobre vários temas, como a eutanásia."

Outro assunto sobre o qual seu pai a doutrinava eram os judeus. Como não houvesse judeus na região onde morava, Ingeborg não podia julgar por si mesma. "Cresci alimentando alguns preconceitos contra eles, mas também certa atração, por parecerem tão diferentes. Eu ouvia antissemitismo de ambos os pais, mas o de minha mãe é o que chamo de antissemitismo 'decente, civilizado'. Não pretendo com isso desculpá-la, apenas distinguir sua postura das atitudes de ódio radical. Sua família, na Alemanha, conhecia vários judeus, pois muitos também eram médicos. Respeitava-os, mas jamais conviveria ou se casaria com eles. Via sinagogas em chamas e dizia que aquilo era terrível; mas depois fechava os olhos, esquecia logo os incidentes e jamais refletia sobre suas consequências.

Meu pai acredita piamente em todas as teorias raciais do nacional-socialismo. Seu único contato com judeus ocorreu na juventude, quando levou bolas de tênis a uma quadra e viu que os jogadores eram judeus. Dispensaram-no e não lhe deram nenhuma gorjeta. Foi uma impressão desfavorável. Aquela gente era, em sua opinião, mesquinha e agressiva. Aceita a teoria nazista de que judeus, ciganos etc., são inferiores. Acha que os alemães são melhores. Sempre receou que os judeus e outros grupos corroessem a raça germânica."

Embora Ingeborg reconheça o antissemitismo do pai, não acredita que ele obedecesse a ordens de tempo de guerra para assassinar judeus. "Não creio que visse, na eliminação deles, a melhor maneira de expulsá-los da sociedade alemã. É possível, em minha opinião, que não fosse tão longe." Faz uma pausa e prossegue: "Se meu pai tivesse se envolvido em crimes, muito possivelmente eu me afastaria dele. Gosto de imaginar que atuou na resistência. Entretanto, se participou de assassinatos, isso seria bem ruim. Caso eu fosse filha de Himmler ou Mengele, não acho que conseguiria sequer conversar com você."

Todavia, quando criança, frequentando a escola com seus irmãos, ela não achava inusitadas as ideias do pai. Muitas pessoas, na Caríntia, pensavam da mesma maneira. Vários amigos de Mochar, do tempo da guerra, haviam se estabelecido na região; seus encontros e discussões reforçavam as tendências nazistas do grupo. "Não se trata de nostalgia", garante Ingeborg. "Ele não é nenhum romântico. Trata-se apenas de suas crenças."

Quando tinha 17 anos, em 1962, Ingeborg ouviu uma palestra em sua aula de História que constituiu uma verdadeira revelação para ela. "Aprendi que o nacional-socialismo não era nada daquilo que meu pai dizia. Pela primeira vez, confrontava um ponto de vista diferente. Até então, eu sequer ouvira falar no assassinato dos judeus. Voltei para casa e pressionei meu pai. Ele disse: 'Esse seu professor é eslovaco e não falou a verdade'. Retruquei: 'Mas Hitler iniciou a guerra'. 'É mentira, quem iniciou a guerra foram os outros países', foi sua resposta. Negava tudo o que eu dizia, ignorando a realidade. Constatei então, pela primeira vez, que meu pai era de fato um nacional-socialista convicto."

Um ano depois, com 18, Ingeborg deixou a casa dos pais para frequentar uma escola a cerca de 100 quilômetros de distância. Queria ser professora primária. Durante um ano, morou com um tio, irmão de seu pai. E justamente quando começava a perceber que o pai era um nazista obstinado, descobriu, para sua grande surpresa, que o tio era ainda mais inflexível nesse ponto.

"Meu tio era um nazista muito mais convicto e ainda está ativo. Tinha a mesma filosofia de meu pai, mas sua atividade política hoje se volta para a luta contra os eslovacos. Na sala principal de sua casa, as paredes estão cobertas de material nazista, ao passo que na casa de minha família não se vê isso. A residência de meu tio é um verdadeiro santuário nazista. Meu pai ficou decepcionado após a guerra e só queria ficar em paz. Desinteressou-se pela política, pois para ele todos os partidos são iguais. Meu tio, não.

Minha família me considerava uma filha problemática. Quando morei com meu tio, discutia muito com ele, que era super-radical e chegava a dizer: 'Não mataram todos os judeus; e deviam ter matado'. Isso, meu pai nunca disse. Se meu tio fosse meu pai, eu sem dúvida retrucaria: 'Deixe-me em paz' e me afastaria totalmente dele. Mas meu tio tem filhos e eles não o questionam. Amam-no incondicionalmente. Alegam que é inofensivo; para mim, não é. Seria horrível se fosse meu pai."

Após um ano de constantes brigas com o tio, Ingeborg foi para Viena a fim de continuar seus estudos. Era a primeira vez que ia morar numa cidade grande e cosmopolita, o que reforçou sua nova análise crítica do nacional--socialismo e das crenças de sua família e também provocou reuniões tempestuosas com seu pai. "Sempre que eu voltava para casa", lembra-se ela, "cinco minutos depois já estávamos brigando por causa dos judeus. Você não imagina como isso era ruim. Eu alimentava uma grande expectativa de vê-lo e, quando voltava para casa, nós imediatamente começávamos a discutir. Minhas ideias não combinavam em nada com as de meus pais, sobretudo as de meu pai. Minha mãe tentava ser leal para com a filha e o marido, mas eu realmente não sabia o que ela guardava no fundo da alma. O que meu pai guardava no fundo da sua eu sabia e tentava mudá-lo, de modo que acho ter sido a responsável pelo começo de inúmeras brigas."

Os irmãos de Ingeborg procuravam dissuadi-la de discutir com ele. Constantemente lhe diziam que o pai era um bom homem, apenas incapaz de mudar de opinião, e lhe imploravam que "o deixasse em paz". Aceitavam-no como era, mas Ingeborg, não. Desde que se estabeleceu em Viena, ela conheceu vários colegas judeus, achando-os interessantes e divertidos. Não se pareciam em nada com a imagem criada por seu pai.

"Nas discussões, eu tentava convencê-lo de que os atos dos nazistas na guerra foram errados. Ele negava que houvessem acontecido. Eu insistia: 'Você não pode dizer que não aconteceram porque amigos meus me contaram que seus pais, avós, tias e tios foram todos assassinados. Não diga coisas tão absurdas'. Ele então retrucava: 'Seis milhões de judeus, não; talvez 6 mil'. Eu prosseguia: 'Mesmo que não tenham sido 6 milhões, ainda assim não foi uma tragédia?' E ele: 'Os jornais e a imprensa em geral é que divulgam isso. Pertencem a judeus, que extrapolam e exageram tudo. Não é verdade'".

A mãe de Ingeborg implorava-lhe que parasse com as discussões. "Seu pai não vai mudar, não adianta discutir com ele. Tudo acabou, é passado, esqueça! Deixe-o em paz. Você sabe como ele é." Mas Ingeborg achava que poderia convencer o pai a ver as coisas de outro ponto de vista e continuou a discutir – em vão.

Enquanto ela estudava Psicologia na universidade, em Viena, Mochar continuava trabalhando como eletricista em troca de um salário modesto. Em meados e no final dos anos 1960, uma onda de socialismo varreu a Europa e Mochar poderia ter avançado em sua carreira caso adotasse a nova filosofia esquerdista. Não quis; continuou aferrado ao nacional-socialismo.

Em 1973, Ingeborg, com 28 anos, completou os estudos e obteve um doutorado em Psicologia. Suas relações com o pai, então com 64 anos, eram agressivas como sempre. "Por um lado, nós nos amávamos", lembra-se ela. "Mas, por outro, quando começávamos a conversar, especialmente sobre política, eu insistia em atacar sua teimosia e estupidez." Hoje, Ingeborg acha que tentava levar uma vida diferente em todos os aspectos e a política era mera catalisadora desse processo. O pai sempre dizia aos filhos que, se eles vivessem como ele, tudo estaria bem. "Essa filosofia quase matou meu irmão", conta Ingeborg. "Ele nunca terminou os estudos, nunca teve uma profissão e meu pai procurava o tempo todo pressioná-lo a ser alguma coisa. Nunca aceitou meu irmão porque este não se parecia com ele. Minha natureza era semelhante à de meu pai, mas não as ideias. Talvez por isso brigássemos tanto."

Durante seus últimos anos de estudo em Viena, Ingeborg morou com um homem. Ele não era judeu, mas defendia os judeus, amava a literatura, a música e a arte judaicas. Apoiava Ingeborg em seus confrontos com o pai. Embora o relacionamento tenha terminado em 1973, quando ela concluiu os estudos, o namorado lhe forneceu as bases factuais e o encorajamento para continuar desafiando o antissemitismo do pai. Mas, no mesmo ano, as relações de Ingeborg com os pais sofreram uma mudança significativa. "Na época, eu iniciei minha prática profissional em Linz e, de repente, as coisas ficaram muito boas entre nós. Eu os visitava, eu os amava, não brigávamos e ficamos muito próximos."

Três anos depois, num simpósio sobre dinâmica de grupo, Ingeborg conheceu seu futuro marido, Ronnie Scheer. Ele era pediatra... e judeu. Embora os pais de Scheer não pudessem ser considerados praticantes, gerações mais antigas tinham sido muito religiosas – alguns membros foram rabinos – e vários de seus parentes haviam morrido em campos de concentração nazistas. Os pais eram lojistas e fugiram para a Palestina. Numa entrevista com um jornalista britânico, que aludiu a seu relacionamento nada usual, Ronnie disse o seguinte a respeito de seus sentimentos iniciais para com a família de Ingeborg: "Eu soube, desde o início, que os pais de Ingeborg tinham um passado nazista. Foi um período difícil. Nosso namoro era recente e mesmo assim nos amávamos muito. Acho até que as objeções de nossas famílias nos aproximaram mais."

Seis meses depois, Ingeborg e Ronnie foram morar juntos. (Só se casaram seis anos depois, quando já tinham dois filhos.) Ela contou aos pais que ia morar com Ronnie: "Minha mãe estava ao telefone. Eu disse: 'Tenho um ótimo namorado, ele é judeu e quero apresentá-lo a vocês'. Ela ponderou: 'Bem, isso é realmente necessário?' Numa segunda chamada, pediu: 'Por favor, não tenha filhos com ele, são uma raça fraca'. É um de seus preconceitos; acha que esses filhos são neuróticos, débeis e por aí além. Meu pai falou: 'Você sabe o que sinto, mas creio que não adianta nada'. Mais tarde, eu soube que uma das primeiras coisas que a mãe de Ronnie disse a ele foi: 'Não tenha filhos com ela'. Depois, quando fiquei grávida, exclamou: 'Meu Deus, e agora?!'

Levei-o então para casa. No primeiro encontro, minha mãe foi educada. Meu pai se mostrou bastante reservado, mas ele é sempre assim. Não o impediram de entrar; convidaram-no e trataram-no bem. Meu marido disse: 'Como vocês sabem, durante a guerra estaríamos em lados opostos. Portanto, não podemos apenas ficar sentados aqui fingindo que tudo é perfeito.' Minha mãe interveio: 'Ah, não, isso não importa', mas meu pai concordou: 'Sim, você está certo'."

Ronnie e Mochar jamais discutiam política, mas nenhum cedia espaço ao outro. Nas poucas ocasiões em que o casal visitou os pais de Ingeborg, os amigos de Mochar não apareceram. Nenhum vizinho quis conhecer o novo namorado da jovem. Ronnie diz que os jantares eram "calmos superficialmente. Não é possível brigar com meu sogro porque ele não aceita nenhum confronto comigo. Só discutimos uma vez. Vi um jornal neonazista e perguntei: 'Que droga empapada de sangue é essa que você está lendo?' e ele respondeu: 'Não é uma droga empapada de sangue'. E foi tudo."

Sempre que dormia na casa de Mochar, Ronnie tinha pesadelos em que nazistas surgiam para prendê-lo. "Eram sonhos realmente terríveis", lembra-se Ingeborg. "Ficar na casa de meus pais era difícil para ele e não apenas devido aos pesadelos. Minha mãe o estimava e tentava deixá-lo à vontade. Meu marido queria se aproximar de meu pai, mas isso não era possível. São opostos em quase tudo. Ronnie é um intelectual; meu pai não é; Ronnie ignora os esportes, meu pai é um atleta; Ronnie é muito sofisticado; meu pai, não. Em matéria de ideias, estilo de vida e hábitos alimentares são totalmente diferentes. Isso tinha grande importância para mim. Ronnie representava uma ruptura completa com meu passado e o convívio que eu tinha com meu pai. Eu gostava que meu marido fosse assim."

Quando Ronnie e Ingeborg tiveram a primeira filha, o relacionamento com os pais dela em parte melhorou e em parte piorou. "Comecei a discutir de novo", lembra-se Ingeborg, "mas passei a frequentar mais a casa. Antes de Ronnie, tudo era ótimo, mas eu ia lá poucas vezes."

Na opinião de Ingeborg, o problema se agravou porque o tio nazista incitava seu pai a contestar o relacionamento dela com um judeu. "Meu tio simplesmente teria dito à sua filha: 'Nada de judeus em minha família'. Atormentava meu pai o tempo todo por causa disso. Assim, decidi fazer com que meu tio e minha tia conhecessem Ronnie e insisti no plano. Fomos à casa deles e tudo decorreu de maneira muito desagradável. A parafernália nazista continuava em exibição nas paredes. Em retrospecto, sei que foi um erro levar Ronnie lá. Mas eu queria realmente que o aceitassem. Eles quase se recusaram a lhe dar a mão e minha mãe precisou forçá-los. Minha tia e as crianças se comportaram bem, mas meu tio foi terrível. A visita se arrastou. Fiquei aturdida com o que estava acontecendo e deveríamos ter ido embora imediatamente. Com isso, deixei Ronnie amargurado por muito tempo."

Ao contrário do que sucedia com sua família, Ingeborg adorava a atmosfera descontraída e despreocupada que encontrou na casa de Ronnie.

A mãe dele lhe parecia "mais uma namorada que um parente". Ingeborg admirava o afeto e a alegria que compartilhavam. O pai era também muito extrovertido e gostava de brincar com os netos. "Nada que se comparasse ao clima controlado em minha casa."

Não tardou e os dois passaram a morar juntos. Ronnie começou a frequentar a única sinagoga grande ainda de pé em Viena. Dos 200 mil judeus na Áustria antes da guerra, restavam apenas 1.800 em 1945. A comunidade que perdurava era muito fechada. Ingeborg acompanhava-o aos serviços, permanecendo na galeria das mulheres e observando seu marido participar do culto na parte de baixo. "Quando eu erguia os olhos para ela durante o serviço na sinagoga, meus sentimentos eram desencontrados, mas o principal era de orgulho por ela estar lá", conta Ronnie. "Nesse casamento misto, com uma geração representando as vítimas e a outra os carrascos, talvez consigamos ajudar nossos filhos a superar a culpa."

Ronnie disse isso numa entrevista de 1987. Desde então, o casamento mudou: ele conheceu outra mulher. Ingeborg se mostra muito honesta ao falar sobre o que aconteceu ao relacionamento: "Tudo é mais difícil agora porque Ronnie não só arranjou outra mulher em Graz, onde trabalha, como teve um filho com ela há cerca de seis meses. A mulher lhe deu um menino; ele queria um e só lhe dei meninas. Eu sabia tudo sobre esse relacionamento, mas não conseguia impedi-lo. Dizia a Ronnie: 'Por favor, pare', mas ele retrucava: 'O responsável não sou eu, é ela'. A mulher é judia e muito possessiva, ao contrário de mim. Portanto, agora moro em Viena e ele lá, onde os dois têm um convívio mais ou menos sólido. Ela é médica e trabalham juntos. Ronnie vem a Viena nos fins de semana para ver as crianças e ficar comigo, mas isso não é bom para mim. Os dois se relacionaram por três anos e eu nunca o disputei, de modo que não posso culpá-lo pela vitória dela."

O caso de Ronnie com outra mulher irritou a família de Ingeborg. "Ficaram furiosos. Meu pai disse: 'Não o entendo. Eu não agiria assim com uma mulher, não é correto. Ele não poderia ter feito isso com você'. Nunca insinuou que o comportamento de Ronnie fosse uma característica dos judeus, mas o fato sem dúvida aumentou seus preconceitos contra eles. Meu pai sabe muito bem que, hoje, há inúmeros relacionamentos conturbados sem que um dos parceiros seja judeu; talvez, no fundo, ache que isso seja parte de nosso problema, mas nunca fala a respeito. E eu não permitiria que falasse. Também não converso com meu tio há anos, desde que se mostrou tão hostil a Ronnie."

Seu pai não consegue entender como Ingeborg ainda sente algo pelo marido. "Não compreende minha atitude. Ronnie afirma ignorar o que é certo, não conseguindo, portanto, tomar uma decisão. Isso me deixa furiosa, mas percebo que não há escolha para Ronnie. A escolha deve ser minha. Sempre teremos contato por causa de nossos filhos. Não precisamos brigar e nos odiar. Mas não sou obrigada a vê-lo todos os fins de semana como meu marido. Não acho isso certo."

A desavença no casamento fez com que ela recorresse aos pais para um pouco de apoio emocional e, em resultado, o relacionamento se estreitou de novo. "Ficou bem melhor", diz Ingeborg. "Eles realmente estão tentando me ajudar. Escrevi uma carta a meu pai a aproximadamente uns seis meses. Está velho, talvez não viva muito mais e eu sofrerei por ter brigado tanto com ele. Ainda há conflito entre nós, mas eu gostaria de dizer-lhe que o amo. Embora nossas opiniões, vidas e atitudes sejam muito diferentes, eu o aceito como pessoa. Não aceito suas opiniões, mas sei que o amo. Ele ficou feliz com a carta. Escreveu outra em resposta, bem longa, garantindo que nada mudou."

Há pouco, Mochar visitou a filha em Viena, após uma ausência de anos. Foi um bom momento. "No ano passado, ele finalmente me disse: 'Talvez tenha sido um erro o que os nazistas fizeram aos judeus. Talvez'. Depois de quase vinte anos, só o que arranquei dele foi um 'talvez'. Para meu pai, no entanto, isso é uma grande mudança. Ele me ama muito e brigamos tanto por causa desse assunto que seu relacionamento comigo sofreu bastante. Assim, acredito que ele deu esse passo para melhorá-lo. Pela primeira vez, não rejeitou totalmente o que eu disse.

Entendo que haja uma ligação entre a pessoa que é e suas ideias políticas. Se ele rejeitar aquele período, rejeitará a si mesmo. E isso eu não aceito."

Durante nosso encontro em Viena, liguei para o Centro de Documentação de Berlim, o maior repositório de documentos nazistas do mundo. Os arquivos de todos os membros do NSDP e da SS, recolhidos intactos ao fim da guerra, são conservados sob controle dos Estados Unidos. Depois de alguma hesitação, Ingeborg permitiu que eu consultasse a pasta de seu pai. Ele sempre lhe disse que foi um simples soldado na Frente Oriental e nunca se envolveu com a SS ou qualquer outra organização criminosa. Caso tivesse mentido, o Centro de Documentação de Berlim conteria as provas originais. Eu havia solicitado a informação várias semanas antes e, quando telefonei, o Centro já tinha encontrado o arquivo de Mochar. Recebida a notícia, Ingeborg se sentou ao meu lado, claramente tensa à ideia de que poderia descobrir mentiras do pai sobre seu serviço em tempo de guerra. Mas Mochar dissera a verdade à filha. Embora fosse um dos primeiros membros do partido, não passava mesmo de um soldado, sem ligações com a SS. Quando lhe transmiti a notícia, ela quase chorou, aliviada por não ter de constatar a última traição do pai de 81 anos.

Apesar de repelir as crenças do pai, Ingeborg não acha que o entregaria às autoridades caso ele fosse um fugitivo perseguido por crimes de guerra. "Não é fácil dizer isso, mas, se ele houvesse sido acusado de crimes... eu não sei o que faria. Situação difícil. Não acredito que o entregasse."

Seu relacionamento com o pai continua melhorando. "Mas ainda não é perfeito. Gostaria que ele se redimisse. Tudo o que quero é que ele diga 'Naquele tempo, eu achava que era certo, mas agora penso diferente'. São essas as palavras que desejaria ouvir de meu pai. Mas ele não as dirá."

CAPÍTULO 10

Princesinha

Quando Hermann Göring entrou na prisão de Mondorf, na última semana de maio de 1945, fez jus à sua reputação de alto oficial nazista dado a um opulento e extravagante comodismo. Com cerca de 1,70 de altura e pesando mais de 120 kg, precisou de dois homens para tirá-lo do carro. Tinha o rosto congestionado, as mãos trêmulas e a respiração sôfrega. Estava acompanhado por um cortejo de cinco membros: um criado, sua esposa Emmy, sua filha Edda, uma camareira e uma enfermeira. Trazia dezesseis malas de couro com seu monograma e uma caixa de chapéus vermelha. Uma das malas estava atulhada de dinheiro e outras duas de ouro, prata e pedras preciosas, inclusive um relógio Cartier cravejado de diamantes, verdadeira peça de museu. Outra mala guardava nada menos que 20 mil comprimidos de codeína, que ele tomava a uma taxa de quarenta por dia. Deixava para trás, num túnel ferroviário inacabado perto de Berchtesgaden, obras de arte inestimáveis, roubadas de cada canto da Europa, além de champanhe e caviar para uma vida inteira. Ao chegar, declarou que não falaria com ninguém, exceto com o general Eisenhower.

Edda Göring, que tinha 7 anos quando da prisão do pai, era filha única. Levava uma vida mimada e privilegiada como filha do Reichsmarschall, possuindo para brincar seu próprio espaço privado em um grande castelo. Depois de mudar de ideia várias vezes antes de me encontrar, por fim concordou com uma entrevista de três horas, só mais tarde lamentando sua cooperação. Ela preserva um acervo completo da correspondência inédita de Göring com sua esposa e outros membros da família. Ignorou e rejeitou pedidos anteriores de entrevistas, exceto para um documentário sobre seu pai da televisão sueca, que não apenas a pagou pela participação como lhe concedeu o controle final sobre o que iria ao ar.

A insistência dela em supervisionar o projeto inviabilizou novas discussões. No entanto, seus comentários contidos ainda dão uma boa ideia do que ela sente pelo pai.

Hermann Wilhelm Göring nasceu na Baviera a 12 de janeiro de 1893, num lar católico e protestante de classe média. Sua vida familiar foi harmoniosa e ele se destacou na escola, onde revelou sinais precoces de um brilho inconstante. Em 1914, com 21 anos, alistou-se na infantaria e participou da Primeira Guerra Mundial. Logo se tornou piloto e um dos heróis mais condecorados da Alemanha: teve a seu crédito a derrubada de 22 aviões inimigos. Terminou a guerra com a medalha *Pour le Mérite*, a maior honraria do país. "Foi um autêntico herói de guerra", diz Edda. "Um verdadeiro patriota, motivo pelo qual, entre outros, o povo alemão tanto o amava."

Após a guerra, Göring passou a ganhar a vida fazendo exibições de acrobacias aéreas, na Escandinávia e na Alemanha. Foi então que conheceu sua primeira esposa, uma condessa sueca casada, Carin von Kantzow. Ela era magra, cinco anos mais velha que Göring, bem como sofria de insuficiência cardíaca e tuberculose. Ainda assim, abandonou o marido e um filho de 8 anos pelo piloto alemão aventureiro e bem-apessoado. Casaram-se em 1923. Göring conheceu Hitler pouco depois. Quando do *Putsch* da Cervejaria, em novembro de 1924, Göring comandou o esquadrão do partido e foi gravemente ferido na luta que se seguiu, em Munique.[32]

Enquanto Hitler e Hess eram presos por sua participação no golpe, Carin levou o marido para a Áustria, em seguida para a Itália e finalmente para a Suécia. Durante o período de recuperação de seus ferimentos, recebeu morfina para o alívio da dor e, já em 1925, era um completo viciado. Depois de atacar uma enfermeira durante um transe induzido pela droga, foi colocado num hospício sueco a 1º de setembro de 1925. Depois de duas longas internações no local, voltou à Alemanha em 1927 e tornou-se o representante em Berlim da BMW. Ficara ausente por quatro anos.

Na Alemanha, a reputação de Göring como herói da Primeira Guerra Mundial continuava intacta e, graças a seu convívio fácil, ele usou a nova posição para subir na sociedade berlinense. Hitler, ansioso para capitalizar a popularidade de Göring, convenceu-o a se candidatar para o Reichstag em

1928. Foi um dos doze nazistas eleitos. Logo se espalhou o boato de que Göring estava pronto para ser comprado. A Lufthansa nomeou-o seu lobista no Reichstag e Fritz Thyssen lhe deu 150 mil marcos para ele comprar um apartamento novo e elegante. I. G. Farben e Krupp mantinham relações especiais com Göring. As eleições de 1930, em que os nazistas conquistaram 18% dos votos totais, de repente o transformaram num político poderoso.

Göring era um homem ambicioso, que perseguia grande fortuna pessoal e poder sem limites. Não raro, disputou feudos com outros nazistas. Progrediu graças ao talento para o conluio e a intriga: ajudou a remover Hjalmar Schacht da presidência do Reichsbank a fim de assumir a responsabilidade pelas questões econômicas. Depois que Fritz Todt, diretor do Armamento, morreu em 1942 num acidente aéreo, Göring se sentiu amargamente desapontado quando Hitler entregou o ministério a Speer e não a ele. Brigou com Himmler pelo controle da polícia e do aparato de segurança. Não bastasse o fato de comandar a Luftwaffe e o próspero conglomerado industrial Hermann Göring Works, ele constantemente assediava Hitler para obter novos títulos e cargos. Por fim, teve sua recompensa na hierarquia maquiavélica. Foi nomeado sucessor oficial de Hitler, além de comandante das tropas de assalto e da força aérea alemã; primeiro-ministro da Prússia; porta-voz do Parlamento alemão; encarregado das florestas e reservas de caça do Reich; comissário especial do Plano Quadrienal; presidente do Conselho de Estado; diretor do Conselho de Defesa do Reich; diretor do Conselho de Pesquisa Científica e Reichsmarschall do Grande Reich Alemão. Além desses títulos, foi o arquiteto da Gestapo e o planejador dos campos de concentração.

Contudo, a obsessão de Göring pelo engrandecimento pessoal fez com que seu desempenho como chefe Luftwaffe fosse distanciado e medíocre. Em 1941, os alemães perderam o controle dos céus, fator crucial para a deterioração do esforço de guerra. Como outros nazistas de elite, quando a guerra começou a ir de mal a pior, ele se voltou para clarividentes e médiuns. Pagou milhões de marcos a um charlatão para que ele o ajudasse em seus planos de batalha. Às vezes, solicitava a videntes predições sobre estratégia e planejamento. Seu chefe da Inteligência viu-o balançando um pêndulo divinatório sobre um mapa de mesa, para saber onde os britânicos e franceses iriam atacar a Alemanha. Todavia, em que pese a tantos excessos e excentricidades, seu humor e personalidade marcantes fizeram dele um dos favoritos de Hitler até os últimos dias do Reich.

Göring, que aplicava a si mesmo, orgulhosamente, o epíteto de "Senhor da Guerra", não tinha rival em termos de corrupção e megalomania. Em 1940, especialistas em arte nazistas haviam vasculhado a Europa para enriquecer seu castelo, Carinhall, bem como seus retiros de caça e alojamentos de verão com algumas das melhores preciosidades artísticas dos países derrotados. Algumas foram simplesmente roubadas, outras "compradas" a preços ridiculamente baixos, de famílias judias coagidas a emigrar ou ir para um campo de concentração. Por fim, caminhões repletos de Rembrandts, Rubens, Da Vincis e grandes impressionistas do século XIX, valendo centenas de milhões de dólares, caíram nas mãos de Göring. As paredes de suas residências maciças eram cobertas por obras de grandes mestres, três ou quatro por fileira. Em Carinhall, seu escritório de quase 500m^2 exibia uma famosa coleção de móveis e esculturas decorativas que podiam rivalizar com a de qualquer museu.

Ele muitas vezes flanava por seu castelo teutônico com uma lança em punho, vestindo mantos que desciam até o chão e blusas de seda. Nos dedos, ostentava de seis a oito anéis, quase sempre incrustados de esmeraldas e diamantes perfeitos, de múltiplos quilates. Hjalmar Schacht disse: "Possuído por uma cobiça irrefreável, seu gosto por joias, ouro e prata estava além da imaginação". Uma mulher convidada para o chá encontrou-o vestindo toga e sandálias enfeitadas de joias; trazia as mãos repletas de anéis e seus lábios estavam ligeiramente manchados de batom. Göring oferecia festas que eram verdadeiras comilanças, a rivalizar com os piores excessos romanos. Criou uma série de novos uniformes e medalhas para aparições públicas; seu bastão de marechal era de ouro e prata, incrustado de pedras preciosas. Prédios do governo sob sua jurisdição tinham de ser palácios de mármore, acrescidos de espaços fechados para seus animais africanos favoritos, os leões. Instruído por Göring, Speer desenhou para ele um palácio em Berlim. Mistura de Versalhes e mansões dos Césares, deveria ter 1.200 cômodos e ser construído com milhares de toneladas de mármore importado. Para decepção de Göring, a guerra interrompeu o projeto, quando já existiam várias maquetes. Quando fazia aniversário, o marechal se apossava de parte dos salários dos milhares de homens sob seu comando para adquirir outra peça de arte às custas deles. A indústria alemã foi coagida a supri-lo com presentes cada vez mais valiosos. Em 1943, quando conclamou o povo à "guerra total", Goebbels exigiu que todos os restaurantes de luxo fechassem as portas na Berlim esfomeada, mas Göring mandou tropas para manter aberto seu favorito, transformou-o numa espécie de clube privado e continuou dando seus jantares estupendos embora o alimento escasseasse em toda a Alemanha.

Edda Göring não tenta defender os excessos pessoais do pai. E, para mudar de assunto, queixa-se amargamente do governo alemão. "Nosso povo foi bom para minha mãe e para mim após a guerra, mas o governo se comportou de forma terrível. Tomou-nos tudo, não apenas o que ele adquirira durante a Segunda Guerra Mundial, mas também as propriedades que meus pais possuíam antes do da guerra, com exceção de uma casa de praia na ilha de Sylt. As autoridades requisitaram até as joias que meu pai havia dado à minha mãe, muito antes do início da guerra. Não permitiram sequer que eu ficasse com suas medalhas militares. Os americanos roubaram seu bastão especial, que hoje está à mostra em West Point. Isso é correto? Um japonês afirmou que de bom grado daria 1 milhão de dólares por ele. Os americanos roubaram muito e deram outro tanto às autoridades alemãs. Em 1972, em Munique, o governo alemão leiloou pertences de meu pai no valor de 650 mil marcos. Ficou tudo com o governo e eu, é claro, não recebi nada. Pensei abrir um processo, mas era muito caro e ninguém quereria pegar a causa. Em toda a Munique, ainda hoje, há quadros de meu pai e meus que são vendidos por altos valores. Todo mundo ganha com eles, menos eu."

A vida familiar de Göring mudou depois que ele passou a acumular poder e dinheiro sob o regime nazista. Carin, muito doente, faleceu em 1931, com 43 anos. Em 1935, Göring se casou com Emmy Sonnemann, uma atriz provinciana que tinha a sua idade, numa cerimônia capaz de rivalizar com núpcias reais. Três mil soldados alinharam-se no trajeto, enquanto milhares de berlinenses saudavam o popular Göring e sua esposa num carro enfeitado com tulipas e narcisos. Göring queria um casamento de imperador e o teve. Enquanto Hitler permanecia em silêncio aos fundos, duzentos aviões levantaram voo para uma saudação do alto. "Foi um belo casamento", diz Edda. Embora Carinhall estivesse atulhada de fotos e retratos da primeira esposa, Edda esclarece: "Minha mãe nunca foi ciumenta. Permitiu que os retratos de Carin permanecessem onde estavam. Achava que, se ele fora capaz de amar tanto outra mulher, poderia amá-la do mesmo jeito. A morte dele foi uma perda terrível para minha mãe."

Três anos depois, na primavera de 1938, Edda nasceu. Göring caiu em êxtase. Alguns historiadores asseguram que ela foi chamada assim em referência à filha de Mussolini de mesmo nome. "Isso é ridículo", diz ela. "Meu pai nem gostava de Mussolini. O nome vem de uma antiga lenda heroica germânica, da qual tanto meu pai quanto minha mãe se orgulhavam muito." Mais ofensiva para Göring, na época do nascimento de Edda, foi a acusação do principal carrasco dos judeus, Julius Streicher, de que a menina fora concebida por inseminação artificial. Göring ficou furioso e, embora Streicher se retratasse, o Reichsmarschall nunca o perdoou. Nomeou uma comissão para investigar a vida pessoal e os negócios de Streicher, e, em resultado, este acabou perdendo todos os seus cargos no partido.

Finda a controvérsia com Streicher, Emmy e Hermann Göring batizaram a filha em 4 de novembro de 1938. O bispo do Reich, Ludwig Müller, presidiu e Hitler foi o padrinho. A presença de empresários riquíssimos e oficiais da alta hierarquia do partido garantiram ao bebê uma quantidade impressionante de presentes. O fato de a cerimônia ser religiosa aborreceu alguns figurões nazistas; seis dias depois, Rudolf Hess optou por uma cerimônia pagã a fim de "batizar" Wolf. Hitler foi de novo padrinho. Mas Göring ignorou a crítica e continuou mimando Edda como se ela fosse uma princesa. Meio milhão de homens da Luftwaffe doaram dinheiro para a construção de uma réplica exata, em miniatura, do palácio de Sans Souci, com salas, cozinhas e bonecas para a menina. Os aniversários de Edda eram grandes celebrações, com o próprio Hitler se afastando momentaneamente do esforço da guerra já perdida, em 2 de junho de 1944, para abrilhantar a comemoração do sexto ano da garota. Göring, quase sempre longe da família, ainda tentava telefonar para a esposa e a filha todos os dias. Em casa, Edda se lembra do pai abraçando-a, beijando-a, brincando com ela durante horas e acompanhando-a às aulas de balé, que começaram quando ela tinha 5 anos.

O suntuoso estilo de vida de Göring e seu trato fácil continuavam populares junto às massas alemãs. "O povo quer amar e o Führer às vezes é um pouco arredio. Então, as massas se ligam a mim." Porém, esse comportamento decadente trabalhava contra Göring no círculo interno do nazismo, no qual ele acabou condenado não só como corrupto, mas também como improdutivo devido a seu vício em drogas. Ao final da guerra, Göring simbolizava o que havia de pior nos excessos nazistas. Segundo Edda, a oposição a seu pai por parte do resto da hierarquia do partido foi precipitada por Martin Bormann, secretário particular de Hitler, a quem ela chama de "eminência parda". "Esse era o verdadeiro inimigo de meu pai", assegura Edda. "Envenenou Hitler e outros contra ele." Quando mencionei que a filha mais velha de Bormann tem uma atitude muito positiva em relação a seu próprio pai, Edda deu de ombros e disse: "Pouco me importa. Ela jamais seria minha amiga".

Edda tem sua própria versão das atividades de Göring na "questão judaica". Reconhece o desejo do pai de agradar a Hitler, mas contesta a esmagadora evidência de que ele corroborou a perseguição aos judeus e fez o que pôde para expulsá-los da vida econômica alemã. "Não entendo por que escritores judeus disseram tantas coisas ruins sobre meu pai", estranha ela. "Passaram por coisas horríveis e isso não se pode esquecer. Mas meu pai nunca foi fanático. Você mesmo deve ter notado que os olhos dele eram sempre serenos. Já Hitler era fanático, sobretudo em relação aos judeus. Minha mãe costumava dizer que, quando alguém os citava na sua frente, ele quase tinha um ataque. Havia se tornado violentamente antissemita durante seus anos em Viena. O problema de meu pai era sua lealdade a Hitler. Jurou fidelidade a ele e por isso nunca o abandonou, nem mesmo quando Hitler foi longe demais. O que aconteceu aos judeus é horrível, mas meu pai não teve nada com isso."

Nos últimos dias da guerra, Göring descansava em sua luxuosa vila de montanha, no Obersalzberg, juntamente com a esposa e Edda. Hitler estava sitiado em Berlim, mas Göring nada fez para livrar seu Führer daquela situação desesperadora. No dia 23 de abril, após receber a notícia de que Hitler talvez houvesse morrido, enviou um telegrama ao *bunker* do Führer dispondo-se a tomar as rédeas do governo caso a notícia não fosse desmentida até as dez horas da noite. Hitler e Bormann, furiosos, ordenaram à SS que prendesse Göring. Um dia depois, um contingente cercou o retiro de Göring e levou-o, com sua família, para um túnel de calcário que serpenteava sob a vila. Emmy e Edda, de camisola, permaneceram ali por dois dias, sem água nem comida. Finalmente, algum alimento lhes foi dado no terceiro dia, enquanto Göring, sem sua droga, mergulhava em profunda depressão. Todavia, a 28 de abril, o carismático marechal de campo recobrou forças suficientes para convencer seus guardas da SS a deixá-lo sair com sua família do Obersalzberg, que estava sob pesado bombardeio. Em seu automóvel Maybach blindado, ele foi com a esposa e Edda para o castelo que possuía em Mautendorf, seguido por um destacamento da SS em caminhões. Ali, retomou sua vida de sultão até ir ao encontro de um general americano, a 7 de maio. Levou a mulher e a filha consigo, na esperança de ter um encontro pessoal com Eisenhower. Foi seu último dia de liberdade: os americanos o prenderam e levaram para longe Emmy e Edda, que choravam.

Göring sofreu uma grande metamorfose depois de ser preso pelos Aliados. Sem poder consumir drogas, emagreceu quase quarenta quilos e parecia outro homem. Em sua cela, o único incentivo para esquecer o vício era uma fotografia de Edda com a seguinte mensagem no verso: "Querido papai, volte logo para mim. Tenho muita saudade de você. Mil beijos de sua Edda!!!" Albert Speer percebeu a diferença em Göring depois de poucas semanas: "Desde que superou a fase de abstinência, sua forma física melhorou como nunca. Mostrou notável energia, tornando-se a personalidade mais dinâmica entre os acusados. Pena que não tenha chegado a esse nível antes da eclosão da guerra e frente às situações críticas durante o conflito".

Em outubro de 1945, enquanto Göring definhava na prisão de Nuremberg, Emmy foi detida por soldados americanos e mandada para a prisão de Straubing. Edda ficou num orfanato. A 24 de novembro, a menina, então com 7 anos, teve permissão de juntar-se à mãe na prisão. Em fevereiro de 1946, os Aliados concluíram que a detenção de familiares dos réus talvez pudesse ser usada pelos advogados de defesa no tribunal para despertar a simpatia pública. Assim, no último dia de fevereiro, Emmy e Edda foram libertadas e receberam autorização para residir numa cabana dentro da floresta de Sackdilling. A cabana não tinha nem água corrente nem eletricidade. Edda odiou sua nova residência. O local era bem diferente das vilas de sua mimada infância. "Eu era apenas uma criança", diz ela. "Isso tornava as coisas mais difíceis para mim. Não tinha nenhuma amiguinha de minha idade em quem pudesse confiar."

Enquanto isso, em Nuremberg, um Göring renovado tornou-se uma espécie de líder de torcida não oficial dos outros acusados, coordenando suas defesas e reanimando seus espíritos abatidos. Durante o julgamento, do banco dos réus, resmungava, fazia comentários em voz alta e gritava cumprimentos às testemunhas que depunham favoravelmente. Insistiu em apresentar sua própria defesa, na qual se descreveu como tão importante quanto Hitler na obra de rejuvenescimento da Alemanha, mas alegou desconhecer as atrocidades do regime. Seu testemunho foi vigoroso e impressionou muita gente no tribunal. Esperava que Emmy e Edda estivessem ouvindo pelo rádio, mas, sem eletricidade na cabana, isso não era possível. Speer percebeu bem sua estratégia: "Toda a sua política consistia em ludibriar. Certa vez, no pátio da prisão, alguém mencionou algo sobre sobreviventes judeus na Hungria. Göring observou friamente: 'Então ainda sobraram alguns por lá? Pensei que havíamos acabado com todos. Quem será que falhou?'" Göring disse ao psicanalista da prisão: "Prefiro morrer como mártir do que como traidor. Não se esqueça de que os grandes conquistadores da história não são vistos como assassinos – Gênghis Khan, Pedro, o Grande, e Frederico, o Grande". Previu que, dali a cinco anos, Hitler voltaria a ser um ídolo na Alemanha, que dentro de quinze anos o julgamento de Nuremberg seria considerado uma desgraça e que "daqui a cinquenta ou sessenta anos haveria estátuas de Hermann Göring por todo o país. Estátuas pequenas, talvez, mas uma em cada lar alemão".

Além de tentar convencer seus captores de que era uma grande figura histórica, Göring passou boa parte de seu tempo solitário pensando na esposa e na filha. Em junho de 1946, enviou uma carta à Edda, por ocasião de seu oitavo aniversário. A carta sobreviveu intacta, com palavras que são uma fonte de orgulho para sua filha única.

"Minha querida, doce criança! Meu rico tesouro!

Esta é a segunda vez que não posso comparecer a seu aniversário. No entanto, minha querida, hoje estou bem próximo de você, enviando-lhe meus mais cálidos e afetuosos cumprimentos.

Peço a Deus Todo-Poderoso, do fundo do meu coração, que a ajude e proteja. Não posso lhe mandar nenhum presente, mas meu amor e saudade estão a seu lado e sempre estarão!

Você sabe, meu passarinho, como gosto de você, que é sempre tão terna e doce. Você será para sempre nossa felicidade e alegria.

Mamãe me contou que você é uma valente colaboradora em tudo e se comporta bem. Tenho orgulho de você.

Espero que o tempo esteja firme para você passar seu aniversário ao ar livre nessa maravilhosa floresta. Minha queridinha, de novo meus mais afetuosos votos de felicidade para hoje e para sempre.

Um forte abraço e beijos de seu Papai."

Essa carta simboliza a lembrança que Edda tem de seu pai. "Eu o amava muito", diz ela, "é era óbvio que meu pai também me amava do mesmo jeito. Minhas únicas recordações dele são de amor e não consigo vê-lo de outra maneira."

Edda respondeu, ansiosa à ideia de que poderia visitá-lo com a mãe: "Gosto *muuuito* de você e estou com saudade porque todo esse tempo se passou sem a gente se ver. Oh, papai, se eu também pudesse ir aí!" Edda conseguiu encontrar o pai, pela primeira vez em dezesseis meses, a 17 de setembro de 1946. "Eu só tinha 8 anos", diz ela, "mas me lembro perfeitamente desse dia. Talvez, na época, eu não tenha entendido bem o que acontecia. Tudo era muito inusitado porque nosso relacionamento era maravilhoso e foi estranho vê-lo, em Nuremberg, por uma divisória de vidro e com um guarda americano de capacete branco de pé ao meu lado. Recordo-me também de ter visto dois dos filhos de Frank." (Sacode a cabeça ao pronunciar o nome de Frank. "Esse Niklas Frank eu não entendo. Não o censuro por manter distância daquilo que seu pai fez, só não posso aceitar o modo torpe como se refere ao assunto.")

Voltando à única vez que visitou o pai na prisão, ela se lembra de ter subido numa cadeira para vê-lo melhor e recitado trechos de baladas e poemas que decorara para a ocasião. Hermann Göring chorava incontrolavelmente do outro lado do vidro, sem se preocupar com a presença dos outros acusados.

Quinze dias depois desse encontro, o tribunal proferiu seu julgamento. O uso de trabalho escravo por parte de Göring e sua postura arrogante frente aos campos de concentração e à Solução Final laboraram em seu desfavor. Seus argumentos foram rejeitados, inclusive o de que a Alemanha, apossando-se de territórios ocupados, em nada agiu diferentemente dos americanos quando "tomaram o Texas". A despeito de suas bravatas, o júri o considerou culpado das quatro acusações e o sentenciou à forca. Emmy e Edda haviam conseguido um rádio de pilhas na ocasião e ouviram a sentença em transmissão direta. Göring não demonstrou emoção alguma ao ouvir o veredito; mas, quando Schacht foi inocentado, atirou longe os fones de ouvido, furioso.

A 4 de outubro, o advogado de Göring solicitou que ele fosse executado por um pelotão de fuzilamento e não por um carrasco. A solicitação foi negada. Mas ele enganou o carrasco. Na véspera da execução, 15 de outubro de 1945, o guarda americano espiou para dentro de sua cela e gritou: "Capelão, Göring está tendo um ataque!" Em questão de segundos o prisioneiro se contorcia tomado de convulsões, a respiração presa na garganta. Mordera uma cápsula de veneno oculta em sua boca e em um minuto estava morto. A origem dessa cápsula tem intrigado os investigadores desde então. A investigação oficial americana concluiu que Göring sempre tivera a cápsula consigo:

ocultava-a no cachimbo ou a engolia repetidas vezes e a retirava das fezes, poupando-a para o momento crucial. Entretanto, cartas que Göring escreveu do cárcere, publicadas em 1989, indicam que a cápsula fatal (outras duas haviam sido retiradas de sua bagagem) deve ter sido providenciada por alguém de dentro da própria prisão. O principal suspeito é um oficial americano, o tenente Jack G. Wheelis, um texano beberrão de um metro e oitenta de altura que se tornara amigo de Göring. Ambos eram apaixonados pela caça e Wheelis não apenas aceitava pequenas lembranças de Göring como o ajudava a contrabandear cartas para Emmy e Edda. Wheelis morreu em 1954, levando a possível solução da morte de Göring para o túmulo. Mas, em nossa conversa, Edda deixou escapar um fato importante ao falar sobre a morte do pai. Riu ao mencionar o suicídio e disse em seguida: "Os americanos eram muito cuidadosos. E foi melhor assim. Um pelotão de fuzilamento em vez da forca seria provavelmente aceito por meu pai. Ele teria a morte de um soldado. A forca, porém, é para criminosos. A pessoa precisa de muita força de vontade para se matar". Quase em lágrimas, acrescenta: "Sempre serei grata ao homem que fez aquilo por nós".

Ela percebeu que fiquei surpreso com essa admissão, pois significava que alguém havia entregue o veneno a seu pai. E significava também que o relatório dos Aliados sobre a morte de Göring não dizia a verdade. Mas Edda logo se recompôs e, habilmente, impediu quaisquer novas tentativas de minha parte para obter outras informações. Percebeu que falara demais e parecia quase irritada por não ter contido as emoções, ainda que por um instante.

Edda, então, começou a dirigir nossa conversa para um final polido. Foi como se um encanto passageiro houvesse sido quebrado. Quando terminamos a última xícara de café, ela teceu alguns comentários sobre minhas perguntas, mas agora de um modo mais deliberado. Não entendia a necessidade de exprimir sentimentos positivos a respeito de seu pai num livro, pois "Acredito mesmo que quase todas as pessoas tenham uma opinião favorável a respeito dele, exceto talvez na América".

Embora se mostre amarga quanto ao destino de seu pai, Edda acha que a detenção de Hess por quarenta e seis anos foi pior. "Definhar por tanto tempo!", diz ela. "Isso teria sido péssimo para mim." Concorda com Wolf Hess em que os Aliados assassinaram mesmo o prisioneiro de 93 anos.

Edda sublinhou que seu caso era muito diferente dos de alguns outros filhos que planejei entrevistar para este livro. "Em se tratando de Mengele, não há comparação possível. Está tudo muito claro. Para mim, é mais fácil falar do que se fosse a filha de Himmler. As coisas são difíceis para ela, que tem problemas reais quando se trata das atividades de seu pai."

Edda fechou o álbum de família, cheio de fotos e cartas não solicitadas que elogiavam Göring. A filha de 51 anos do ex-marechal de campo começou então a me doutrinar. Por um momento, pareceu-me surpreendentemente igual a Wolf Hess. "Os americanos queriam o julgamento e o resultado. Despojaram minha mãe do direito de ganhar a vida como atriz até ela ficar idosa demais para ter uma carreira. Fomos tratadas miseravelmente pelos americanos após a guerra. Por muito tempo, eles tiveram a pretensão de ensinar o mundo a se comportar, sob o disfarce dos direitos humanos. Gastam muito com armas e pouco com o progresso social. Agora que os Estados Unidos estão saturados de drogas, elas virão para a Europa e esse é outro problema que os americanos nos legaram. Vejo seu país cada vez mais dividido entre ricos e pobres, ao contrário da Alemanha, onde há uma classe média ativa. Só Frankfurt está ruim, com crimes, drogas e por aí além; é como Chicago – realmente terrível." Ainda antipatiza com o país que acusa pela condenação de seu pai como criminoso de guerra e sua morte. Nunca foi aos Estados Unidos: "E nunca quis ir, pois nunca tive interesse naquele tipo de sociedade".

Ao fim de nosso encontro vespertino, ela enfatizou a diferença entre sua vida atual e a opulência de que foi cercada durante sete anos, quando criança. "Hoje, trabalho para um cirurgião que opera cataratas. Preciso ganhar a vida. Não posso escrever um livro sobre meu pai porque não tenho tempo livre."

Olho em volta, mais uma vez, para o pequeno apartamento do quinto andar, decorado ao estilo escandinavo dos anos 1960. A sala exibe uma bela pintura a óleo de sua mãe, executada em 1937. A moldura é simples porque, segundo Edda, "o governo alemão levou embora a preciosa moldura original, após a guerra". Outros retratos se espalham pelo recinto: desenhos a lápis dela e da mãe; uma fotografia de seus pais; uma grande fotografia emoldurada dos três, Göring num espetacular uniforme branco; uma aquarela de seu pai com uma medalha da Primeira Guerra Mundial pendendo orgulhosamente do pescoço; um quadro de Edda, do tempo da guerra; e um enorme brasão da família Göring. Na porta, lanço um último olhar a Edda Göring, que se parece notavelmente com o pai. "Avisarei se decidir que vamos nos encontrar de novo", diz ela. "Mas você sabe como me sinto. Amo muito meu pai e não se pode esperar que o julgue de outra maneira. Ele foi bom para mim e me deixou saudades. É tudo o que você precisa saber."

◆ O batismo de Edda Göring na igreja, em 1937, irritou muitos membros da hierarquia nazista, mas não impediu que Hitler comparecesse. Göring, radiante, exibe seu uniforme branco formal.

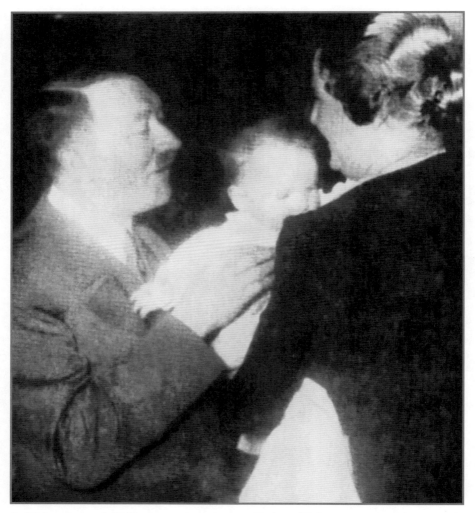

◆ Hitler segurando Edda depois da cerimônia. Embora Hitler não gostasse da esposa de Göring, Emmy, achava que a menina era um complemento precioso ao lar do marechal.

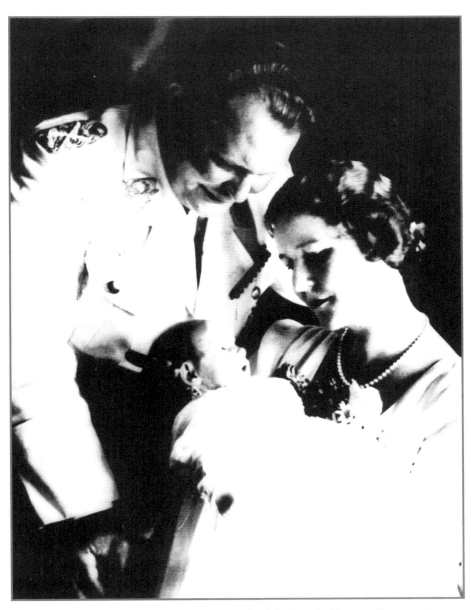

◆ O casal Göring e seu novo bebê em foto oficial do Partido Nazista. Göring mimava a filha como se ela fosse uma princesa.

◆ Göring (à esquerda) e Hess com a cabeça apoiada nas mãos em sinal de desânimo ao ouvir o veredito de Nuremberg, no dia 30 de setembro de 1946. Karl Dönitz aparece atrás, empertigado.

◆ Um soldado americano tirou essa foto de Emmy e Edda (então com 8 anos) no castelo Fischhorn, no momento em que Hermann Göring era conduzido à prisão.

◆ Emmy (à esquerda) e Edda visitando Hermann Göring na prisão de Nuremberg, em 26 de setembro de 1946. Edda se lembra, comovida, desse último encontro com o pai. Dezenove dias depois, poucas horas antes de ser levado à forca, Göring cometeu suicídio mastigando uma cápsula de cianureto.

CAPÍTULO 11

Traição

Para alguns dos filhos entrevistados nos capítulos anteriores, não foi nada fácil encarar o problema dos crimes de seus pais no tempo da guerra. Embora as famílias raramente falassem sobre o envolvimento de seus pais no Terceiro Reich, a maioria deles era tão famosa que os filhos logo aprenderam muita coisa a seu respeito na escola ou nos livros. Com exceção da família de Rolf Mengele, que o enganou por dezesseis anos sobre a identidade do "Anjo da Morte", foi difícil para outras esconder o passado nazista de seu pai. E, no caso de Mengele, Rolf tinha uma conexão tão pouco emocional com seu pai biológico que a verdade foi até certo ponto mais fácil de aceitar.

Este capítulo é muito diferente. É o único a tratar de uma filha que teve um relacionamento afetuoso e próximo com seu pai, apenas para descobrir em data muito posterior a verdade sobre suas atividades durante a guerra. Para agravar a dificuldade, ela mesma fez essa descoberta. A traição foi devastadora. Dagmar Drexel é a mais jovem entrevistada neste livro, a única nascida quase uma década depois do fim da guerra. O pai dela ainda está vivo e os dois não se falam. Dagmar conversou comigo depois de hesitar por muito tempo e apenas sob a condição de que a história não fosse impressa na Alemanha enquanto seu pai vivesse.

Max Drexel nasceu em 2 de maio de 1914, em Boeblingen, o mais velho dos três irmãos de uma família luterana de classe média. Seu pai era um policial que governava um lar autoritário e politicamente conservador. "Mas a influência mais poderosa na vida de meu pai foi sua mãe", revela Dagmar, a mais jovem das duas filhas de Drexel. "Ela era extremamente rigorosa e chegou a controlar minha mãe no começo do casamento de meus pais."

A atmosfera familiar de direita na família encorajou Drexel a se juntar ao Partido Nazista aos 19 anos, em 1933. Ele era um membro ambicioso e ideologicamente comprometido. Embora se apresentasse como voluntário para servir na Wehrmacht, foi rejeitado devido a uma lesão no joelho. Serviu então como Jungvolkführer, líder da Juventude Hitlerista. No final de 1936, depois de passar no teste das quatro gerações que garantia uma descendência ariana impoluta, Drexel se juntou ao grupo de elite do partido, a SS. O jovem de 22 anos foi escolhido para os *Totenkopfverbände*, os batalhões da Caveira, e transferido para Stuttgart, onde trabalhou no *Sicherheitshauptamt* de Heydrich (Departamento Central de Segurança).

Foi também durante esse período que Drexel mostrou aos seus superiores até que ponto estava comprometido com a causa nazista. Nos termos da política da SS, a noiva de um membro tinha de ter sua pureza racial comprovada antes que o casamento fosse liberado. A noiva de Drexel passou no teste racial, mas os investigadores nazistas descobriram que seu pai era alcoólatra. A recomendação inicial era contra o casamento. Drexel apresentou uma torrente de cartas atestando a natureza caseira, o amor pelas crianças e outros bons valores arianos de sua noiva. Além disso, ordenou ao futuro sogro que se submetesse a um programa de desintoxicação. Por fim, afirmou que, se o alcoolismo do homem não melhorasse ou se a SS entrevisse qualquer probabilidade de uma predisposição genética à embriaguez, ele abandonaria os planos de casamento. Um soldado decidido a preferir a teoria nacional-socialista ao amor verdadeiro era o tipo de fanático que a SS de Himmler desejava.

Esse desvelo pela causa foi recompensado com uma transferência para Berlim, onde Drexel iniciou seus estudos de Direito. Mas esses estudos foram interrompidos em 1941 quando Drexel partiu para a Frente Oriental e se integrou ao "Einsatzgruppe D", uma unidade especial de comandos móveis sob a jurisdição do *Sicherheitsdienst* (SD). Os *Einsatzgruppen* foram acusados de massacres da população civil, com ênfase nos judeus, oficiais comunistas e guerrilheiros. Usando métodos brutais de prisão em massa, essas unidades exterminadoras mataram cerca de 2 milhões de civis em um período de dezoito meses, com tiros únicos de fuzil e veículos providos de câmaras de gás. Cartas de comandantes dos *Einsatzgruppen* para o quartel-general em Berlim reclamavam muitas vezes do desperdício da munição utilizada nas execuções, bem como do estresse que o envolvimento pessoal no assassinato em massa provocava nos soldados. Tais queixas levaram por fim a métodos mais impessoais de extermínio: as grandes câmaras de gás dos campos de concentração da Polônia.

Na época de sua transferência para o Leste, Drexel era um *Obersturmführer* ou primeiro-tenente. Ele se ofereceu como voluntário para chefiar sua própria unidade de comandos e foi destacado para as imediações de Simferopol, na Ucrânia, onde permaneceu da primavera até o outono de 1941. Um dos piores banhos de sangue registrados na guerra ocorreu lá, com milhares de judeus e eslavos sendo executados sumariamente. A maioria das vítimas se enfileirou ao longo das valas comuns e foi morta com um único tiro de fuzil na nuca. Drexel, que o tempo todo exortava seus soldados a atirar rápido, assistiu ao massacre de uma colina próxima. Famílias inteiras foram eliminadas. Para economizar a munição, ordenou que as mães segurassem seus bebês de tal maneira que um único tiro pudesse matar os dois. Além dos fuzilamentos em massa, ele também enforcou muitas de suas vítimas. Essa foi uma decisão pessoal, contrária às práticas da maioria dos outros *Einsatzgruppen*.

A SS considerou o serviço de Drexel exemplar e promoveu-o a Hauptsturmführer (capitão). Findo seu serviço junto às unidades móveis de extermínio, ele retornou a Berlim e concluiu seus estudos de Direito. Encontrando-se na França, onde também passou um curto período, seus serviços no Leste foram por fim recompensados pela SS com um honroso posto em Bayreuth: entrou para a guarda pessoal de Winifred Wagner, nora do compositor adorado pelos nazistas, Richard Wagner. Tendo servido bem o Terceiro Reich nos *Einsatzgruppen* assassinos, Drexel pôde terminar a guerra no ambiente agradável dos festivais anuais de Bayreuth, em companhia da elite cultural da Alemanha Nacional-Socialista.

"Meu pai costumava vir para casa durante a guerra", diz Dagmar, "e a família conta que ele se exibia todo vaidoso e arrogante em seu uniforme. A família inteira aderiu ao partido ou simpatizava com ele, mas meu pai era o mais orgulhoso. Ninguém acreditaria que aquele meigo professor houvesse alcançado rapidamente um posto tão alto, sendo agora um destruidor das populações do Leste. A meu ver, quase todo mundo achava que suas fanfarronices não passavam de mentiras. Ninguém realmente sabia o que ele estava fazendo, mas também não acreditava que fosse capaz de algo tão terrível. Pensavam que estivesse tentando se fazer de importante com suas histórias."

No final da guerra, Drexel sabia que seus crimes nos *Einsatzgruppen* o sujeitariam a um processo por parte dos Aliados. Escapou à prisão e aos procedimentos de desnazificação dando o nome de um soldado comum ao ser detido. Havia centenas de milhares de prisioneiros e as buscas por destacados oficiais nazistas desaparecidos prosseguiam: os Aliados não perceberam o truque simples de Drexel e ele foi libertado. Sua função e identidade não foram reveladas. No entanto, ainda com medo de estar numa lista de procurados por crimes de guerra, ele fugiu para os Alpes da Suábia, região rural pouco povoada do sul da Alemanha. Lá, com um nome falso, trabalhou como camponês por cinco anos. O administrador da fazenda era seu cunhado. Durante esse tempo escondido, ele deixou sua esposa e seu único filho, nascido em 1944, em Leonberg, perto de Stuttgart. Visitas ocasionais eram seu único contato familiar.

Por fim, em 1950, Drexel se sentiu seguro o bastante para retornar a uma vida normal na Alemanha. Quase todos os julgamentos de crimes de guerra haviam terminado e o Alto Comissário Aliado, John J. McCloy, recentemente comutara as sentenças de todos os industriais e da maioria dos médicos ainda na prisão. A febre dos crimes de guerra tinha baixado, para grande alívio de Drexel. Voltando para Leonberg, ele começou a lecionar de novo na escola primária. Ninguém perguntava por onde ele havia andado durante cinco anos e por certo ninguém falava sobre a guerra. Era um assunto que convinha esquecer. Pouco depois, ele se mudou para Henbach, uma pequena cidade de 5 mil habitantes e, novamente, ganhou a vida lecionando.

Dagmar nasceu em 5 de fevereiro de 1953. Seus pais queriam mais um filho além do que já tinham, de 10 anos. Ela foi criada em uma família alemã de classe média que, para observadores externos, parecia muito normal.

"Minhas lembranças mais antigas da família, especialmente de meu pai, são bastante positivas. Lembro-me de que ele me levava para ver jogos ou andar de bicicleta; podia dormir com ele e até tomávamos banho juntos. Em comparação com o tratamento que dava ao meu irmão, meu pai foi sempre muito bom comigo. Minha mãe também cuidava bem de mim, mas eu via que, nessa época, ela andava muito deprimida e falava com frequência em morrer. Meu pai não percebia nada. Ignorava o problema, mas ficava incomodado ao ver que ela não era saudável. Minha mãe não atendia a seu ideal de esposa e ele pouco se importava em deixá-la saber disso. Na verdade, sempre deixava bem claro para ela o que pensava a seu respeito."

Era óbvio para Dagmar que o casal não tinha um bom relacionamento, embora nenhum dos dois descarregasse sua frustração nos filhos. Um dia, em 1959, sua mãe levou-a até a casa de uma amiga. Dagmar se lembra de que ela "se despediu da amiga de maneira muito estranha". Em seguida, pediu uma corda emprestada. Como não voltasse depois de várias horas, a amiga telefonou para Drexel, que junto com alguns colegas começou a procurar pela esposa. Foram encontrá-la na floresta, enforcada.

"Eu acho que deixou um bilhete de suicídio, mas nunca o vi", diz Dagmar. "O mau relacionamento de meus pais deve ter sido uma das razões do ato. Foi uma época ruim para nós, mas eu tinha apenas cinco anos e meio de idade e não percebia o significado total do que estava acontecendo. Porém, nos primeiros meses depois que minha mãe morreu, meu pai cuidou bem de mim. Eu realmente o amava.

Hoje, pensando no suicídio de minha mãe, parece-me curioso que ela tenha se enforcado, quando meu pai enforcara tantas vítimas."

Quase um ano depois da morte da sra. Drexel, a empregada da família mudou-se para a casa deles, onde passou a viver como amante de Drexel. "A família presumiu que eles já tinham um caso antes da morte de minha mãe", diz Dagmar. "Vivíamos em uma cidade muito pequena e as pessoas começaram a murmurar, de modo que eles precisaram se casar rapidamente." O irmão de Dagmar, de 16 anos, foi enviado para o internato.

Drexel e sua amante se casaram em 1961. A relação da nova esposa com Dagmar, de 8 anos, "foi muito ruim. Eu sonhava com outra mãe, mas minha madrasta era de uma condição social precária e não sabia lidar com crianças. Ela idolatrava meu pai submissamente e o servia sem fazer perguntas. Era o que ele queria."

Enquanto Dagmar se esforçava para entender o suicídio da mãe e conviver com a madrasta, no ano seguinte aconteceu algo que faria tudo parecer insignificante. Em 1962, seu pai foi a Stuttgart para o funeral de seu irmão de 42 anos,[33] que morreu de câncer. Inesperadamente, Drexel, de 48 anos, foi preso pela polícia alemã e levado para uma prisão perto de Schwäbisch-Gmünd. "Mais tarde, no mesmo dia, minha madrasta foi procurada por dois policiais, que revistaram a casa. Foi muito incômodo para mim. Aborreceu-me, embora fosse criança, ver aqueles dois homens vasculhando a casa inteira. Minha madrasta e membros da família que moravam perto se irritaram."

A prisão e o que acontecia à sua volta confundiram Dagmar. "Ninguém me explicou o motivo da prisão dele. Quando o visitei na prisão, ele me garantiu que não era culpado de nada, não tinha feito nada. De qualquer modo, eu não entenderia as razões da acusação. Disse que logo voltaria conosco para casa e tudo seria como antes. E foi só."

Ficar sozinha com a madrasta não foi nada agradável para Dagmar, de 9 anos. As duas irmãs da sua mãe decidiram levá-la para casa delas enquanto Drexel estivesse preso. Dagmar recorda o dia em que elas procuraram Drexel para fazer essa proposta. "Quando o visitamos pela primeira vez na prisão de Landsberg, eu fui com minha madrasta e as duas irmãs de minha mãe. Ele estava muito deprimido, chorava e parecia fora de si. Então uma de minhas tias lhe pediu que não se inquietasse tanto e garantiu-lhe que elas tomariam conta de mim e de meu irmão. "Não se preocupe, as crianças ficarão bem", disseram. E ele: "Não estou preocupado com meus filhos, não é esse o problema – estou preocupado com minha esposa, estamos casados há apenas um ano!" Então minhas duas tias saíram tempestuosamente da sala de visitas, comigo atrás, e ficaram realmente indignadas. Eu não poderia entender de fato as dimensões do que tinha acontecido." Antes que Dagmar se mudasse para a casa das tias, Drexel foi libertado sob fiança. Tinha ficado na prisão por quase cinco meses. Quando retornou à sua cidadezinha, percebeu que quase nada havia mudado por causa da sua prisão.

"Todos os nossos amigos e vizinhos tinham notícia do acontecido", diz Dagmar. "Mas ninguém conversou comigo a respeito. As acusações eram totalmente desconhecidas para mim. Exceto a família, ninguém na cidade, realmente, sabia o que ele havia feito. Ninguém ignorava que o fato tinha algo a ver com a guerra – e, esta, não era considerada tão terrível assim. As pessoas não entendiam ou não queriam entender o alcance de seus atos. As da classe mais alta evitavam agora se relacionar com meu pai, mas isso por causa de seu segundo casamento. Sua segunda esposa não estava à altura dos padrões da sociedade local. Não tinha nada a ver com o passado nazista de meu pai."

A prisão significava que Drexel não podia mais lecionar. Um amigo lhe deu um emprego em uma fábrica local. Ele continuou ativo em seus clubes sociais e, depois de um mês de sua libertação, tudo pareceu voltar ao normal. Mas para Dagmar, que ignorava o motivo da prisão do pai e era incapaz de discutir esse assunto em casa, as pressões cobraram seu preço de uma maneira diferente: ela começou a ir mal na escola. Em vez de tentar ajudar a filha a superar suas dificuldades de aprendizado, Drexel decidiu encobri-las. Essa foi uma das razões pelas quais ele finalmente a enviou para morar com suas tias em 1965. "Assim", diz Dagmar, "ele podia contar aos vizinhos que eu estava indo bem na escola. Desde que eu estivesse fora da cidade, ninguém saberia a verdade."

Pelos próximos sete anos, Dagmar morou com suas tias e tinha contato com o pai só por meio de visitas familiares. O pai permaneceu uma figura amorosa, mas distante. Sem que a garota soubesse, as primeiras acusações contra ele foram aos poucos sendo retiradas quando a promotoria não conseguiu obter provas suficientes. Nesse meio-tempo, Dagmar começou a ouvir falar sobre a guerra e suas atrocidades na escola. "Foi pouco depois que cheguei à casa de minhas tias," lembra ela. "Eu tinha cerca de 13 anos e soube das verdadeiras histórias de horror que aconteceram durante o período nazista. Nunca as associei a meu pai. E nunca poderia mencioná-las nem a ele nem às minhas tias. Todos tinham sido do Partido Nacional-Socialista durante a guerra e nisso não diferiam em nada do resto da família. Era tabu falar sobre guerra ou sexo. Perguntei a uma de minhas tias uma vez e ela me deu uma resposta unilateral. Fez a guerra parecer heroica e disse que tudo o que nos ensinaram era mentira. Ela tinha visto tudo e afirmou que os jovens não podiam julgar ou criticar. Na minha família, sempre resmungavam: 'Oh, não, essa história sangrenta dos judeus de novo! Não se poderia matar tantos, eles ainda estão por aí – na imprensa, na indústria, em toda a América'.

Então, guardei essas coisas só para mim. Minhas tias falavam mal de meu pai, culpando-o por matar a irmã delas. Mas nunca o criticavam por causa de seu passado nazista ou pelo que ele tinha feito na guerra."

Em 1968, em meio a dramáticos movimentos políticos de esquerda e revoltas estudantis que varreram a Europa, Dagmar, de 15 anos, tornou-se politicamente ativa. Ela se uniu aos Jovens Socialistas, tornou-se porta-voz de sua escola e participou de inúmeras passeatas estudantis: "Eu estava engajada em tudo que tratava de questões de opressão". Mas, em casa, com a família, evitava quaisquer discussões ou confrontos, recusando-se, ainda, a desafiar o pai sobre a sua atividade na guerra. Sempre acatando a autoridade paterna, Dagmar não levou seu ativismo político recém-adquirido para casa. "Fui criada para ficar em silêncio e ouvir prontamente a autoridade", diz ela.

As únicas discussões políticas com o pai eram "altamente abstratas." Mas Dagmar logo descobriu que ele gostava de provocá-la. Desde que soube de seu viés de esquerda, muitas vezes a provocava, dizendo: "Oh, vocês são todos covardes, não fazem uma revolução. Nós fizemos". Às vezes, quando ela ia visitá-lo, Drexel a censurava falando de crises ou problemas do governo socialista, instigando-a a discutir. "Ele sempre foi assim."

Em julho de 1970, Drexel foi preso pela segunda vez. Agora os promotores haviam preparado um dossiê bem mais incisivo. A acusação, que também implicava o tradutor pessoal de Drexel, afeto aos *Einsatzgruppen*, chegava a mais de duzentas páginas. Sustentava que Drexel havia comandado dezenas de execuções organizadas, cada qual responsável pela morte de vinte a setecentas vítimas. Ele foi indiciado como tendo responsabilidade pessoal pelo assassínio de mais de 2.600 pessoas, incluindo famílias inteiras. A acusação não deixava dúvidas sobre a natureza de seu serviço durante a guerra, afirmando que ele havia agido com extrema crueldade nas execuções de judeus: "De nenhuma maneira, forma ou comportamento ele agiu com humanidade. Pelo contrário, distinguiu-se pela precisão, pela eficiência". Mais uma vez, Drexel foi libertado sob fiança após uma curta estadia na prisão. E mais uma vez, Dagmar não foi informada sobre os detalhes de sua prisão ou das acusações contra ele. Embora tivesse 17 anos e fosse rebelde politicamente na escola, não conseguiria confrontar seu pai. O resto da família permaneceu em silêncio.

Dagmar abandonou a escola por essa época e nunca fez os exames de admissão à faculdade. Em 1972, aos 19 anos, ela se casou, mas o casamento durou menos de três anos.

Enquanto Dagmar tentava levar uma vida independente da família, seu pai se preparava para o julgamento iminente. Um grupo de ex-oficiais nazistas intitulado Stille Hilfe (Ajuda Silenciosa) ofereceu dinheiro a Drexel para a sua defesa e ele contratou um advogado de direita. Uma de suas primeiras manobras foi conseguir adiar o julgamento alegando problemas de saúde. Essa tática funcionou por quase cinco anos. Em 1974, Dagmar acompanhou o pai em uma de suas visitas a um médico de Munique. Foi quando ela mudou para sempre a visão que tinha dele.

"Eu precisei esperá-lo por muito tempo. Seus arquivos estavam em uma valise aberta e comecei a folheá-los. Então, pela primeira vez, descobri exatamente o que ele tinha feito, sobre o que era o julgamento, que crimes ele havia cometido. Vi a peça de indiciamento e pretendia apenas dar uma breve olhada nela. Mas havia algumas anotações na margem, com a letra de meu pai, que me chamaram a atenção. Percebi imediatamente que eram para o seu advogado. Algumas das anotações acusavam seu tradutor, muito especificamente com relação ao número de guardas, e afirmando que pouquíssimos judeus haviam sido levados para as execuções. Por exemplo, quando se dizia que quatro pessoas foram arrastadas para o fosso, ele riscou a frase e escreveu que eram apenas duas ou oito, ou qualquer número que fosse correto. Dessa forma, alterou toda a acusação. Fiquei chocada. Percebi do que ele foi acusado e, também, que sua memória era exata, nos mínimos detalhes. Costumava dizer que não conseguia se lembrar, que ninguém conseguiria depois de tanto tempo. Eu estava perplexa. Não toquei no assunto nem mais tarde porque o choque foi muito grande. Não contei a ele o que tinha visto. Por muito tempo, não mencionei o caso a ninguém.

Eu ainda cuidava dele e compareci ao julgamento em Munique. Mas estava tão agitada que não me lembro dos detalhes. Além do mais, na época, achava que duas coisas erradas não fazem uma certa – não poderia puni-lo agora porque, no passado, ele tinha cometido um erro. Ele ainda era meu pai e, para mim, nunca fizera nada errado. Enfrentava problemas pessoais com o divórcio, o que me ajudou a não pensar sobre muitas coisas ligadas a meu pai. Só muito depois entendi as dimensões da coisa toda – na verdade, eu deveria dizer: só nos últimos anos."

Dagmar acredita ter sido o primeiro membro da família a ver a peça de indiciamento e a entender o pleno alcance das acusações contra Drexel. E só ela tentou reconciliar a imagem recém-descoberta de um assassino com a de um pai amoroso.

O julgamento começou em 1975. Drexel pediu para a filha não comparecer e, exceto por uma ocasião em que Dagmar entrou furtivamente no tribunal, ela atendeu a seu pedido. Não ouviu nenhuma testemunha depor contra o pai. "Mas eu sei", diz Dagmar, "que muitos de seus amigos atestaram, sob juramento, que meu pai era um bom homem. Ele ficou muito orgulhoso por isso." Drexel também impressionou o juiz ao admitir certos crimes e expressar remorso com relação ao seu serviço na SS. "Hoje sei que ele admitiu só as coisas já comprovadas cem por cento", diz Dagmar. "Quanto às manifestações de remorso, meu pai sempre foi um bom ator. Ele não sentia nenhum remorso, não lamentava em absoluto o que havia feito. Achava ter cumprido seu dever, achava ter feito a coisa certa e se envaidecia disso; não se envergonhava. Jamais sentiu pena de suas vítimas. Mas sabia que não era conveniente dizer isso no julgamento."

Dagmar compareceu ao tribunal no dia do veredito. Drexel foi considerado culpado de comandar ou presenciar vinte execuções, num total de 746 assassinatos. Sentença: vinte anos. Mas o juiz, comovido por seu aparente remorso, logo em seguida reduziu a sentença para cinco anos em uma prisão de segurança mínima. Drexel só começou a cumpri-la em junho de 1977, quando suas apelações se exauriram.

"Quando o veredito foi proferido, eu não me surpreendi com a extensão da pena", diz Dagmar. "Não pretendo julgar o que é certo e o que não é. Não se pode medir crimes como os dele pela duração de uma sentença de prisão. Se ele tivesse sido indiciado logo após a guerra, provavelmente receberia uma sentença de prisão perpétua. Mas mesmo que tivesse sido posto atrás das grades pelo resto da vida, o sofrimento das pessoas que ele matou e de seus parentes não seria compensado. Nem sequer uma sentença de prisão perpétua faria isso.

Eu o visitava com frequência na prisão. Mas devo ressaltar que nunca, nunca aceitei o que o meu pai fez. Pelo contrário, ele carrega um fardo pesado pelo que praticou e suas ações nunca poderão ser perdoadas."

Da pena de Drexel foi descontado o tempo que passou em prisões anteriores e ele permaneceu apenas dois anos detido. O assassino convicto ganhou a liberdade no feriado de Natal de 1979.

"Quando meu pai voltou para casa, nenhum de seus amigos o evitou", diz Dagmar. "Eles o aceitam totalmente e acham que uma grande injustiça foi cometida pelas autoridades que o condenaram e o puseram na prisão. Ele tem a mesma opinião, pensa que o governo lhe prestou um grande desserviço e o tratou injustamente. É curioso: nenhuma pessoa na cidade o criticou. Na verdade, ele até ascendeu nos círculos sociais!"

Logo após a libertação de Drexler, dois fatos importantes aconteceram na vida de Dagmar. Ela se casou pela segunda vez e logo teve seu primeiro filho, um menino. As primeiras discussões sobre seu pai foram com o marido. Desde o começo, ele a ajudou a colocar os crimes de seu pai na perspectiva correta e apoiou sua independência. Após o nascimento do filho, em 1980, Drexel começou a visitá-la com mais frequência, ansioso por conviver com seu primeiro neto. Mas Dagmar ainda não conseguia conversar com ele sobre seu passado. Drexel não sabia que a filha tinha visto a peça de indiciamento ou conhecia a verdade sobre seu serviço nos *Einsatzgruppen*. O relacionamento entre ambos esfriara, mas ele nunca soube por quê. Dagmar tentava limitar o contato dele com seus filhos (uma filha havia nascido em 1982), com medo da influência que Drexler poderia exercer sobre as crianças.

Em 1985, Dagmar encontrou outra filha de um pai nazista, Dorte von Westernhagen, que fazia pesquisas para um livro sobre filhos de oficiais nazistas não proeminentes. O livro, *Die Kinder der Täter* [Os Filhos dos Culpados], apareceu na Alemanha em 1987 e Westernhagen incluiu um capítulo sobre Dagmar e seu pai. Isso foi pouco depois da publicação de *Born Guilty*, uma coletânea de entrevistas anônimas com filhos de nazistas.

"Um dia meu pai estava em minha casa e viu um exemplar de *Born Guilty*. Disse zombeteiramente: 'O que você tem aí? Está também no livro?' Perguntei-lhe: 'O que você faria se eu estivesse?' Ele rejeitou a ideia totalmente: 'Absurdo! Absurdo!'"

Dois anos após a publicação da entrevista de Dagmar no livro de Westernhagen, um primo contou a Drexel sobre o fato. Ele ficou furioso. "Provavelmente, nunca teria descoberto por outros meios", afirma Dagmar. "Não lê nada desse tipo, nada sobre o período. Ficou indignado, como a maioria da família. Consideraram minha atitude o mesmo que lavar nossa roupa suja em público. Quase todos romperam comigo por causa disso.

Meu pai simplesmente não conseguia aceitar o que acontecera. Não falou comigo sobre o assunto, mas sua agressividade foi aumentando e afetou meus filhos.

Mais tarde, recebi uma longa carta dele, na qual tentava negar tudo o que eu havia dito. E me agredia. Um exemplo foi quando afirmou: 'Para desculpá-la de algum modo, eu diria que você é uma psicopata, como aliás admitiu na tal entrevista, em que agiu de maneira descontrolada'. Também disse que gostaria de justificar seu comportamento perante seus netos. Depois dessa carta, decidi não ter mais nenhum contato com ele. Uma segunda carta veio depois, mas eu não quis recebê-la a fim de me proteger."

Embora eles morem a apenas 40 quilômetros de distância, Dagmar não fala nem vê Drexler há dois anos. "Sei quanto é doloroso para meu pai ficar longe dos netos. Ele sofre por isso! Mas ele próprio criou essa situação."

Dagmar não odeia o pai: "Vivi e ainda vivo em conflito. Nunca fui capaz de entender a imagem de um pai bom e amoroso combinada com a de um assassino. As coisas melhoraram nos últimos anos, desde que não tive mais contato com ele. Desse modo, a imagem do pai amoroso desapareceu. Eu o vejo agora mais como um ser humano que sobrecarregou sua alma com o assassinato de muitas pessoas. Se sinto alguma coisa por ele, é compaixão. Infelizmente".

Por causa dos crimes de seu pai, Dagmar fez um esforço especial para educar seus filhos em uma atmosfera liberal e aberta. Eles frequentam a escola Steiner, seguindo um currículo de artes liberais – a mesma que o departamento nazista de seu pai tinha fechado durante a guerra. "Espero sempre que nenhum dos traços de meu pai esteja em mim ou nos meus filhos", diz ela. "Penso que quase tudo se deve ao ambiente em que crescemos, por isso meu marido e eu estamos realmente tentando criar nossos filhos de forma diferente. Ensinamos a eles que devem ser tolerantes e humanos para com todos, que todos fomos criados iguais. Explicamos que precisam respeitar o direito de todos. Não quero que meu filho entre no exército e procuro instilar nele o pacifismo.

Ainda não contei aos meus filhos sobre o papel de seu avô na guerra. Eles são muito novos [8 e 10 anos]. Mas, quando perceber que têm idade suficiente para entender, entregarei a eles as transcrições dos julgamentos, livros e tudo o mais sobre seu avô, para que possam saber a verdade."

Dagmar também tem sido ativa nas causas sociais. "Eu ajudo famílias estrangeiras aqui na Alemanha. Tudo começa pela língua e termina pela integração social. Dentro de minhas modestas possibilidades, tento auxiliar as famílias mais pobres em seus problemas sociais. Acho que, com esse tipo de trabalho, estou procurando compensar as ações de meu pai."

Dagmar visitou recentemente Israel, "uma experiência maravilhosa", e planeja voltar. Também incentiva seus filhos a brincar com crianças gregas ou turcas, que o resto da aldeia muitas vezes evita. Faz isso para estabelecer uma identidade totalmente separada da de seu pai. "Ele não muda de forma alguma. Ainda acha que algumas raças não são tão dignas de viver quanto a ariana. Muitas outras pessoas pensam como ele. Se eu fosse tão brutal como meu pai, nada jamais mudaria – nem na nossa família, nem em ninguém. Eu tenho que agir de modo diferente do dele.

Meu pai poderia ter feito algo pela sociedade; poderia ter tentado reparar seus erros. Há coisas na vida que não se pode corrigir; mas pode-se fazer o melhor possível e isso ele nunca quis."

Sentado ao lado de Dagmar em sua casa, ela me mostrou um álbum de fotografias que seu pai montou e lhe deu em 1983. É um olhar nostálgico à sua família e à sua atividade nazista. Vi fotos de jovens em uniformes nazistas, de eventos esportivos nacional-socialistas, de Drexler em um uniforme resplandecente da SS – até mesmo seu convite de casamento original, com a insígnia da SS na frente. Em uma página, ele escreveu o título "Meus Chefes" e colou fotos de Heydrich e Göring. Em outras partes do álbum, desenhou meticulosamente a insígnia dos relâmpagos da SS.

"São suas lembranças", suspira Dagmar. "Na época em que me deu o álbum, este de alguma forma se tornara um fardo para ele, com tantas fotos de minha mãe etc. Muito típico de meu pai: quando as coisas são difíceis de enfrentar, ele as põe de lado, como fez com o álbum. Mas revela como ele ainda se sente." Dagmar balança a cabeça vagarosamente, enquanto olha as fotografias. "Estávamos todos fartos de ouvir 'eu apenas cumpri meu dever'", diz em voz sumida, mais para ela mesma do que para mim.

Sua prima, Ute, esteve presente durante nossas reuniões e tentou me ajudar a entender o conflito que Dagmar ainda enfrentava. "Dagmar espera que alguém, como num passe de mágica, apareça e a alivie desse grande fardo. Ela pensava, quando falou sobre isso pela primeira vez, que teria uma catarse, que tudo desapareceria de sua mente para sempre. Mas a coisa foi ficando pior quanto mais ela insistia no assunto. A intransigência do pai e a teimosia dele em não mudar é que a atormentam. Ele se recusa a reconhecer, mesmo por um momento, a barbaridade de suas ações durante a guerra."

Dagmar intervém: "Ele está plenamente convencido de que tem razão. Nunca sentiu remorso ou culpa. Não consigo aceitar que meu pai aja assim".

Quando a consultei sobre a possibilidade de incluí-la neste livro, ela não sabia que decisão tomar. Parte de sua hesitação inicial era que o livro incluiria uma série de filhos de nazistas proeminentes. Não tinha certeza de que seu pai se encaixaria num livro sobre nazistas de alta posição ou notoriedade. "Eu finalmente decidi que o posto não importa", diz ela. "O que conta é a destruição de pessoas. Aquelas mortes de seres humanos foram assassinatos. Já basta o que meu pai fez.

Por muito tempo me perguntei se deveria ir a público novamente para contar minha história pessoal. E estou fazendo isto só porque você e eu conversamos bastante sobre o assunto. Já não tenho medo de nada, já não receio ameaças ou repressões por parte de minha família. Mas penso em meus filhos e não quero que eles sofram por isso. Concordei depois de refletir maduramente e concluir que não se pode apagar o passado. Mas, ouvindo minha história, as pessoas podem reconhecer que precisam reagir firmemente à mudança política e que todo indivíduo é responsável por garantir que algo assim nunca aconteça de novo. Elas têm que se empenhar na luta pela liberdade e a paz e, acima de tudo, pela humanidade."

CAPÍTULO 12

O Legado Nazista

O Palácio da Justiça em Nuremberg está intacto. O grande complexo se estende por vários hectares e o prédio principal continua imponente com seus intermináveis corredores de pedra e mais de 650 salas. Deixando para trás misteriosos recessos e desvãos que levam às escadarias, chegamos ao enorme tribunal do segundo andar onde se deu o grande julgamento dos crimes de guerra, em 1945. Seu magnífico relógio e candelabros ornamentados foram substituídos por lâmpadas fluorescentes e a galeria da imprensa para 250 repórteres foi desmantelada. Mas a sala ainda lembra extraordinariamente a mostrada nas fotos dos nazistas acusados, sentados em duas fileiras no banco dos réus. Nessa sala, os pais de Wolf Hess, Edda Göring, Ursula Dönitz, Cordula Schacht bem como Niklas e Norman Frank tiveram sua sorte decidida. Foi a partir desse lugar que a maior parte do mundo ficou sabendo dos detalhes da Solução Final e dos massacres de milhões de civis.

O tribunal de Nuremberg vazio foi também o local de uma amarga peregrinação, em 1987, de Niklas Frank. Em contraste com o frenesi quase circense que tomou conta da sala em 1945, os tetos altos e as superfícies ásperas acentuaram o silêncio da vigília solitária de Niklas Frank. Nesse ambiente austero, ele se concentrou no clímax da súmula do promotor britânico: "Pode ser que a culpa da Alemanha nunca seja apagada, pois seu povo participou dela em larga escala. Mas foram os homens aqui presentes que, com um punhado de outros, lançaram essa culpa sobre a Alemanha e subverteram o povo alemão. Que estes réus participaram e são moralmente culpados de crimes tão hediondos que a imaginação hesita em conceber, não há dúvida. As palavras do réu Frank devem ser sempre lembradas: 'Milhares de anos passarão e a culpa da Alemanha não será apagada'."

Niklas olhou para a parede onde estava encostado o grande banco dos réus, no mesmo lugar em que seu pai se sentou uma geração antes. "Uma fantasia minha", diz Niklas, "é sentar-me aqui todos os anos e esperar que meu pai apareça. Então ele dirá: 'Sou culpado, sou realmente culpado!' Depois, explicará por que é culpado e em que ano se tornou um criminoso. Estou esperando por isso. É um sonho que nunca se realizou."

Os pecados dos pais: eles afetaram uma segunda geração da Alemanha de formas pouco entendidas ou avaliadas. Os filhos daqueles que serviram no Terceiro Reich tiveram que encarar sua herança macabra bem mais de perto que o resto da nação alemã.

Aqueles que romperam com os crimes e a política de seus pais são muitas vezes incomodados por vergonha e culpa. Alguns, como os irmãos Frank, continuam assombrados por imagens de pilhas de cadáveres retorcidos ou famílias de judeus sendo amontoadas num gueto. No entanto, mesmo sem essas lembranças arrepiantes, muitos se sentem confusos com sua herança, quase compartilhando a culpa pelos crimes dos pais. "Tenho medo", diz Dagmar Drexel, "de que, se souberem o que meu pai fez, meus conhecidos não queiram mais nada comigo."

"Eu gostaria de ir a Israel", declara Niklas Frank, "mas como poderia? Tenho vergonha de encontrar aquelas pessoas."

"Peço, *sim*, desculpas a todas as vítimas de meu pai", diz Rolf Mengele. O exemplo mais extremo é o de Norman Frank. Ele decidiu não ter filhos porque, "depois do que meu pai fez, a meu ver o nome Frank não deve subsistir."

O conflito entre a imagem de um pai bom, amoroso, e o assassino descrito em documentos e por testemunhas quase nunca foi resolvido. Os homens apresentados neste livro não mostraram às suas famílias os sinais evidentes de comportamento psicopático que os analistas costumam buscar. Aqueles que sobreviveram à guerra nunca mais voltaram ao comportamento criminoso nazista. Assassinos como Mengele e Drexel retomaram uma vida tranquila e normal, sem o peso da culpa. É essa ausência de remorso que alguns de seus filhos acham mais perturbadora. A segunda geração, muitas vezes, sente mais indignação moral face às atrocidades do que qualquer de seus pais, os verdadeiros perpetradores.

Para aqueles que condenam os pais, a busca pela compreensão de sua motivação é árdua e desconcertante. Ambição e fraqueza, muitas vezes citadas como fatores motivadores, explicam só parte das ações de seus pais. Nem toda pessoa ambiciosa é capaz de assassinar e a fraqueza sozinha não é suficiente para esclarecer declarações odiosas e bárbaras. Rolf Mengele culpa a ambição de seu pai, mas ainda pensa nele como "um estranho." Norman Frank continua intrigado por não poder descobrir nenhuma base racional para a conduta violenta de seu pai. Dagmar Drexel desistiu de tentar: "Eu nunca entenderei meu pai".

No extremo oposto do espectro estão os filhos orgulhosos em defender seus pais. Eles são muitas vezes consumidos pelo desejo de negar quaisquer erros e parecem tão anacrônicos quanto as odiosas teorias do nacional-socialismo. Wolf Hess se sente tão sobrecarregado pela defesa do pai quanto qualquer criança que briga com o seu. Ursula Dönitz e Edda Göring, com lembranças de seus pais e da Segunda Guerra Mundial espalhadas pela casa, mostram que parte de suas almas ainda está ligada à glória de seus pais no tempo da guerra. A justificativa que dão para os atos de seus pais não as libertou da turbulência emocional que restou da era nazista. Ao negar a cumplicidade de seus pais em crimes monstruosos, tentam justificar a pureza de seu amor. Uma vez que se recusam a reconhecer qualquer mancha criminosa, não se sentem compelidas a explicar ou desculpar seus sentimentos. Nenhum deles é assombrado pelas imagens conflitantes de Niklas Frank, de um genitor indulgente e culto, imerso na música e na poesia alemã, bem como de um monstro que enviou mais de 2 milhões de judeus poloneses para a morte. Esses defensores minimizam os "excessos no Leste" e, quando admitem o Holocausto, põem a culpa em outros.

Quer os filhos defendam ou condenem seus pais, quanto mais famoso o nome da família, maior a pressão do público. Esses filhos "proeminentes" são considerados à luz de seus pais e julgados tanto pelas carreiras destes quanto pelas suas próprias. Stauffenberg e Schacht se esforçaram bastante para ter vidas independentes da forte reputação de seus pais, enquanto Rolf Mengele reclama que ainda precisa ser cuidadoso toda vez que dá uma opinião política, "pois as pessoas dirão que é o filho de Mengele quem fala, e oh, ouçam só o que ele diz disso ou daquilo". Todos esses filhos foram submetidos a rígido escrutínio público.

No entanto, eles gozam de uma vantagem: nunca tiveram que confiar em seus pais para obter informações sobre seu passado nazista.

Por causa de suas altas posições ou notoriedade, seu registro histórico é repleto de informações. Mengele e Schacht usaram as fontes disponíveis para adquirir um conhecimento objetivo das ações de seus pais. No entanto, outros, especialmente Hess e Göring, ignoraram o registro escrito e descartaram a maior parte dele como "mentiras e propagandas". Nesses casos, perderam uma rara oportunidade de confrontar a verdade e romper simbolicamente com o passado. A negação é uma ferramenta emocional poderosa. No caso dos pais nazistas que negam, eles próprios, quaisquer erros, não surpreende que alguns filhos renunciem à busca intransigente da verdade em proveito de um julgamento mais benigno e menos ameaçador.

Os filhos de nazistas menos conhecidos podem ter evitado o escrutínio público, mas não foram poupados do tormento associado à sua herança. Certamente, os relacionamentos tempestuosos de Dagmar Drexel e Ingeborg Mochar com seus pais ainda vivos eliminam qualquer especulação de que elas tiveram uma vida fácil. De certa maneira, sua tarefa é mais difícil: uma vez que não há informações públicas sobre seus pais, têm de confiar em suas famílias para saber a verdade. Não é um assunto que muitos pais alemães discutem livremente. Dagmar só descobriu o passado do pai porque acidentalmente se deparou com sua peça de indiciamento. O pai de Ingeborg contou-lhe o que fez na guerra, mas ela nunca conseguiu verificar os fatos até eu obter o arquivo dele no Centro de Documentação de Berlim. Ela receava que o pai tivesse mentido e agora iria descobrir seu passado criminoso.

A geração responsável pelos crimes bloqueou toda discussão. Não quis ser honesta e franca. Esse silêncio não eliminou o atrito na família, apenas o submergiu – muitas vezes, na alma dos filhos. Anos após a morte dos pais, alguns dos filhos procuram ter acesso ao debate público sobre seus sentimentos, que eles não lhes revelaram.

Como os perpetradores permaneceram em silêncio, o fardo de buscar a verdade e reconhecer a responsabilidade foi passado para outra geração. Apenas Mengele e Mochar aceitaram o desafio inerente a esse fardo e enfrentaram seus pais. Mengele não chegou a lugar nenhum nas brigas com seu pai, acabando por renunciar à tentativa de levá-lo a admitir algum remorso ou culpa. Mochar discutiu com seu pai por vinte anos e só recentemente conseguiu induzi-lo a admitir que "talvez" o extermínio dos judeus tenha sido um erro.

Alguns nunca tiveram uma oportunidade para o confronto, pois eram crianças quando seus pais foram executados. Niklas Frank provavelmente teria desafiado seu pai, mas agora o que ele sente é um vazio. Em outros casos, mesmo naqueles em que os pais estão vivos ou viveram por décadas após a guerra, os filhos não se dispuseram a examinar seus registros de guerra. Embora querendo que os pais admitissem que sua lealdade nazista foi um erro, ou que lamentavam o acontecido, recusaram o papel de catalisadores para forçar essa admissão.

"Minha geração", disse Niklas Frank com tristeza, "perdeu a luta contra os pais. Nós nunca lhes perguntamos o que aconteceu, especialmente a você, meu caro pai, ou a você, minha cara mãe. Por que foram tão fracos na ocasião? Por que se acovardaram? O que sabem realmente sobre os judeus na sua aldeia, na sua cidade, no seu município, na sua vizinhança? O que aconteceu com eles? Quando todos os velhos nazistas estiverem mortos, então, nossos filhos poderão legitimamente recomeçar."

"Já é o suficiente", diz Rolf Mengele. "Sei que não há nada que eu possa fazer a respeito. Suponho que meu destino é ser filho daquele homem. Mas se você conversar com outros alemães da minha idade, poucos deles pensam na guerra, no nazismo e nos crimes tanto quanto eu devo pensar. Meu pai fez aquelas coisas e agora tenho de responder por ele. Mas isso não pode passar para meus filhos. Essa herança deve acabar comigo."

"E eu acho que isso é importante para as vítimas e suas famílias", diz Dagmar Drexel. "Elas deveriam saber que nós, filhos dos culpados de tantos crimes, não nos esquecemos do Holocausto. Ao contrário, tentamos encará-lo. O assassinato de milhões de pessoas, especialmente judeus, não pode ser reparado. Mas estamos tentando fazer nossa pequena parte para que isso não aconteça de novo. É nosso dever primordial."

Agradecimentos

Embora seja construído em torno de onze entrevistas abrangentes, este livro envolve também uma pesquisa histórica significativa. Recorri, em várias ocasiões, a documentos originais da Segunda Guerra Mundial mantidos em arquivos alemães e americanos; cópias de transcrições de julgamentos e provas anexas; livros e artigos; teses e súmulas jurídicas inéditas; entrevistas com historiadores e, extensivamente, documentação disponível graças à Lei da Liberdade de Informação dos Estados Unidos. Antes de cada entrevista, elaborei minha própria biografia do pai nazista. Nos casos em que o filho apresentava novas informações, eu conferia suas lembranças com as provas documentais. Em nenhum momento, aceitei as lembranças dos filhos como a palavra final, embora elas às vezes se revelassem notavelmente precisas.

Dezenas de pessoas ajudaram em meu trabalho nos últimos dois anos e eu precisaria de um capítulo à parte para agradecer a todas. Na impossibilidade disso, gostaria então de agradecer àquelas que deram uma contribuição destacada e, muitas vezes, inestimável.

Sou especialmente grato a Ann Weber, produtora da Yorkshire Television, em Londres, que desde o início partilhou comigo, desinteressadamente, sua pesquisa acurada e abrangente. O doutor Robert Wolfe, do Serviço Nacional de Arquivos e Registros de Washington, DC, ajudou-me em questões relacionadas à documentação do governo. O doutor David Marwell, diretor do Centro de Documentação de Berlim, é uma das autoridades mais prestigiosas em assuntos do Terceiro Reich e suas ideias foram muito importantes. Elliot Welles, da Liga Antidifamação de Nova York, generosamente colocou à minha disposição os recursos de seu escritório.

Irene Munster, em Buenos Aires, e o doutor Wolfgang Neugebauer, em Viena, estiveram sempre dispostos a rastrear pistas, ainda que muitas se revelassem infrutíferas. Várias pessoas intervieram quando tinham influência para persuadir os filhos do Reich a falar comigo. A esse respeito, agradeço a Christian Brandt e ao doutor Paul Schmidt-Carell, ambos em Hamburgo; Peter Black, em Washington, DC; e ao doutor Günther Deschner, em Nuremberg. Além disso, vários jornalistas tentaram localizar outros filhos de pais nazistas proeminentes; sou muito grato a Terry Gould, da Canadian Broadcasting Company, e a Harvey Rowe, de Berg, na Alemanha.

Jan Levie, Günther Bergmuehl, Claudia Steinberg, Eberhard Glokner, Susan Bronfen e Ute Spleth, com suas habilidades linguísticas, me ajudaram a superar diversos obstáculos. Sou muito grato por seu trabalho em documentos e cartas do tempo da guerra, já quase ilegíveis ou escritos na antiga grafia alemã.

Agradeço muito ao meu amigo Christopher Peterson, que revisou a última edição deste livro, eliminando os erros resultantes da transferência do formato de papel para o digital.

Pam Bernstein, minha agente e amiga, ajudou-me a encontrar um editor que reconhecesse a singularidade do projeto e sua contribuição potencial para a literatura sobre o Terceiro Reich.

Meras palavras são expressões vazias para agradecer a Robert Loomis, meu editor. Ele não só encorajou o desenvolvimento da ideia como provou ser uma fonte constante de inspiração. Sua orientação me ajudou durante as etapas difíceis do projeto e seu conselho estimulou minha escrita. Tenho a sorte de ter trabalhado com ele.

Por último, mas certamente não menos importante, rendo homenagem à minha esposa, Trisha. Como sempre, ela foi minha constante e afetuosa fonte de motivação. Desde ajudar em todas as fases da pesquisa até ler e editar uma série de rascunhos, ela conviveu com este livro desde o início. Trisha é a minha engenhosa parceira e merece crédito de coautora. Sem Trisha, este livro não seria possível.

Em janeiro de 2017, Trisha publicou uma biografia sobre Victor Capesius, um oficial da SS que serviu em Auschwitz. Durante sua pesquisa para *The Pharmacist of Auschwitz* (O Farmacêutico de Auschwitz), ela localizou duas das filhas sobreviventes de Capesius. Apesar dos repetidos pedidos de entrevista, elas se recusaram a falar publicamente sobre seu pai. A frustração provocada por esse ir e vir com as filhas de Capesius lembra bem alguns obstáculos que encontramos um quarto de século antes, quando fazíamos pesquisas para *Os Filhos de Hitler*. Quando se trata da segunda geração de perpetradores nazistas, algumas coisas nunca mudam.

Bibliografia

Livros e artigos

Benton, Wilbourn, e George Grimm, orgs. *German Views of the War Trials.* Dallas: Southern Methodist University Press, 1955.Bewley, Charles. *Hermann Goering and the Third Reich.* Nova York: Devin-Adair Co., 1962.Conot, Robert E. *Justice at Nuremberg.* Nova York: Carroll & Graf, 1983.

Davidson, Eugene. *The Trial of the Germans: An Account of the Twenty-TwoDefendants Before the International Military Tribunal.* Nova York: Macmillan, 1966.

Dawidowicz, Lucy. *The War Against the Jews.* Nova York: Holt, Rinehart & Winston, 1970.

Dönitz, Karl. *10 Jahre und 20 Tage.* Frankfurt: Athenaum, 1958.

_____. *Mein wechselvolles Leben.* Göttingen: Musterschmidt, 1968.

_____. *Deutsche Strategie zur See im zweiten Weltkrieg.* Munique: Bernard & Graefe, 1969.

Dulles, Allen. *Germany's Underground.* Nova York: Macmillan, 1947.

Ferencz, Benjamin B. *Less Than Slaves.* Cambridge, Mass: Harvard University Press, 1979.

Fishman, Jack. *The Seven Men of Spandau.* Nova York: Rinehart and Co., 1954.

Frank, Hans. *Im Angesicht des Galgens.* Munique: Beck-Verlag, 1953.

_____. *Das Diensttagebuch des Deutschen Generalgouverneurs in Polen,* 1939-1945. Stuttgart: Deutsche Verlagsanstalt, 1975.

Frank, Niklas. *Der Vater: Eine Abrechnung.* Munique: Bertelsmann, 1987.

Frischauer, Willi. *The Rise and Fall of Hermann Goering.* Nova York: Ballantine, 1951.

Gilbert, Dr. Gustave M. *Nuremberg Diary.* Nova York: Farrar, Straus and Co., 1947.

_____. "Hermann Göring, Amiable Psychopath", *Journal of Abnormal and Social Psychology,* vol. 43, nº 2 (abril de 1948).

Gilbert, Martin. *The Holocaust: A History of the Jews of Europe During the Second World War.* Nova York: Holt, Rinehart and Winston, 1985.

Göring, Emmy. *My Life with Göring.* Londres; David Bruce and Watson, 1972.

Hess, Wolf Rüdiger. *My Father, Rudolf Hess.* Londres: W. H. Allen, 1986.

Hilberg, Raul. *The Destruction of the European Jews.* Chicago: Quadrangle Books, 1961.

Hohne, Heinz. *The Order of Death's Head.* Trad. de Richard Barry. Nova York: Ballantine, 1971.

Irving, David. *Göring: A Biography.* Nova York: William Morrow and Co., 1989.

Kelley, Douglas. *22 Cells in Nuremberg.* Londres: W. H. Allen, 1947.

Kempner, Robert M. W. "Blueprint of the Nazi Underground", *Research Studies of the State College of Washington* (junho de 1945).

Kersten, Felix. *The Kersten Memoirs, 1940-1945.* Nova York: Macmillan, 1957.

Knieriem, August von. *The Nuremberg Trial.* Trad. de Elizabeth D. Schmidt. Chicago: H. Regnery Co., 1959.

Kranzbühler, Otto. "Nuremberg, Eighteen Years Afterwards," *De Paul Law Review,* vol. 14 (1964).

Manchester, William. *The Arms of Krupp, 1587-1968*. Nova York: Little, Brown and Co., 1968.

Manvell, Roger, e Heinrich Fraenkel. *Göring*. Nova York: Simon and Schuster, 1962.

⎯⎯⎯⎯. *Hess*. Londres: McGibbon & Kee, 1971.

Padfield, Peter. *Dönitz: The Last Führer*. Nova York: Harper & Row, 1984.

Parker, John J. "The Nuremberg Trial", *Journal of the American Judicature Society 30* (dezembro de 1946).

Rees, John R., org. *The Mind of Rudolf Hess*. Nova York: W. W. Norton, 1948.

Reitlinger, Gerald. *The SS, Alibi of a Nation*. Londres: Heinemann, 1956.

Rowe, Harvey T. "Im Schatten der Väter", *Quick*, 6 de novembro de 1986.

Schacht, Hjalmar. *Account Settled*. Londres: Weidenfeld & Nicolson, 1948.

⎯⎯⎯⎯. *Confessions of the Old Wizard*. Boston: Houghton Mifflin Co., 1956.

Schlabrendorff, Fabian von. *The Secret War Against Hitler*. Nova York: G. P. Putnam's Sons, 1965.

Shirer, William L. *The Rise and Fall of the Third Reich*. Nova York: Simon and Schuster, 1960.

Speer, Albert. *Erinnerungen*. Berlin: Propyläen, 1969.

⎯⎯⎯⎯. *Spandau: The Secret Diaries*. Londres: Collins, 1975.

Swearingen, Ben E. *The Mystery of Hermann Goering's Suicide*. Nova York: Harcourt Brace Jovanovich, 1985.

Estudos e relatórios governamentais publicados

Nazi Conspiracy and Aggression. 10 vols. Washington, DC: US Government Printing Office, 1947.

Trials of War Criminals Before the Nuremberg Military Tribunals. 15 vols. Washington, DC: US.Government Printing Office, 1951-1952.

Relatórios governamentais inéditos

National Archives, "Report of Board of Proceedings in Case of Hermann Göring (Suicide)", Captured German Records Section, Washington, DC., outubro de 1946.

Fontes de arquivo

Berlin Document Center, West Berlin; British Library, Londres; Bundesarchiv, Koblenz; Department of the Army, Military Intelligence Files, Fort Meade, Maryland; Hoover Institution of War, Revolution and Peace, Stanford, California; National Archives and Records Services, Modern Military Branch, Washington, DC; Wiener Library, Londres; Zentralstelle der Landesjustizverwaltungen, Ludwigsburg, Alemanha.

Notas

1. *Born Guilty*, por Peter Sichrovsky (Nova York: Basic Books, 1988); ver também *Legacy of Silence*, por Dab Bar-On (Cambridge, Mass.: Harvard University Press, 1989).
2. Gerald Posner e John Ware, *Mengele: The Complete Story* (Nova York: Cooper Union Press, 2000), pp. 54-5.
3. Michael Lipka. "The Continuing Decline of Europe's Jewish Population". *FactTank*, Pew Research Center, 9 de fevereiro de 2015; ver também "Jewish Population of Europe in 1945". *Holocaust Encyclopedia*, US Holocaust Museum.
4. Yosef Govrin, "Anti-Semitic Trends in Post-Communist Eastern European States – An Overview", Jewish Political Studies Review, 15:3-4 (outono de 2003).
5. Ibid.
6. "Jewish Population by Country"; ver "Warsaw Jews to Open First JCC in Polish Capital", American Jewish Joint Distribution Committee, 14 de fevereiro de 2015. Ver também "Jews and Anti-Semitism in Public Discourse of the Post-Communist European Countries", International Workshop, Jerusalem, 24 a 26 de outubro de 2000. Collection of Papers, Vidal Sassoon International Center for the Study of Antisemitism, Univerdade Hebraia de Jerusalem.
7. Andrei S. Markovits, "European Anti-Americanism (and Anti-Semitism): Ever Present Though Always Denied", Center for European Studies, Working Paper Series, nº 108, Karl W. Deutsch Collegiate Professor of Comparative Politics and German Studies, Universidade de Michigan.
8. Graumann citado por John Henly, "Antisemitism on rise across Europe 'in worst times since the Nazis'", Guardian, 7 de Agosto de 2014.

9. Ibid.; ver também James Fletcher, "Is there a 'rising tide' of anti-Semitism in the West?", BBC News, 21 de agosto de 2014.
10. Manuel Valls citado em ibid.
11. Jeffrey Goldberg. "Is It Time for the Jews to Leave Europe", The Atlantic, abril de 2015.
12. "63% question the future of Jews in the UK", Daniel Easterman, The Jewish Chronicle, 14 de agosto de 2014.
13. Um filho, Klaus Junior, faleceu em 1981 em um acidente com asa-delta na Bolívia.
14. Em dezembro de 1946, as autoridades americanas levaram à julgamento em Nuremberg 23 destacados cientistas e médicos da SS. Em 20 de agosto de 1947, quinze réus no chamado "julgamento dos médicos" foram condenados.
15. Tecnicamente, Auschwitz estava fora do reduto de Frank, mas a apenas 45 km de seu quartel-general em Cracóvia.
16. Nesse ponto, as lembranças de Norman são falhas. Os nazistas ampliaram o gueto e cercaram-no de muros altos.
17. Lash foi executado a 1o de junho de 1942, após um julgamento da SS por corrupção. Frank não fez nada para salvar seu velho amigo.
18. O doutor Alfred Seidl, o mesmo advogado de Nuremberg que defendeu Rudolf Hess, também defendeu Frank. Usou essas três palestras – em vão – como pedra angular da defesa.
19. Embora citados como diários, os livros eram originalmente um registro mantido por sua equipe e só parcialmente da autoria de Frank.
20. Ilse Koch era chamada de a "Cadela de Buchenwald". Seu marido, um comandante de campo, teve um comportamento tão abusivo que a SS o executou em 1945. Ilse era uma carcereira sádica cujo *hobby* consistia em colecionar abajures, capas de livros e luvas feitos com pele de prisioneiros mortos. Cometeu suicídio em sua cela em 1967.
21. *Eichmann in Jerusalem*, por Hannah Arendt (Nova York: Viking, 1963).
22. Haushofer foi preso como membro da resistência após a tentativa de assassinato de Hitler em 10 de julho de 1944. Foi executado pela SS em 23 de abril de 1945, poucos dias antes do final da guerra.
23. Alguns outros filhos pensam o mesmo. Norman Frank, filho mais velho do governador-geral da Polônia executado, Hans Frank, diz: "Teria sido

bem pior se meu pai ficasse preso como o de Hess durante todos esses anos. Pensar que ele estava encarcerado enquanto nós gozávamos livremente nossas vidas acabaria comigo" (ver Capítulo 1).

24. Nicholas Ridley, ministro britânico da Indústria e Comércio, demitiu-se de seu cargo no gabinete em julho de 1990, em virtude dos boatos que se seguiram à publicação de seus comentários alertando para o ressurgimento da Alemanha e comparando a entrada da Grã-Bretanha na Comunidade Europeia à capitulação "a Hitler".

25. O diretor-geral, doutor Bartscherer, pode ter sido antinazista, mas Fritz Thyssen, presidente da empresa e herdeiro da família, foi um dos primeiros e mais influentes apoiadores de Hitler.

26. Wernher von Braun foi um cientista alemão especializado em foguetes. Os Estados Unidos o contrataram depois da guerra e ele, juntamente com outros cientistas do Terceiro Reich, formou o núcleo da pesquisa e desenvolvimento da NASA.

27. Saur não foi o único auxiliar de alto nível de Speer a escapar ao processo. Dorsch, livre do braço da justiça, montou uma firma de Engenharia extremamente bem-sucedida, com filiais em Nova York, Tóquio, Délhi, Coreia do Sul e América Latina.

28. Cordula disse ao pai: "*Ich mag dich gut leiden*". Trata-se de uma típica expressão do norte da Alemanha difícil de traduzir porque significa mais do que "Gosto de você" e menos do que "Eu te amo".

29. Rolf e Josef Mengele aparecem em Rosenheim na seção de fotos.

30. A *Bunte* por fim deu mais de 100 mil dólares a um grupo de sobreviventes sediado em Nova York. Ao permitir-me usar os papéis de seu pai em uma biografia, *Mengele: The Complete Story* (Nova York: McGraw Hill, 1986), ele pediu que eu doasse 20% de meus lucros aos sobreviventes. Fiz isso, entregando o dinheiro a um grupo de gêmeos sobreviventes, todos vítimas dos experimentos de seu pai.

31. Seu título formal é Graf (conde) Stauffenberg. O uso informal de seu nome é Franz Ludwig, conforme aparece neste capítulo.

32. O *Putsch* da Cervejaria (ou de Munique), em 1923, recebeu esse nome porque foi tramado numa cervejaria. Era uma tentativa, por Hitler, de derrubar o governo da Baviera. Durante sua pena de cinco anos (reduzida para menos de um ano de prisão), Hitler escreveu *Mein Kampf* (Minha Luta).

33. Seu irmão falecido também foi membro da SS.

Índice Remissivo

"Açougueiro de Lyon". *Ver* Barbie, Klaus
Acusações por crimes de guerra. *Ver* Julgamentos de Nuremberg
Ajuda Silenciosa (*Stile Hilfe*), 258
Alemanha Ocidental, atitude no pós-guerra para com os nazistas, 17
"Anjo da Morte". *Ver* Mengele, Josef
Anonimato, negação do para os participantes deste livro, 19
Antissemitismo. *Ver também entradas específicas*, isto é, Kristallnacht
   argentino, 149
   de Dönitz, 169-70
   de Frank, 24, 31-32, 32
   de Göring, 210
   de Hitler, 239
   de Mengele, 144
   Leis de Nuremberg, 61-62
   na família Mochar, 221-22, 223
   oposição de Schacht ao, 121, 122
Arendt, Hannah, 62
Argentina(o),
   antissemitismo, institucionalização do, 149
   mudança de Frank Norman para a, 51
   mudança de Mengele para a, 149
Arquivos
   Centro de Documentação de Berlim, 17, 231-32, 268
   Nacionais, 18
Arte
   acervo de Göring, 236
   roubos, 42
Assassinato em massa, 252-253
Auschwitz, 33-34, 37
   discussões entre Rolf e Josef Mengele sobre, 146-147
   gêmeos, experimentos em, 144, 145, 147
   laboratório de patologia, 145
   presença de Mengele em, 141-146
Áustria; comunidade judaica em Viena, 230

Bad Sachsa, 208-213, 215
Barbie, Klaus, 19
Barbie, Ute (filha de Klaus Barbie), 19-20
Batalhões da Caveira (Totenkopfverbände), 252
Bayer, 144
Biddle, Francis, 46, 121, 186-87
   Veredito de Dönitz proferido por, 187
Bormann, Irmgard (filha de Martin Bormann), 20

Bormann, Martin, 17, 20, 40, 169, 183
   e Göring, 239
   e Schacht, 127
Born Guilty, 261
Brand, Karl Adolf, 20
Brasil, 141
Braun, Wernher von, 104*n*
Bucher, Ewald, 80
Bunte, revista, 15-16, 163, 163*n*

"Cadela de Buchenwald". *Ver* Koch, Ilse
Campos de concentração, 37, 153
   fotografias de, 44, 45
   Ver também Auschwitz, experimentos em, 146
Centro de Documentação de Berlim, 17, 231-32, 271
Churchill, Winston; recusa a ver Hess, 66
CIC. *Ver* Corpo de Contraespionagem do Exército Americano
Código Enigma, 180
Compreensão, tentativas de crianças para alcançar uma, 251-64
Corpo de Contraespionagem do Exército Americano (CIC), 102-03

Da Vinci, Leonardo, 42-43, 236
Daimler-Benz, 100
"Declaração a Todas as Pessoas Pensantes do Mundo", 76
Der Spiegel, 116
Diamond, Mary, 100
Dönitz at Nuremberg: A Reappraisal, 191-92
Dönitz, Ingeborg Weber (esposa de Karl Dönitz), 171
   morte de, 191
   morte de Klaus, reação a, 181, 182
   pensão, 188-89, 190
   vida pós-guerra, 164
Dönitz, Karl, 21, 169, 170-193
   afastamento de seu irmão, 174
   casamento, 172
   como grande almirante, 179-81
   Die U-Bootswaffe (A Arma Submarina), 177
   discursos antissemitas, 180, 182
   e Hitler, 179, 182
      como seu sucessor, 169
      contato com, 189
      distanciamento do círculo interno, 180-81
      lealdade a, 198
   e Speer, 187, 189, 190
   empenho público em sua liberdade, 189-190
   férias em Badenweiler, 178
   filhos de, 170
   guerras de Ballan, Guerras Balcânicas, membro de uma força multinacional de intervenção pela Turquia nas, 171
   infância, 170
   invasão aliada na Normandia, reação a, 182
   Julgamento de Nuremberg, 21, 181
      declaração de Nimitz, 186
      inclusão como criminoso de guerra, 184
      reação ao filme dos campos de concentração, 181
   Kristallnacht (Noite dos Cristais), reação à, 175
   Lei Prize, cumprimento da, 177-78
   libertação da prisão, 75-76, 190
   líder do Reich, sucessão como, 189
   memórias, 190, 191

morte de, 191
na prisão de Spandau, 188-90
natureza apolítica de, 175
Ordem *Laconia,* 179, 185
ordens para "ataque temerário", 181
palestras, 180
pensão, 188-89, 190
Primeira Guerra Mundial, como prisioneiro britânico durante a, 171
primeiro comando, 175-76
programa de extermínio, distanciamento do, 180-81
rendição às forças aliadas, 184
tapetes orientais, coleção de, 173
torpedos e *U-boats*, experiência com, 171-72, 176, 177-78,
últimos anos, 181
Dönitz, Klaus (filho de Karl Dönitz), 170
morte de, 181
Dönitz, Peter (filho de Karl Dönitz), 170
morte de, 180
Dönitz, Ursula (filha de Karl Dönitz), 21, 170, 267
casamento com Günther Hessler, 175, 176
e seu pai, 21, 171
reação à sua vida, 184, 186, 190
filhos de, 177, 183, 192-93
infância, 171-73
invasão russa, relato da, 183
Kranzbühler, encontro com, 186
Liga das Jovens Alemãs, adesão à, 176
nascimento de, 171
vida pós-guerra, 184, 187
visitas ao pai em Nuremberg, 186
na prisão de Spandau, 188
Dorsch, Xavier, 96-97, 98, 99, 116*n*
Drexel, Dagmar (filha de Max Drexel), 251, 267, 268, 269
atividade política, 257-58
casamentos, 255, 258
causas sociais, apoiadas por, 262
como mãe, 260-61, 262
divórcio, 259
e seu pai, rompimento de relações, 261
avaliação de seu relacionamento pela prima Ute, 263
entrevistas dadas para estudos de filhos de nazistas, 261
Israel, visita a, 262
lembranças de família, 254-55
madrasta, relação com, 255
nascimento de, 254
reação aos seus crimes de guerra, 259
residência com suas tias, 256
Drexel, Max, 251-62, 263
álbum de fotos, 263
captura e libertação pelos Aliados, 254
casamento, objeções da SS ao, 252
e nacional-socialismo, 252
esposas, 252, 254, 254-55
infância, 251-52
julgamento e veredito, 260
dificuldade na acusação, 256
na prisão de Landsberg, 256
prisão, libertação da, 260
prisões de, 171, 255
pseudônimo, uso de, 254
Simferopol, banho de sangue em, 253
táticas de defesa, 258

Eichmann, Adolf, 93, 149, 152

Face to Face with the Gallows, 50
Fichtner (coronel), 99
Filhos da Suspeição *(Die Kinder der Täter),* 261

Filhos de nazistas
  anonimato negado aos para os objetivos deste livro, 19
  compreensão das dificuldades dos pais, tentativas de atender às, 251
  localização, dificuldades de, 17-22
  negação, 267
Forty Questions to Karl Dönitz, 191
Frank, Brigitte (esposa de Hans Frank), 26, 35
  encarceramento, 49
  esforços para cuidar dos filhos, 49-50
  Face to Face with the Gallows, 50
  poder, amor ao, 31
  sentença de morte de Frank, reação à, 47
Frank, Brigitte (filha de Hans Frank), 24
Frank, Elizabeth (esposa de Norman Frank), 48-49, 51
Frank, Hans, 21, 23-53, 121
  antecedentes familiares, 25
  antissemitismo, 33, 61-62, 63
  caso com Lilly, 37-38
  como advogado de defesa nazista, 24
  como governador-geral da Polônia ocupada, 34, 40-41
  confissão, 46
  diários, oficiais, 44
  divórcio, 26, 38
  e Himmler, 40
  execução, 23
  filhos de, 24
  investigação pela SS de, 34
  Julgamento de Nuremberg, 23, 45
    veredito, 46
    visita da família, 46
  no fim da guerra, 42-45
  Noite das Facas Longas, papel em, 27
  nos jogos olímpicos de 1936, 30
  palestras, 40, 41
  poder, amor ao, 31
  prisão, 43
  roubos de obras artísticas, 42-43
  tentativa de suicídio, 44, 45
  The Cabin Boy of Columbus, 50
Frank, Michael (filho de Hans Frank), 24, 49
Frank, Niklas (filho de Hans Frank), 24, 49, 137, 265-66, 266
  ascendência, disputa sobre, 37-38
  estudos universitários, 51
  infância na Polônia, 38
  lembranças do antissemitismo, 33
    divórcio dos pais, 26, 38
    Gueto de Varsóvia, 35
    pobreza, 50
    poder, amor do pai ao, 31
    prisão do pai, 43
    seu pai, 24, 26
    sua mãe, 26, 31
    visita ao pai em Nuremberg, 46
  lembranças do campo de concentração, 36
  My Father, a Reckoning, 24
  Nuremberg, peregrinação a, 265-66
  Nuremberg, veredito do pai, reação ao, 46, 47
  opinião de Edda Göring, 234
  pesquisa sobre o pai, 50, 51
  reação ao fato de ser filho de um criminoso de guerra, 52
  reação às fotografias de, 45
Frank, Norman (filho de Hans Frank), 25, 26, 266
  amor às histórias de Mark Twain, 29
  anos de escola, 30, 34
  Argentina, mudança para a, 51
  campos de concentração, Auschwitz, lembrança de, 37
    reação às fotografias de, 44-45, 45
  filhos, decisão de não ter, 266

Gueto de Varsóvia, lembrança do, 35
infância em Berlim, 28
Juventude Hitlerista, membro da, 39-40
Kristallnacht, lembrança da, 30
na Polônia, 37-39
no fim da guerra; relacionamento com o pai, 42
nos jogos olímpicos de 1936, 30
sobre o encarceramento de Hess, 66*n*
sobre o pai, 39
   antissemitismo, 33
   confissão, 45-46
   prisão de, 43
   reação ao fato de ser filho de um criminoso de guerra, 52
   reação ao seu veredito em Nuremberg, 47-49
sobre sua mãe, 26
Frank, Sigrid (filha de Hans Frank), 24, 27
Fritsche, Hans, 69
Fromm, Friedrich, 206
Funk, Walther, 74, 128

Gêmeos, experimentos genéticos com, 143, 144-45, 145
Genética, experimentos em. *Ver* Mengele, Josef
Genoud, François, 114
George, Lloyd, 66
George, Stefan, 199-200
Gerhard, Wolfgang, 160
Gilbert, Gustav, 64
Gneisenau, Neithardt von, 199
Goebbels, Josef, 29, 36-37, 169, 180
Göring, Carin von Kantzow (primeira esposa de Hermann Göring), 234

Göring, Edda (filha de Hermann Göring), 133, 233-34, 237-38
   batismo, 238
   como afilhada de Hitler, 238
   correspondência do pai, 241
   filhos de Frank, opinião dos, 242
   infância, 238
   nascimento de, 237-238
   opiniões de, seu pai, 239, 241, 242
      Estados Unidos, 244
      Himmler, 243-44
      Mengele, 243-44
      prisão de Hess, 243
   participação relutante neste livro, 20
   prisão pelos Aliados de, 240
   queixas contra os governos americano e alemão, 237
   vida adulta, 244
   visita ao pai em Nuremberg, 242
Göring, Emmy Sonnemann (segunda mulher de Hermann Göring), 233, 237
   prisão pelos Aliados de, 240
Göring, Hermann, 20, 123-24, 169, 210, 233-44
   acervo de objetos de arte de, 233, 236
   ambição, 235
   antissemitismo, 239
      negação por Edda do, 239
   avidez de, 61, 235, 236-37
   casamentos,
      com Carin, 234
      com Emmy, 237
   correspondência com Edda, 241, 242
   dias finais da guerra, 239-40
   e Bormann, 238-39
   e Himmler, 235
   e Schacht, 121, 122, 123, 235
   excessos pessoais, 233, 235, 236-37
   iate *Carin II*, 18
   infância, 234

Julgamento de Nuremberg, 21, 103,
    241-42, 242
  morte de, 150, 242-43
  na prisão de Mondorf, 233
  nascimento de Edda, controvérsia
    em torno do, 63, 237-38
  palácio de Speer em Berlim para,
    236-37
  política, entrada na, 234-35
  Putsch da Cervejaria, 234
  Segunda Guerra Mundial, papel na,
    235
  sob custódia aliada, 239-40
  vício em drogas, 234, 238-39
    cura dos sintomas de abstinência,
      240
  videntes e místicos, crença em, 235
Greeley, Horace, 122

Hackenjos, Alfons, 148, 152
  casamento com Irene Mengele,
    149-50
Hamilton, duque de, 65-66
Hanke, Karl, 98
Haspel, Wilhelm, 100, 107
Haushofer, Albrecht, 62-63, 65-66
Haushofer, Karl, 62-63, 63*n*
Heidemann, Gerd, 18
Hess, Ilse (esposa de Rudolf Hess),
  76
  "Declaração a Todas as Pessoas
    Pensantes do Mundo", 76
  visita ao Spandau, 78
Hess, opinião de Schacht, 129
Hess, Rudolf, 21, 59-88
  amnésia, 69-70
  aprisionamento, apelos pela comutação da pena, 75-76, 76, 76-77
    na prisão de Spandau, 73-74,
      78-79
    opinião de Edda Göring sobre,
      243
  pelos britânicos, 60
  recusa a ver a família enquanto
    na prisão, 72, 74
  tratamento após a sentença em
    Nuremberg, 72-73
  visitas da família em Spandau,
    78-79, 80-81
  autopsia de, 85
  como editor de *Mein Kampf*, 61
  correspondência
    da prisão de Spandau, 78
    com Wolf, 73-74
  doenças, 77-78, 79, 82
  infância no Egito, 60
  influência de Hitler sobre, 60-61
  iniciativa de paz, 65
  Julgamento de Nuremberg, 65-72
    veredito, 72
  lealdade ao partido, 61-62
  Leis de Nuremberg, 62-63
  misticismo, crença no, 64
  morte de, 83-84
  preocupações com a saúde, 67-68
  Putsch da Cervejaria (1923), 61, 61*n*
  recusa de Churchill a ver, 66
  Solução Madagascar, 62-63
  subjugação da Alemanha após a
    Primeira Guerra Mundial, reação à,
    60-61, 63
  suicídio, 59-60
    tentativas de, 67-68, 84
  visão geopolítica do mundo, 65
Hess, Wolf (filho de Rudolf Hess),
  21, 59-88, 238
  cerimônia de nomeação, 238
  como afilhado de Hitler, 238
  correspondência com o pai, 73-74
  "Declaração a Todas as Pessoas
    Pensantes do Mundo", 76
  disputa com Bernard Levin, 76-77
  educação, 75-76
  Javits, encontro com, 80

"Liberdade para Rudolf Hess",
Associação de Apoio, 76-77
nascimento de, 63
no funeral de Dönitz, 192
opiniões sobre, comportamento dos
Aliados no pós-guerra, 80, 84
   iniciativa de paz de seu pai,
   65-66
   Julgamento de Nuremberg, 65,
   21-22, 69
   Leis de Nuremberg, papel do pai
   nas, 61-62
   morte de seu pai, 83-84
   plano da inteligência britânica
   para seu pai, 68
   revisionismo, 59-60
   seu pai, 86
prisão de Spandau, tentativas de
libertar o pai da, 76-78, 79-80
recusa a fazer o serviço militar, 75
visita à África do Sul, 75
Hessler, Günther (sobrinho de Karl
Dönitz), 175
   comando dos *U-boats*, 178
   como testemunha em Nuremberg,
   186
   prisão de, 186
Heydrich, Reinhard, 115, 197
Himmler, Heinrich, 7, 29, 169
   e Frank, 33-34
   e Göring, 210
Hitler, Adolf, antissemitismo, 239
   como padrinho, 63, 238
   diários, fraude dos, 18
   e a ordem *Laconia*, 179
   e Dönitz, 179
   e Frank, 26
   e Hess, 60-61, 63
   e Saur, 93, 95, 98, 99
   e Speer, 98
Mein Kampf, 61, 61*n*
Noite das Facas Longas, 27
opinião de Schacht, 123-24

Putsch da Cervejaria (1923), 61, 61*n*
quotas de produção, irracionais, 101
tentativas de assassinato, 197,
198-99
testamento, 102, 169
Huckleberry Finn, 28

IG Farben, 144, 235
Il Duce. *Ver* Mussolini, Benito,
Instituto de Hereditariedade,
Biologia e Pureza Racial do Terceiro
Reich, 142-43
Invasão dos Aliados na Normandia.
Ver Normandia, invasão dos Aliados na
Irving, David, 114
   entrevista de Karl Saur, 112

Jackson, Robert, 130
Javits, Jacob, 80
Jodl, Alfred, 170
Jogos Olímpicos (1963), 30
"Julgamento dos Médicos", 20
Julgamentos de Nuremberg, 128
   acusações, 52-53
   de Dönitz, inclusão como criminoso de guerra, 184
      como testemunha, 185
      reação ao filme dos campos de
      concentração, 181
   de Göring, 240-41, 242
   de Schacht, interrogatório, 128
      veredito, 128
      visita da família à prisão, 128
   filho de Hess, opinião sobre, 62
   julgamentos, 121, 128
   Palácio da Justiça, descrição do, 265
   papel de Hess em 62-65
   resumo final pelo promotor britânico, 265-66
   visita da família Frank a, 46

Kaltenbrunner, Ernst, 23, 115, 129
Keane, Darold W., 83-84
Keitel, Wilhelm, 129, 204
Kelley, Douglas, 64
Kersten, Felix, 64
Koch, Ilse, 49, 49*n*
Kranzbühler, Otto, 105-06, 185, 185
Kristallnacht, 30, 126, 175
Krüger, Friedrich, 34
Krupp, 144, 235
Krupp, Alfried, 103, 105-06
KZs. (Konzentrationslager). *Ver*, campos de concentração

Lammers, Hans, 40
Landsberg, prisão de, 256
Lang, Jochen von, 17-18
Lasch, Karl, 38
Lawrence, Geoffrey, 77
Lei Prize, 177-78
Leis de Nuremberg, 61-62
Levin, Bernard, 77
Ley, Robert, 112
"Liberdade para Rudolf Hess", Associação de Apoio, 76-77
Life, revista, 161
Lincoln, Abraham, 87
Löhde, Wolfgang, 17

Mann, Thomas, 62-63
Matchoss (médico), 100
McCloy, John J., 103, 254
Mein Kampf, 61, 61*n*
Mengele & Sons, 142, 161-62
Mengele, Almuth (nora de Josef Mengele), 160
Mengele, Dieter, 161-62

Mengele, Irene Schoenbein (primeira esposa de Josef Mengele), 143, 146
   casamento com Alfons Hackenjos, 149-50
   diários, 153
   divórcio, 149-50
   visitas no pós-guerra a Josef Mengele, 148
Mengele, Irmi (nora de Josef Mengele), 155-56
Mengele, Josef, 15, 141-65, 281
   antissemitismo, 143
   caçado pelos israelenses, 152
   casamento
      com Irene Schoenbein, 143
      com Martha Mengele, 150
   como "tio Fritz", 150
   correspondência, com Rolf, 154, 156
      com Seidlemeier, 157
   diário mantido na América do Sul, 149
   divórcio, 149-50
   em Auschwitz, 143-47
   conduta no fim próximo da guerra, 147-48
   discussões com Rolf sobre, 154
   experimentos no campo de concentração, 143
   gêmeos, experimentos com, 144-45, 145, 145-46
   seleção de prisioneiros, 145
   estudos de Medicina, 142
   Europa, viagem de volta à, 150
   infância, 142
   melancolia e depressão, 157
   morte de, 150-61
      descoberta do túmulo pelo governo, 15, 162
      disfarce, 151
      locais secretos, 162
   na Argentina, 148-49, 149
   nacional-socialismo, primeiros contatos com, 142

    no Brasil, 153, 159-60
    papéis de, 15-16
    paradeiro, especulação sobre o, 161
    Paraguai, mudança para o,– 152
    prisão, 147-48
    retomada do nome verdadeiro, 151
    vida no pós-guerra, 147
        mandado de prisão e acusação por assassinato premeditado, 152
Mengele, Karl Heinz (enteado de Josef Mengele), 151, 153, 161-62
    retorno à Alemanha, 153
Mengele, Martha (segunda esposa de Josef Mengele), 151, 153
    retorno à Alemanha, 153
Mengele, Rolf (filho de Josef Mengele), 266, 267, 269
    Auschwitz, reação a, 143
    Bunte, revista, liberação dos papéis de Mengele à, 15-16, 163, 163*n*
    Casamento
        com Almuth, 160
        com Irmi, 155-56
    desavença com a família, 163
    descoberta pelo governo da sepultura do pai, efeito da, 162
    doações para caridade, 163, 163*n*
    e, seu pai, 17, 147
        Auschwitz, discussões sobre, 158-59
        correspondência, 153, 154, 163, 163*n*
        encontro com ele como adulto, 158-60
        visitas no pós-guerra, 148
    educação (colégio e Direito), 154
    filhos de, responsabilidade pelos, 164
    libertação de Verschuer, reação à, 143
    mudança de nome, 165
    nascimento de, 146
    reação ao papel do pai na história, 152, 163

    viagem ao Brasil após a morte do pai, 160-61
    visita ao pai no Brasil, 141
Meyer, Otto, 100
Milch, Erhard, 71
Mochar, Ernst, 21-22, 221-22
    alistamento no exército, 223
    antissemitismo, 224, 225
    casamento, 222-23
    como pai, 224
    e nacional-socialismo, prisão na Áustria devido ao, 222
        identificação com o, 224
    genro judeu, relacionamento com o, 228-29, 229
    infância, 222
    prisão e libertação no pós-guerra, 223
    Segunda Guerra Mundial, confirmação de seu papel na, 231-32
Mochar, Ingeborg (filha de Ernst Mochar), 268
    casamento com Ronnie Scheer, 228-30
        separação, 230
    conflitos de família, 221-22
    e seu pai, confirmação do papel do pai na Segunda Guerra Mundial, 231-32
        diferenças ideológicas, 224, 225, 226, 227
        lembrança dele como pai, 224
    educação, 225
    nacional-socialismo, descoberta da natureza verdadeira do, 225
    nascimento de, 223
    Mollinson, T., 142-43
Müller, Ludwig, 238
Museu Alemão (*Deutsches Museum*), 96
Mussolini, Benito, 29
My Changed Life, 105
My Father, a Reckoning, 24

Nazistas, filhos de. *Ver* Filhos de Nazistas
Negação, 267
Neurath, Konstantin von, 74, 214
Nimitz, Chester, 186
Noite das Facas Longas, 27
Normandia, desembarque Aliado na, 41-42, 182
    efeito sobre a conspiração para assassinar Hitler, 203
Notoriedade; efeito sobre sentenças no pós-guerra, 121

O'Connor, Sixtus, 26
obras de Hermann Göring, conglomerado industrial, 235
Obstáculos para localizar os filhos dos nazistas, 17-22
Operação Valquíria, prisões da Gestapo seguidas de execuções, 203-07
Ordem *Laconia*, 179, 185
Owens, Jesse, 30

Pacto de Não Agressão Germano-Soviético, 70-71
Pacto Molotov-Ribbentrop, 63
Papen, Franz von, 69, 131
Paraguai, 152
Partido Democrático Alemão, 123
Partido Nacional-Socialista dos Trabalhadores Alemães (NSDAP), 60, 124
    oposição de Schacht ao, 125, 126
People, revista, 161
Perón, Juan, 149
Polônia, ocupada, 40-1
    compromisso aliado com a, 63
    Frank como governador-geral da, 31-2

Gueto de Varsóvia, 35
Post de Nova York, 161
pressões públicas, 267, 268
prisão Mondorf, 233
Putsch (Golpe) da Cervejaria (1923), 61, 61*n*, 234

Raeder, Erich, 74, 176
    renúncia de, 179
Rafael, 42
"Raposa do Deserto". *Ver* Rommel, Erwin
Rembrandt, 236
remorso, falta de, 266
Ridley, Nicholas, 86*n*
Röhm, Ernst, 27
Rommel, Erwin, 203
Rosenberg, Alfred, 23, 36-7
Rubens, 236
Rudel, Hans-Ulrich, 149
Rudin, Ernst, 142-43

Saur Jr., Karl Otto (filho de Karl Saur), 94, 94
    carreira profissional, 113
    editora, 111
    e seu pai, 111
    sobre a cooperação do pai com as autoridades americanas, 102-03
    sobre o amor do pai ao poder, 99-100
    sobre o comprometimento do pai com o Terceiro Reich, 100
    visita ao centro de detenção de Neustadt, 104
    Hitler e Saur, lembranças de, 96
    período nazista, consciência do, 106-08, 110-11
    pós-guerra, vida familiar, 108
    situação financeira, 107
    sobre Speer, 93, 105

sobre Todt, 95
Saur Verlag (Saur Editora), 116
Saur, Karl Otto, 21, 94-116
    ajuda a amigos judeus, 100
    artigo na revista de Colônia (1960), 111
    caso Krupp, comparecimento ao, 105-06
    CIC, lista de procurados, inclusão na, 102-03
    cooperação com as autoridades americanas, 102-03
    denúncias de Schneider e Fichtner, 99
    e Hitler, 98, 99, 101, 102
        desilusão com, 101
    e Speer, 102-03
    e Thyssen, 94-95
    e Todt, 95
    empresa da família, 94
    filhos de, 93-94
    infância, 94
    Irving, entrevista dada a, 112
    libertação da prisão (meados de 1948) e situação financeira, 106
    membro do NSDAP, 95
    Ministério do Armamento, 97
    morte, 112-13
    natureza ditatorial, 110
    pais, 94
    poder, amor de, 99-100
    rejeição do Deutsches Museum, 96
    semanas finais do Terceiro Reich, 102
    sentimento antinazista na família, 95
Saur, Klaus (filho de Karl Saur), 93
    carreira profissional, 113, 114
    casamento, 116
    editora da família, 111
    Genoud, encontro com, 114
    independência da família, 110
    Israel, visita a, 113
    Museu Deutsches, 96
    período nazista, consciência do, 104, 108
    sentimento antinazista na família, 95
    sobre a nomeação de Speer como substituto de Todd, 97
    sobre a postura negativa de Karl Jr. em relação ao pai, 114-15
    sobre seu pai, ajuda aos judeus, 100
        amor ao poder, 99-100
        centro de detenção Neustadt, visita ao, 104
        nova visão do pai, 110-11
        primeiras lembranças, 101
    vida familiar no pós-guerra, 106
Saur, Veronica (esposa de Karl Saur), 95, 96, 109
    vida familiar no pós-guerra, 103-04, 106
Schacht, Cordula (filha de Hjalmar Schacht), 122, 265
    América, viagem à, 135
    anos de adolescência, 134
    educação, 133, 135
    lembranças da infância, 132-33
    nascimento, 128
    participação relutante neste livro, 21
    sobre seu pai, 136
        primeira lembrança, 130-01
        seu ego, 123
        sobre Hitler, 124
        sua autoimagem, 130
        sua integridade, 129
Schacht, Hjalmar Horace Greeley, 74, 121-37
    "a questão judaica" na Alemanha, plano para resolver, 126
    antissemitismo, oposição ao, 126-27
    casamentos, 122, 123, 127
    circuito de palestras na América, 135
    diário, 126

e financiamento do rearmamento, 125
e Göring, 125-26, 235
e Hitler, 124, 127, 130
emprego, pós-guerra, 132
hiperinflação, preocupação com, 123
infância, 122
Julgamento de Nuremberg, 124-25
   acusações, 128-30
   opinião dos outros acusados, 129
   veredito, 131
Kristallnacht, reação à, 126
ministro da Economia, demissão como, 125-26
na prisão de Nuremberg, 130-31
nacional-socialismo, oposição ao, 126-27
presidente do Reichsbank, demissão como, 126
prisão pela Gestapo de, 128, 130
procedimentos de desnazificação, 131-32
Settlement with Hitler, 132
teste de QI, 129
últimos anos, 136
Schacht, Kostanze (filha de Hjalmar Schacht), 128
Schacht, Louise Sowa (primeira esposa de Hjalmar Schacht), 123
Schacht, Manci Vogler (segunda esposa de Hjalmar Schacht), 122, 127
Scheer, Ronnie (genro de Ernst Mochar), 228
Schirach, Baldur von, 75, 121
Schmidt, Paul, 67
Schneider (general), 99
Schönhuber, Franz, 114
Sedlemeier, Hans, 157, 158
   invasão do governo na casa de, 162
Seidl, Alfred, 70, 73-74, 77, 79-80
Settlement with Hitler, 132

Seyss-Inquart, Arthur, 19
Shawcross, Hartley William, 77
Siemens, 144
Solução Final, 180-81
Solução Madagascar, 62-03
Spandau, prisão, 72-03, 73, 73-04, 188
   demolição da, 84-05
Speer, Albert, 64, 93, 97, 104-05, 128, 182-83
   como ministro dos Armamentos e Produção, 97
   detido em Chesnay, 102-03
   e Dönitz, 187, 188-89, 189, 190
   e Göring, 235, 236-37
   e Hitler, 98
   Julgamento de Nuremberg, 104-05
   libertação da prisão de Spandau, 75-76, 112
SS, 33-34, 40
Stadelheim, prisão de, 27
Stauffenberg, Alexander von (irmão de Claus von Stauffenberg), 210
Stauffenberg, Berthold von (irmão de Claus von Stauffenberg), 207
Stauffenberg, Claus von, 7, 21, 99, 198-217
   casamento, 200, 216
   educação, 215
   em Bad Sachsa, 210-13, 215
      libertação pelos Aliados, 210-11
   execução de, 21-22, 206
   ferimentos sofridos na Tunísia, 201-02
   von (filho de Claus von Stauffenberg), 199, 267
   filhos, 199
   George, Stefan; influência de, 199-200
   infância, 199
   infecção crônica no ouvido médio, 209

Julgamentos de Nuremberg, 214
lembranças do pai, 201
na casa da avó, 201
na Rússia, 200-01
natureza apolítica de, 200
prisões após a Operação Valquíria, 206-10
programas nazistas, dúvidas sobre, 200-01
pseudônimo dado a ("Meister"), 209-10
reação à, execução do pai, 206
   esforços de guerra do pai, 213
reação pública ao pai, 216
reuniões de família, 202, 204
reuniões familiares, 202, 204
tentativas de assassinato contra Hitler, 127, 204-06
vida adulta, 216
vida no pós-guerra, 214
Stauffenberg, Melitta von (cunhada de Claus von Stauffenberg), 211, 212-13
Stauffenberg, Nina von Lerchenfeld von (esposa de Claus von Stauffenberg), 200
   prisão, 200, 211
   vida no pós-guerra, 213
Stein (tenente americano), 44
Streicher, Julius, 112, 114

Telefunken AEG, 144
Ten Years and Twenty Days, 190
The Cabin Boy of Columbus, 50
The U-Boat Arm, 177
Thomale, Wolfgang, 101

Thomas, Hugh, 85
Thyssen, Fritz, 94-5, *95n*
Todt, Fritz, 95
   morte de, 97
Tom Sawyer, 28-9
Toruta (coronel), 78-9
Trabalho escravo, 180-81
Tuma, Romeu, 15
Twain, Mark, 29

U-boats (submarinos), afundamentos britânicos de, 176
   ordens de "ataque incansável", 176-78

Valquíria. *Ver* Operação Valquíria
Verscheur, Otmar Freiherr von, 142-43
Völkischer Beobachter, 126-27
Von Ribbentrop, opinião de Schacht sobre, 129

Wagner, Eduard, 99
Wagner, Richard, 253
Wagner, Winifred, 253
Wartenburg, Yorck von, 199
Westernhagen, Dörte von, 261
Wheelis, Jack G., 242-43
Wiesenthal, Simon, 17, 77
Woods, John, 23-4

Yad Vashem, 113

Impresso por :

gráfica e editora
Tel.:11 2769-9056